Ronny Blaschke

Angriff von Rechtsaußen
Wie Neonazis den Fußball missbrauchen

Ronny Blaschke

Angriff von Rechtsaußen

Wie Neonazis den Fußball missbrauchen

VERLAG DIE WERKSTATT

Bibliografische Information der Deutschen Bibliothek:
Die Deutsche Bibliothek verzeichnet diese Publikation in der
Deutschen Nationalbibliografie; detaillierte bibliografische Daten
sind im Internet über http://dnb.ddb.de abrufbar.

ISBN 978-3-89533-771-0

Inhaltsverzeichnis

Hobbykicker in Gefahr: Am 24. Oktober 2009 überfallen 50 Neonazis den Verein Roter Stern Leipzig in der sächsischen Kleinstadt Brandis.

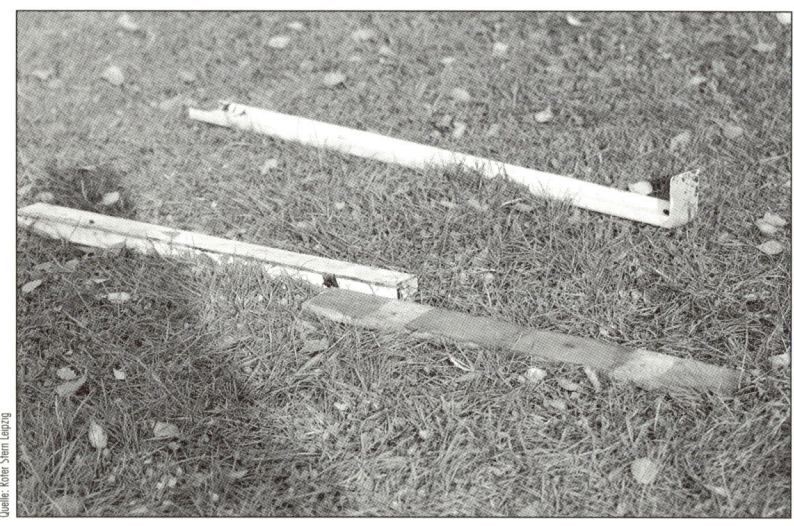

Waffen im Sport: Mit Holzlatten und Eisenstangen gehen die Angreifer auf den Roten Stern los, ein Fan verliert fast sein Augenlicht.

Ideologie der Ungleichwertigkeit

Einleitung

Die Optik ist verzerrt, der Ton undeutlich, die Kamera wackelt. Junge Männer laufen durchs Bild, breitschultrig, aggressiv, ihre Gesichter vermummt, ihre Hände umklammern Eisenstangen und Holzlatten. Dazwischen ein dumpfer Schrei, Drohungen, Geräusche von schnellen Schritten. Das Video, das im Internet kursiert, zeigt einen gewalttätigen Angriff auf die Mannschaft von Roter Stern Leipzig in der sächsischen Kleinstadt Brandis. Rund fünfzig Hooligans und Neonazis überfallen am 24. Oktober 2009 den antirassistischen Verein während eines Auswärtsspiels in der Bezirksklasse. Freizeitspieler, die Tore schießen wollen, müssen sich in Kampfstellung verteidigen, ein Fan verliert fast sein Augenlicht. Selten wird Rechtsextremismus im Fußball so eindringlich dokumentiert. Sichtbar, hörbar, fast spürbar.

Wer sich in der Republik umhört, unter Funktionären, Schiedsrichtern, Trainern, der hört die immer gleichen Antworten: „So etwas gibt es bei uns nicht." „Bei uns ist es zuletzt ruhig geblieben." „Wir haben zwar Glatzen im Stadion, aber die lassen die Politik draußen." „Die Anfeindungen gegen schwarze Spieler sind stark zurückgegangen." Noch immer dominiert die Wahrnehmung: Rechtsextremismus könne nur gefährlich sein, wenn es zu lautstarkem Rassismus auf den Rängen kommt, wenn Spieler antisemitisch geschmäht werden, wenn die NPD vor dem Stadion ihre Wahlprogramme verteilt. Nach einem ähnlichen Muster verfahren viele Medien. Sie berichten lange und laut, wenn der Stürmer Gerald Asamoah in Rostock beschimpft wird, wenn sein Kollege Adebowale Ogungbure in Halle getreten wird, wenn der jüdische Verein TuS Makkabi Berlin aus Protest und Angst vor Attacken ein Spiel abbricht. Viele Fußballvertreter und Journalisten erzeugen den Eindruck, dass Rechtsextremismus eine Mode-Erscheinung sei, eine lose Kette von öffentlichen Ereignissen. Doch Rechtsextremismus ist in der Regel kein öffentliches Ereignis.

Rechtsextremismus ist laut dem Berliner Politikwissenschaftler Richard Stöss eine Kombination von Einstellungen, die einen gemeinsamen Kern haben: die Ablehnung der Gleichheit aller Menschen. Zu diesen Einstellungen zählen Rassismus, Antisemitismus, die Befürwortung eines Führers, die Verharmlosung des Nationalsozialismus oder die Herabsetzung von Minderheiten: von Homosexuellen, Menschen mit Behinderungen, Obdachlosen. Diese rechtsextremen Einstellungen müssen nicht zwangsläufig in rechtsextremes Verhalten übergehen, in Gewalt, Diskriminierung, Parteimitgliedschaft. Weder die Wählerstimmen für die NPD noch der Überfall auf den Roten Stern Leipzig geben ausreichend Auskunft über den Rechtsextremismus in Deutschland.

Wie tief Einstellungen in der Gesellschaft verankert sind, dokumentiert die Langzeituntersuchung zur „Gruppenbezogenen Menschenfeindlichkeit" des Bielefelder Gewaltforschers Wilhelm Heitmeyer. Seit 2002 erforscht sie die Abwertung von gesellschaftlichen Gruppen. In der neunten Ausgabe dieser repräsentativen Studie, die im Dezember 2010 veröffentlicht wurde, stimmen 49 Prozent der Befragten der Aussage zu, dass in Deutschland zu viele Ausländer leben würden. 26 Prozent befürworten die Forderung, dass Muslimen die Zuwanderung nach Deutschland untersagt werden solle. 16 Prozent geben an, dass Juden zu viel Einfluss hätten. Und elf Prozent stützen die Meinung, dass „die Weißen" zu Recht führend in der Welt seien. Angesichts dieser Zahlen ist die oft bemühte Trennung zwischen einem intoleranten „Rand" und einer toleranten „Mitte" der Gesellschaft nicht mehr als eine politische Floskel. Rechte Positionen und die Ablehnung von Gruppen sind tief in der Gesellschaft verankert. Nur sind sie nicht immer – wie beim Überfall auf den Roten Stern Leipzig – sichtbar, hörbar oder spürbar.

Parteikader wie Jens Pühse schmeißen sich offensiv an Fans heran. Im Frühjahr 2011, wenige Wochen vor der Bürgerschaftswahl in Bremen am 22. Mai, berichtete der dortige Wahlkampfleiter der NPD im sozialen Netzwerk Facebook von seiner Mitgliedschaft beim SV Werder. Wenige Wochen vergingen, ehe Werders Vize Hubertus Hess-Grunewald einen Austritt forderte. Pühse veröffentlichte Teile des Schreibens im Internet und forderte eine persönliche Anhörung vor dem Präsidium des Vereins. „Freiwillig trete ich nicht aus", ließ er mitteilen. Auf dem Rücken des Fußballs sicherte sich Pühse bundesweit Schlagzeilen, in der Fanszene löste er eine intensive Diskussion aus – mit politischen Inhalten wäre ihm das so gut wie unmöglich gewesen.

Der Berliner Sozialwissenschaftler Gerd Dembowski ist der Meinung, dass das Fußballstadion wie ein Brennglas wirke, unter dem gesellschaftliche Zustände verstärkt sichtbar werden: „Nicht unbeachtet bleiben darf, dass der Fußball durch sein starres Regelwerk mit Befehl, Gehorsam und Bestrafung auch ein Präsentationsfeld für patriarchale Wertvorstellungen und autoritäre Charaktere schaffen kann. Das ihm zugrunde liegende männliche Weltbild kann autoritäre Charakterstrukturen, Identitätsdenken, Nationalismus, Rassismus, Homophobie, Sexismus verstärken." Selten dringen Ausbrüche aus dem Amateurfußball an die Öffentlichkeit: Im Dezember 2007 hatte ein Funktionär des TSV Lingenfeld in Rheinland-Pfalz über ausländische Gegner getönt: „Wenn ich solche Mannschaften sehe, bin ich nicht mehr stolz darauf, ein Deutscher zu sein. Wenn ich beim Verband etwas zu sagen hätte, würde ich solche Mannschaften zwangsabmelden. Die gehören in den Rhein gejagt." Er sprach eine Meinung aus, die Millionen Deutsche für sich behalten.

In den Bundesligastadien sind die Auswirkungen von rechtsextremen Einstellungen zurückgegangen, dank moderner Sicherheitsarchitektur und professioneller Fanarbeit, Urwaldgesänge gegen schwarze Spieler sind nicht mehr zu hören, Reichskriegsflaggen nicht mehr zu sehen. Das bedeutet nicht, dass sich Einstellungen verändert haben, wie die umfangreiche Studie „Rechtsextremismus im Sport" von 2009 belegt, geschrieben von einem wissenschaftlichen Team unter der Leitung des Hannoveraner Sportsoziologen Gunter A. Pilz. Während Rassismus und Antisemitismus auch wegen der deutschen Geschichte tabuisiert sind, flüchten sich Anhänger oft in Homophobie oder Sexismus, in Diskriminierungen, die weniger geächtet sind. Funktionäre, Medien und Spieler tragen dazu bei, dass eine gefährliche Rangliste der Schmähungen entstanden ist. Erinnert sei an einen Konflikt zwischen Gerald Asamoah und Roman Weidenfeller. Der ehemalige Schalker Stürmer hatte dem Dortmunder Torwart im August 2007 vorgeworfen, ihn als „schwarzes Schwein" beschimpft zu haben. In der Verhandlung des Sportgerichts soll man sich auf „schwules Schwein" geeinigt haben. Statt für sechs Spiele gesperrt zu werden, soll Weidenfeller deshalb nur drei Partien zugeschaut haben. Die Lesben- und Schwulenszene protestierte gegen dieses Urteil, fühlte sich stigmatisiert.

Dieses Buch untersucht die Auswirkungen von rechtsextremen Einstellungen auf den Fußball, vor allem auf Amateurebene. Entfremdung, sozialer Frust, verschwommene Vorurteile gegenüber Muslimen, Juden oder Sinti und Roma finden im Fußball ein Ventil. Auf dem Rasen öffnet sich dieses Ventil unter Emotionen, auf den Tribünen öffnet es sich in der Anonymität der Masse. Eine bundesweite Integrationsdebatte oder die schwelende Kritik an der Verteidigungspolitik Israels können Einfluss auf das Verhalten haben. Nicht jeder, der schlägt, brüllt, den Mittelfinger zeigt, muss ein geschlossenes rechtsextremes Weltbild haben. Trotzdem ist der Fußball ein wichtiger Schlüssel für rechtsextreme Parteien, Autonome Nationalisten oder für

Freie Kameradschaften, von denen es in Deutschland rund 150 geben soll. Dieses Buch beschreibt an ausgewählten Orten, wie sich die NPD den Fußball zunutze macht. Wie sie an Einstellungen, Meinungen, Aussagen von Fans und Spielern anknüpft, diese weiterentwickelt und für ihre parteipolitische Arbeit umdeutet.

Nicht überall muss wie im Umfeld von Lokomotive Leipzig der Fußball Teil einer Unterwanderungsstrategie sein, um Mitglieder und Wähler zu rekrutieren. Oft ist der Fußball für die NPD eine Bühne, auf der sich Botschaften verbreiten lassen. Gegen Polizeihundertschaften am Stadion – und damit gegen den Staat. Für eine neue Arena – und damit für die Jugend. Gegen den Kommerz in Vereinen – also gegen Globalisierung. Für heimische Talentförderung – gegen Ausländer. Immer wieder nutzen Rechtsextreme Schlagworte, die auch der Fußball nutzt: Kampfkraft, Ehre, Fairplay, Heimat, Männlichkeit. Diese Argumentation findet fernab der Stadien statt. Und außerhalb der Massenmedien, weil keine martialischen Szenen zu bestaunen sind.

Dennoch darf diese Argumentation nicht unterschätzt werden. Die NPD beteuert, in die „Mitte der Gesellschaft" zu wollen. Also klammert sie sich an beliebte, ideologisch weniger aufgeladene Aktionsfelder – und welches Feld könnte akzeptierter sein als der Fußball? Ihre Kader beteuern, sie könnten als Ehrenämter Fußball und Politik auf dem Rasen kommunikativ trennen. Das mag sein, doch schon ihre Anwesenheit wirkt in die Gesellschaft hinein. Sie erwerben Akzeptanz, vor allem in der eigenen Szene. Sie betonen, dass auch Mitglieder der SPD oder der CDU im Fußball aktiv sind. Sie wollen nach den gleichen Maßstäben beurteilt werden, doch das würde das Demokratieverständnis schädigen. Die 6,7 Millionen Mitglieder des DFB stehen für Meinungspluralismus und Multikulturalismus – die NPD vertritt das Gegenteil. Sie hat sich für militante Neonazis geöffnet, dadurch hat sie ihre Mitgliederzahl verdreifacht, auf rund 6.600.

Dieses Buch lässt NPD-Funktionäre wie den Geschäftsführer Klaus Beier oder den Lüdenscheider Ratsherrn und Schiedsrichter Stephan Haase ausführlich zu Wort kommen; auch die Neonazis Enrico Böhm in Leipzig und Tommy Frenck in Hildburghausen schildern ihre ertragreiche Beziehung zum Fußball. Ihre Argumentationsmuster entlarven Demokratie- und Ausländerfeindlichkeit – ein Wertesystem, das Wilhelm Heitmeyer als „Ideologie der Ungleichwertigkeit" bezeichnet. Wer ihre abstrusen Opfer- und Verschwörungstheorien wortwörtlich dokumentiert – ohne eine journalistische Einordnung und Kommentierung zu vernachlässigen –, der nimmt ihnen die demagogische und aufrührerische Kraft.

Dieses Buch begreift den Fußball als eine von vielen Landschaften einer rechten Erlebniswelt. Der Fußball darf nicht isoliert betrachtet werden von anderen Landschaften. Rechtsextreme nutzen Musik, Kleidermarken, Internet, Kunst, Symbole und Codierungen als Erkennungszeichen – und um ihre Gruppenidentität zu stärken. Alle Elemente sind verwoben. Die Bremer Rockband Kategorie C verdeutlicht dieses Netzwerk besonders. Sie besingt Fußball und Freundschaften, auf ihren Konzerten treffen unpolitische Jugendliche auf Neonazis, ihr Geschäftsfeld mit Tonträgern und Devotionalien ist lukrativ. Fahrlässig ist daher die Aussage von Funktionären, dass Rechtsextremismus ein Problem der Gesellschaft sei, der Politik und aller anderen – bloß nicht des Fußballs. Der Sport ist ein Sittengemälde, das rechtsextreme Strukturen und Strategien auch für andere Bereiche verdeutlicht.

Dieses Buch plädiert für eine politische Diskussionskultur. In einer Branche, die sich selten ihrer sozialen Verantwortung bewusst ist. In langen Interviews beschreiben Dieter Graumann, Präsident des Zentralrats der Juden, DFB-Präsident Theo Zwanziger oder die Spieler Yves Eigenrauch und Halil Altintop den Fußball als Privileg, um gesellschaftliche Debatten voranzutreiben, den Kampf gegen Antisemitismus, Islamfeindlichkeit, Homophobie. Dieses Buch bezieht Position für Prävention: im Profifußball für die Stärkung der pädagogischen Fanprojekte, im Amateurfußball für aufklärende Initiativen wie jene der Sportwissenschaftlerin Angelika Ribler. Nur mit einem breiten Wissen lassen sich kreative Bildungsangebote entwerfen, um rechtsextreme Einstellungen nicht entstehen zu lassen. Doch in der kurzsichtigen Auseinandersetzung lässt sich ein nicht gezeigter Hitlergruß noch immer schwer als Erfolg verbuchen.

Der Verfassungsschutz geht in Deutschland von 26.000 Rechtsextremen aus, sie organisieren sich immer weniger in festen Strukturen, 9.000 von ihnen gelten als gewaltbereit. Daran gemessen war es eine kleine Gruppe, die den Roten Stern Leipzig im Oktober 2009 in einen Schockzustand versetzt hat. Doch rechtes Gedankengut reicht weiter: Wenige Wochen zuvor war in Sachsen der neue Landtag gewählt worden. Die NPD hatte den Wiedereinzug ins Parlament geschafft: mit 5,6 Prozent, das sind mehr als 100.000 Wähler. Zwar hat die NPD im März 2011 den Einzug in den Landtag Sachsen-Anhalts verpasst, doch für Entwarnung ist es zu früh: Von den Männern zwischen 18 und 24 Jahren gaben der Partei laut dem Umfrageinstitut Infratest dimap 18 Prozent ihre Stimme. Nicht sichtbar, nicht hörbar, aber deutlich spürbar.

Wohnzimmer Plache-Stadion: Im Dezember 2003 beleben 13 Gründungsmitglieder den Traditionsverein 1. FC Lok Leipzig neu, der 1987 im Europacup-Finale der Pokalsieger stand.

Stimmenfang am Stadion

Neonazis unterwandern die Fanszene des 1. FC Lokomotive Leipzig, rekrutieren dort Mitglieder und schöpfen Wählerstimmen für die NPD. Ein Hausverbot hält sie nicht ab – im Internet und per SMS organisieren sie sich ohnehin viel effizienter. Trägt dieses Klima dazu bei, dass sich rechtsextreme Einstellungen der Anhänger in Gewalt entladen?

Als Holger Apfel am Abend des 30. August 2009 durch die überfüllten Flure des Dresdner Landtages eilt, ist da immer ein Mann, der ihm eine Schneise durch die Menschen öffnet. Der schiebt und drückt und drängt. Entschlossen und mit ernstem Blick. Apfel ist Chef der sächsischen NPD, er freut sich an jenem Sonntag über den Wiedereinzug seiner Partei ins Parlament des Freistaates – nie zuvor war das einer NPD-Fraktion in Deutschland gelungen. 5,6 Prozent der Wähler haben den Rechtsextremen an diesem 30. August ihre Stimme gegeben. Nun baut sich Apfel vor immer neuen Fernsehkameras auf. Währenddessen wartet Marco Remmler, der Leibwächter, hinter einer Absperrung, breitbeinig, die Schultern nach vorn geschoben, die Hände vor dem schwarzen Sakko gefaltet. Nach jedem Interview muss Remmler für seinen Boss eine Schneise schlagen. Schneisen schlagen, das ist Remmlers Aufgabe, in der Politik, im Fußballmilieu. Doch eigentlich sind Politik und Fußball in Sachsen nicht mehr voneinander zu trennen. Vor allem in Leipzig.

Die NPD hat in Sachsen ihr größtes Stammwählerpotenzial, das hat sie auch ihrem Einfluss im Fußball zu verdanken. In keinem anderen Klub ist die NPD so nah an die Fans herangerückt wie beim 1. FC Lokomotive Leipzig. Einige Anhänger erleichtern der Partei die lokale Verankerung, den angestrebten Weg zu mehr Akzeptanz. Die NPD macht sich im Umfeld des 1. FC Lok einen rechten Grundtenor zunutze, den viele Fans im heimischen Bruno-Plache-Stadion teilen. Das Stadion liegt in Probstheida, im Südosten Leipzigs. Die neu erblühte Stadtmitte ist fünf Kilometer entfernt, doch hier draußen sind die Häuser unsaniert, die Straßen voller Schlaglöcher. Immer wieder brechen Einstellungen der Fans heraus: Im Februar 2006 stellen sich Lok-

Fans während eines A-Jugend-Spiels im Stadion so auf, dass ein menschliches Hakenkreuz entsteht. Auf einem Transparent steht 2002: „Wir sind Lokisten, Mörder und Faschisten". Regelmäßig beschmieren sie Wände mit fremdenfeindlichen Parolen. Aber das sind nur die sichtbaren Zeichen einer Bewegung, die immer seltener sichtbar wird. Doch wie genau verwandelt die NPD diese Ausbrüche in ein politisch messbares Ergebnis? Wie gewinnt sie aus dem diffusen Weltbild junger Fans, das sich oft in Diskriminierungen und Aggressionen erschöpft, ihre Wählerstimmen? Und wie rekrutiert sie im Fußball Nachwuchs für die Partei? In Leipzig lassen sich Antworten auf diese Fragen finden.

Der Reihe nach: Lokomotive Leipzig, Nachfolger des VfB Leipzig, des ersten Deutschen Meisters von 1903, zählt zu den erfolgreichsten Vereinen der DDR, steht 1987 im Finale des Europacups der Pokalsieger. Im Jahr 2003 geht der Klub zum zweiten Mal pleite – ihm droht die Abwicklung. Fans wollen den Verein wiederbeleben, in der elften Liga, ganz unten. Am 10. Dezember gründen 13 Mitglieder in der Leipziger Kneipe „Treibhaus" den neuen 1. FC Lok. Den Vereinsvorsitz übernimmt der gelernte Koch Steffen Kubald, der lange als Fanbeauftragter tätig war. Ebenfalls am Tisch: der Maler und Lackierer Marco Remmler, der seinen wahren Namen nicht veröffentlicht sehen will. Kubald und Remmler waren früher Hooligans, sie haben sich für ihren Klub geprügelt. Dass Remmler in der rechtsextremen Szene unterwegs ist, scheint niemanden im „Treibhaus" zu interessieren. Manche teilen seine Ansichten. Sie brauchen jede helfende Hand. Auf Politik wollen sie keine Rücksicht nehmen.

Marco Remmler, geboren 1977, will erfolgreichen Fußball sehen, doch er hat noch ein anderes Ziel: Er will ein Stadion ohne farbige Nachwuchsspieler, ohne Andersdenkende, ohne Homosexuelle. Lok soll ein „nationaler Familienverein werden". An Spieltagen klemmt er einschlägige Flugblätter hinter die Scheibenwischer der Autos. Hilft beim Verkauf von Fanutensilien. Schwärmt von einem der meistverkauften Artikel: einem dunkelblauen T-Shirt, verziert mit dem Wappen von Lok, darauf der Reichsadler, umrahmt von altdeutscher Schrift: „Wir sind die Größten der Welt!" An Wochenenden trifft Remmler Kinder und Jugendliche, die sich für den Fußballverein begeistern. Sie sehen Remmlers trainierte Schultern, seinen rasierten Schädel, seine Tätowierungen. Im Stadion kursieren Geschichten aus seiner Vergangenheit, Schlägereien mit gegnerischen Fans und Polizisten. Die Jungen schauen zu ihm auf. Remmler beschreibt seine Bewegung mit Worten, die den Jungs gefallen: unangepasst, rebellisch, heldenhaft.

Quelle: Maurice Weiss

Oben: Agitation mit Breitenwirkung: Marco Remmler ist Grün-
dungsmitglied von Lok und seit 2006 Mitarbeiter der NPD.

Rechts: Begehrtes Kleidungsstück: Marco Remmler schwärmt
von einem dunkelblauen T-Shirt, verziert mit dem Wappen von
Lok, darauf der Reichsadler, umrahmt von altdeutscher Schrift:
„Wir sind die Größten der Welt!"

Quelle: privat

Lange darf der Neonazi Remmler schalten und walten. Das ändert sich
mit dem sportlichen Erfolg. Lok spielt besser, als viele erwarten, stürmt von
Aufstieg zu Aufstieg, vor tausenden Zuschauern. Damit steigt der Druck auf
den Präsidenten Steffen Kubald, sich von rechtsextremen Anhängern zu distanzieren. Die Trennung von Remmler gipfelt im Februar 2007 in einem
Hausverbot. „Eigentlich wollte ich niemanden aus der Familie ausschließen.
Ich dachte, die kriegen sich alle wieder ein. Irgendwann", sagt Kubald drei
Jahre später, „doch das war falsch. Manche haben mir ins Gesicht gelächelt
und hinter meinem Rücken über mich gelacht." Drei Jahre lang, seit der Wie-
dergründung 2003, hat Kubald alle reingelassen, die mitmachen wollten. Er
brauchte die Eintrittsgelder, die Mitgliedsbeiträge. Ob er die verlorene Zeit
aufholen kann?

Steffen Kubald, geboren 1962, wirkt wie aus einem Feld geschlagen, er hat
Hände wie Schaufeln. Lange arbeitet er, morgens vier Stunden als Abteilungsleiter einer Gebäudereinigungsfirma, danach ist er bis zum späten Abend
im Verein – ehrenamtlich. „Es gibt Fans im Stadion, die ihre Gesinnung ver-

„Es gibt Fans im Stadion, die ihre Gesinnung verbergen, aber ich kann nicht jedes Parteibuch kontrollieren." Steffen Kubald, Lok-Chef von 2003 bis 2011.

bergen", sagt er, „aber ich kann am Eingang nicht jedes Parteibuch kontrollieren." Es gehört zu seinem Alltag, sich von Personen zu distanzieren, zu denen er keinen Kontakt pflegt. Zum Beispiel von der NPD, die im sächsischen Landtag über Sicherheit im Fußball diskutieren will, auf dem Rücken von Lok. Doch manchmal erzeugen Kubalds Worte auch Kritik und Ratlosigkeit. So wie im ARD-Magazin Kontraste, das am 8. März 2007 Antisemitismus unter Leipziger Fans thematisiert, zum Beispiele Gesänge wie „Juden Aue". Kubald sagt in die Kamera: „Und hier muss ich auch sagen: Es gab schon zu DDR-Zeiten solche Sprüche, und ich denke schon, dass einige, die bisschen älter sind schon, das auch kennen."

Kubald würde lieber von der harmlosen Mehrheit sprechen, aber er wird nach der radikalen Minderheit gefragt. Ständig muss er Journalisten erklären, warum die Rechten sich seinen Verein ausgesucht haben. Einen Klub, der am Boden war, eine leichte Beute. Kubald spricht von 300 Mädchen und Jungen in seinem Verein. Aus 13 Nationen, wie er betont. Einigen hilft er, eine Lehrstelle zu finden, andere begleitet er bei Behördengängen. Dutzende Fans helfen bei der Sanierung des Stadions, schaufeln Sand, schleppen Steine, mähen Rasen. Sie bekommen bei Kubald ein Mittagessen, aber keinen Cent. „Wir holen die Kinder von der Straße", sagt Kubald. Viele Stunden spricht er mit Sponsoren, um die Finanzierung zu sichern. Sponsoren mögen keine Nazi-Schlagzeilen.

Nazi-Schlagzeilen können alles zunichte machen. Die bekommt Kubald mit keinem Behördengang mehr aus der Welt.

Steffen Kubald und Marco Remmler haben sich nichts mehr zu sagen. Remmler teilt die Menschen, die ihm begegnen, in Patrioten und Feinde ein. Während eines Interviews trägt er ein braunes T-Shirt, bedruckt mit dem Schriftzug „Königstiger". Es ist der Name eines Panzers aus dem Zweiten Weltkrieg. Remmler schimpft auf den Staat, die Kapitalisten, die Ausländer, er scheint sich von allen verfolgt zu fühlen. Seit 2006 ist Remmler Mitarbeiter der sächsischen Landtagsfraktion der NPD, arbeitet als Leibwächter und Chauffeur der Abgeordneten – und soll, wie jeder Mitarbeiter, Parteimitglieder gewinnen. Dafür nutzt er weiter den Fußball, ohne ins Stadion zu dürfen: Am 17. August 2007, wenige Monate nachdem Remmler im Stadion Hausverbot erhalten hat, geht er mit dem rechtsextremen Aktivisten Henrik Ostendorf auf Deutschland-Tour. Sie steuern einen weißen Laster, auf dem ein großes Bild von Rudolf Heß prangt, daneben die Botschaft: „Mord verjährt nicht". So begehen sie den 20. Todestag von Hitlers Stellvertreter. In Leipzig halten sie vor dem Völkerschlachtdenkmal und dem Bruno-Plache-Stadion. Sie stellen Fotos auf eine Internetseite und schildern ihren Weg in einem Video, unterlegt mit pathetischer Musik. Medien greifen die Aktion auf. Als gegen Remmler ein Ordnungswidrigkeitsverfahren eingeleitet wird, verklären ihn Neonazis zum Märtyrer. Im Internetforum Altermedia ruft jemand zu Spenden für ihn auf. Klubchef Kubald führt dutzende Telefonate,

Gedenken für Hitlers Stellvertreter: Im August 2007 begehen Marco Remmler und der rechtsextreme Aktivist Henrik Ostendorf den 20. Todestag von Rudolf Heß, sie posieren vor dem Plache-Stadion und instrumentalisieren den 1. FC Lok für ihre Propaganda.

um sich von seinem einstigen Mitstreiter zu distanzieren. Remmler und Ostendorf werden später freigesprochen.

NPD-Treffen im Fanprojekt?

Es ist ein Vorstoß nach dem Geschmack von Enrico Böhm. Im Bruno-Plache-Stadion grölt er versteckt in der Masse seit Langem fremdenfeindliche Parolen. Nach der Neugründung des Vereins meldet er sich 2004 als ehrenamtlicher Helfer an, er erhält eine der ersten Mitgliedsnummern: die 101. Schleppt Bierfässer ins Stadion, beseitigt Unkraut, hilft beim Aufbau des Internetradios Lokruf. Böhm genießt Privilegien, darf Interviews mit Ehrengästen führen, mit Rekordnationalspieler Lothar Matthäus oder Trainer Udo Lattek. Böhm trifft sich mit Spielern. Er könnte es bei Lok zu etwas bringen. Wenn er sich an die Regeln hielte.

Böhm ist 24, als er Remmler kennenlernt. Böhm hat seine Lehre als Kfz-Mechatroniker abgeschlossen, trotz großer Probleme mit seinem Chef. Familiäre Schwierigkeiten kommen hinzu. In wenigen Monaten verliert er mehr als 30 Kilo. Böhm steckt in einer Krise, sucht Ablenkung und Arbeit – in beiden Fällen kann Remmler ihm helfen. Remmler geht mit Böhm Bier trinken, besorgt ihm Gelegenheitsjobs, lädt ihn zu Konzerten ein, wo Bands wie Endstufe spielen. Er empfiehlt ihm Vorträge von Kriegsveteranen, auch von dem einstigen Gefängniswärter von Rudolf Heß, dem Tunesier Abdallah Melaouhi, der die These vertritt, dass Heß 1987 im Kriegsverbrechergefängnis Spandau nicht Selbstmord begangen habe, sondern durch den englischen Geheimdienst ermordet worden sei.

Langsam führt Marco Remmler Enrico Böhm, geboren 1982, aus dem Fanblock in die Politik, aus dem unorganisierten Spektrum hin zu den Strukturen der NPD. Remmler lässt seine einnehmende Art wirken. Mit den immergleichen Leitmotiven: Kameradschaft, Identifikation, Loyalität. Den Verein nutzt Remmler als Bindeglied, als gemeinsamen Nenner. „Ich habe Zugehörigkeit gefunden, die ich woanders nicht bekommen konnte", sagt Böhm. „In der Gruppe fühle ich mich immer etwas größer." Es sind einfache Antworten auf eine komplexe Frage: Wie mutiert eine gemäßigte Einstellung zu einer radikalen Haltung? Überzeugt von sich wie der Eiferer Remmler wirkt Böhm nicht. Er ist ein unauffälliger Typ, blass. Er redet viel, aber wenig selbstsicher: „Wer weiß, was ohne Fußball aus mir geworden wäre?"

Remmler darf nicht mehr ins Stadion, nun wird Enrico Böhm im Umfeld von Lok aktiv. Er tritt einem Fanklub bei: den 2006 gegründeten Blue Caps,

„Ich habe Zugehörigkeit gefunden, die ich woanders nicht bekommen konnte. In der Gruppe fühle ich mich immer etwas größer." Enrico Böhm, treibende Kraft der Lok-Ultras Blue Caps und NPD-Stadtratskandidat 2009.

die aus einem Freundeskreis im Osten Leipzigs entstanden sind. Die Blue Caps unterscheiden sich nicht von anderen hartgesottenen Ultra-Gruppen im Stadion. Sie unterstützen ihre Mannschaft mit Gesängen, Spruchbändern, Choreografien. Sie provozieren, prügeln sich, zünden verbotene Knallkörper. Für Agitation mit Breitenwirkung fehlt ihnen die Organisation. Noch.

Im Stadion stehen die Blue Caps unter Beobachtung der Vereinsführung. Nicht aber im Leipziger Fanprojekt, das eigentlich rechtsextremen Tendenzen im Fußball entgegenwirken soll. Die sozialpädagogische Einrichtung liegt im Stadtteil Stötteritz, in einer ehemaligen Firmenkantine mit vergitterten Fenstern, umwuchert von Unkraut. Am 19. November 2007 ruft Böhm im Internetforum des Vereins unter seinem Tarnnamen „Gegengerade" zu einem Arbeitseinsatz und einer Spendenaktion auf. Geld, Möbel, Baumaterialien werden für das Fanprojekt bereitgestellt. 30 Fans helfen bei der Sanierung, darunter die rechten Blue Caps. Sie putzen, streichen Wände, schaufeln Gräben für die Stromkabel.

Böhm und seine Mitstreiter haben ihren Ort gefunden. Sie dürfen im Fanprojekt einen Raum gestalten, pinseln das Bild eines Faustkampfes an die Wand, auch das Logo des italienischen Spitzenklubs Lazio Rom, zu dem die Buchstabenkombination SS gehört: Società Sportiva. „Das SS hat uns gut in den Kram gepasst", sagt Böhm. Die Blue Caps trainieren an Fitnessgeräten, spielen Billard, veranstalten Videoabende. Am 1. Februar 2008, sagt Böhm, habe er im Fanprojekt ein Treffen von 20 Rechtsextremen organisiert, darunter NPD-Funktionäre. Auch Marco Remmler ist einmal Gast des Hauses, liefert Jugendlichen auf Bestellung rechtsextreme Literatur – im Rahmen eines Präventionsprojekts, das öffentlich gefördert wird. Die Stadt Leipzig zahlt dafür 83.160 Euro im Jahr 2008. Den Rest, 41.580 Euro, übernimmt der DFB.

In Leipzig hatten sich die Verantwortlichen darauf geeinigt, rechtsextremen Jugendlichen eine pädagogische Betreuung zu verweigern. Ende der neunziger Jahre war ein Jugendhaus im Stadtteil Grünau von Neonazis unterwandert worden. Fast 50 Fanprojekte existieren in Deutschland, einige betreiben sogenannte akzeptierende Sozialarbeit, Integration statt Ausgrenzung – auch von Rechtsextremen. Die Pädagogen haben einen schwierigen Auftrag: Sie müssen Nähe suchen und zugleich Distanz wahren. Wer ist Verführer in der rechtsextremen Szene? Und wer Verführter? Doch wie weit soll diese Betreuung gehen? Wie weit darf sie dem Übel entgegenkommen? Bis hin zu Hinweisen auf die SS?

Udo Ueberschär, Leiter des Fanprojekts, hat darauf keine einfache Antwort. Er bestreitet, dass es zu einem Treffen von Rechtsextremen gekommen sei. In seinem ersten Leben als Pädagoge hatte er straffälligen Jugendlichen während ihrer Resozialisierung geholfen, seit 2000 betreut er Fußballfans. Bei Lok habe er nicht bei null angefangen, sagt er, sondern bei minus hundert. Lange war er auch für die Fans des FC Sachsen verantwortlich, er bewegte sich in einem Spannungsfeld zwischen unversöhnlichen Rivalen. Die große Mehrheit der Lok-Fans, die er unterstützt, sei ausschließlich an Fußball interessiert. Aber er spricht auch von den Wurzellosen, die für rechtes Gedankengut empfänglich seien. Ueberschär glaubt, wer verführt wird, könne zurückgeholt werden: „Einige Jungs werden zu Strohmännern und wissen nicht, dass sie verbrannt werden. Wir versuchen, ihnen ihre Zukunft aufzuzeigen, wir wollen sie mit Fußball für positive Ideen begeistern." Doch das ist nicht so einfach, einige seiner Stammgäste können sich nicht mal eine Monatskarte für die Straßenbahn leisten. „Da sind welche dabei, die politisch nie auffällig geworden sind. Aber weil sie Geld brauchen, lassen sie sich zu Dummheiten hinreißen, die sie später bereuen." Ueberschär ist ein Mann von mächtiger Statur, er spricht leise. Er beobachtet seine Klientel mit Empathie, will ihr Chancen eröffnen. Doch manchmal muss er die Notbremse ziehen.

Im Fall Enrico Böhm dauert es bis September 2008, ehe er im Fanprojekt zur unerwünschten Person erklärt wird. Böhm macht sich fortan immer wieder lustig über die Mitarbeiter des Projekts. Vor allem auf der Internet-

Braune Choreografie: Während eines A-Jugend-Spiels formieren sich
Fans von Lok Leipzig im Februar 2006 zu einem Hakenkreuz.

Provokation in der Kurve: Lok-Fans bekennen 2002 auf einem Transparent
„Wir sind Lokisten – Mörder und Faschisten".

seite der Blue Caps, auf der er bunte Fankurvenfotos mit Propaganda mischt.
Unter der Überschrift „Reizwort Böhm" schreibt er über die frühere Beziehung zu den Sozialarbeitern: „Das Verhältnis war sehr gut und fast fami-
liär. Man konnte tragen, was man wollte, und trank reichlich Alkohol mit
dem Sozialarbeiter. Auch war es kein Problem, ein Treffen mit Vertretern der
Nationalen Szene im Fanprojekt abzuhalten, natürlich gegen zwei Flaschen
Goldkrone. Des Weiteren sagte keiner etwas, als man Bücher vom Mord am
ehemaligen Reichsminister Rudolf Heß im Fanprojekt verkaufte." Das Fanprojekt stellt bald darauf Strafanzeige gegen Böhm und beschuldigt ihn der
üblen Nachrede, Wochen später wird das Verfahren eingestellt.

Wo man in Leipzig auch fragt, beim verantwortlichen Jugendamt, beim Sportbürgermeister der Stadt: Rundum zufrieden scheinen mit dem Fanprojekt nur wenige zu sein. Daher begibt man sich auf die Suche nach einem neuen Träger, der das Projekt modernisieren soll. Aber auch der wird beim Kampf gegen die Neonazis in derselben Klemme stecken wie Vereinschef Steffen Kubald: Ruft er zu laut nach Hilfe, gilt er als überfordert. Benennt er offen den Ernst der Lage, gefährdet er womöglich die Existenz des Klubs. Greift er zu hart durch, verliert er viele Anhänger – und damit Geld, das der Verein zum Leben braucht.

Balancieren im Internet

Wie viel freier können da die Rechtsextremen agieren: Nach seinem Rauswurf aus dem Fanprojekt widmet sich Enrico Böhm dem Internet. Im Oktober 2008 ruft er in seinem Portal zu einer Demonstration der Jungen Nationaldemokraten auf, der Jugendorganisation der NPD. Motto: „Unser Volk stirbt! Volkstod aufhalten!" Forderung: „Todesstrafe für Kinderschänder". Kurz zuvor war in der Umgebung von Leipzig die geschändete Leiche der acht Jahre alten Michelle gefunden worden. Böhm wiederholt seinen Aufruf, meldet selbst eine Demonstration an, wirbt für ein Konzert der Rockgruppe Kategorie C, beliebt bei Hooligans und Neonazis. Böhm baut die Plattform aus. Er bittet um eine Probeabstimmung, fast 80 Prozent seiner Gäste im Forum würden NPD wählen. Zeitweilig ist auf seiner Seite das Bild eines Freundes zu sehen, der den Hitlergruß zeigt. Die Klickzahlen steigen von 120 auf über 1.000 pro Tag. Immer wieder gehen Beschwerden ein, mehrfach muss er den Internetanbieter wechseln.

Im selben Monat möchte Böhm auf der Vereinshomepage für eine rechte Demonstration werben. Vereinsboss Kubald lehnt ab – und nutzt die Gelegenheit, die Blue Caps im Stadion zu verbieten. Wer sich auf dem Vereinsgelände zu der Gruppe bekennt, durch Symbole oder Kleidung, wird rausgeworfen. Nur als Einzelpersonen sind die Mitglieder weiter willkommen. Bei Böhm ist Kubald konsequent: Er darf das Stadion nicht mehr betreten. Böhm orientiert sich stärker an der NPD. Die sächsische Landtagsfraktion hat ihm im September 2008 einen Posten als Mitarbeiter angeboten, als Partner seines Kumpels Marco Remmler. Böhm wertet das als Prämie für seine Leistungen. Als Karrieresprung.

Böhm lebt nun von der NPD, eine seiner Aufgaben ist die Rekrutierung von Nachwuchs. Er verschickt Handyvideos an Jugendliche, darin sind Szenen

UNSER VOLK STIRBT!
VOLKSTOD AUFHALTEN!
Demonstration INFOS unter:
am 25.10.2008 www.leipzig.freies-netz.com

Quelle: Screenshot Internet

Aufruf im Netz: Enrico Böhm wirbt auf seiner Internetseite für rechtsextreme Demonstrationen.

aus dem Stadion zu sehen, aggressive Fans, Polizisten oder Leuchtkugeln, die sich in Häuserfassaden fressen. Spektakuläre Bilder für den ersten Kontakt. An manchen Tagen sitzt er stundenlang vor seinem Computer, fahndet nach neuen Kräften. Im Fanforum des Vereins ist er anonym unterwegs und sucht Diskutanten, von denen er hofft, sie könnten seine Ansichten teilen. Zunächst, auf der öffentlichen Ebene des Forums, belässt er es bei belanglosen Beiträgen. Auf der zweiten Ebene, den persönlichen Nachrichten unter Mitgliedern, verschärft er den Ton. Nach einem Small Talk, einem Witz über den Teamkapitän oder einem Ausblick auf das nächste Spiel, versteckt er Hetze in seichten Formulierungen, balanciert an der Grenze zur strafrechtlichen Relevanz. Farbige sind bei ihm „maximal pigmentierte Ortsunkundige". Über einen jüdischen Spieler schreibt Böhm: „Personen mit langen Nasen sind unerwünscht." Einmal entdeckt ihn der Betreiber des Forums und löscht seinen Zugang – Böhm meldet sich mit einem neuen Namen wieder an. Und er weicht in die sozialen Netzwerke aus. Bei StudiVZ und Facebook haben die Blue Caps ihre eigene Diskussionsgruppe – aus Datenschutzgründen dürfen die Unternehmen nur bei einem begründeten Verdacht Nachrichten einsehen.

Am liebsten mag es Böhm, wenn er nicht suchen muss, sondern gefunden wird. Wie im Fall des jungen Tobias Zilke, der in Wahrheit anders heißt. Auch Zilke ist Fan von Lokomotive Leipzig, er hat unzählige Heimspiele besucht. Zilke ist ein schmächtiger Junge, trägt eine Brille, in seinem Gesicht wuchert Akne. Er sagt, seine Mutter habe vier Kinder allein groß gezogen, das müsse man erstmal schaffen. Im Frühjahr 2008 schreibt er Böhm in einem Fanforum zum ersten Mal an, er ist beeindruckt von den Blue Caps, er möchte zu ihnen gehören. Fast täglich schicken sich Böhm und Zilke in jener Zeit Nachrichten. Hat Zilke Potenzial für die Partei? Kann man ihn zum Wahlkämpfer ausbilden? Hin und wieder sendet Böhm ihm persönliche Fotos, auch von seinem neugeborenen Sohn. Das schafft Vertrauen. Böhm besorgt ihm Musik von rechtsextremen Bands, die in keinem CD-Laden angeboten wird, Bands wie Landser, Blitzkrieg, Zillertaler Türkenjäger. Die Liedtexte hätten ihm „die Augen geöffnet", sagt Zilke. Er trägt ein T-Shirt in Schwarz-Weiß-Rot, den Farben der Reichskriegsflagge, darauf die Zeile: „So sind wir!" Zilke sagt: „Die Deutschen haben ein gestörtes Nationalbewusstsein. Bei Lok darf ich stolz sein."

Bei den Wahlen 3,7 Prozent

Zilke passt sich Böhmes Weltsicht an, hat schnell die Arbeitslosenquote unter Leipziger Ausländern parat, er kann hundert angebliche Argumente gegen eine multikulturelle Gesellschaft aufsagen. Im Juni 2008, da ist Zilke 16, bestellt ihn Böhme auf den Lindenauer Markt, einen belebten Kiez am westlichen Rand des Leipziger Stadtzentrums. Sie gehen gemeinsam in die Odermannstraße, wo der sächsische Landtagsabgeordnete Winfried Petzold ein Büro der NPD errichten lässt. Sofort wird Zilke eingespannt, verbringt seine Ferien als Helfer auf dem Bau. Die JN, die Jungen Nationaldemokraten, nehmen ihn als loses Mitglied auf. Alle zwei Monate erhält er von seinem Gruppenführer einen Plan mit Aufgaben: Sticker verteilen, Freunde gewinnen. Zeit hat Zilke im Überfluss. In diesem Sommer hat er die Realschule abgeschlossen, Notendurchschnitt 3,2. Er sucht nach einer Lehrstelle, er will zur Bundeswehr oder sich zum Gießer ausbilden lassen, vielleicht zum Berufskraftfahrer – einen Job findet er nicht. Nun plant er ein Berufsgrundbildungsjahr, eine schulische Überbrückung für Leute ohne Job. „Er wird seinen Weg gehen", sagt Böhm. In seiner Stimme schwingt der Stolz eines großen Bruders mit.

Anfragen aus dem Umfeld des Fußballs erhält Böhm oft. Ein 15-Jähriger, der sich Bad Boy nennt, schreibt ihm: „Ich kämpfe für mein Vaterland und will noch mehr für mein Vaterland tun." Ein 14-Jähriger, der keinen Namen angibt, meldet sich mit den Worten: „Ich bin Patriot." Er zweifelt jedoch, für die JN geeignet zu sein. Mit seinen weiten Hosen und langen Haaren, schreibt er, wirke er eher wie ein Hip-Hopper. Es sind kurze Mitteilungen, schlichte Botschaften. Puzzlestücke, die Böhm zu einem Ganzen zusammenlegen will.

Wie soll der Fußball Rechtsextreme bekämpfen, die öffentlich kaum mehr auftreten? „Da sind wir überfordert", sagt der Rechtsanwalt Klaus Reichen-

Offensive gegen Rechts: Die linksalternative Fangruppe Diablos des Vereins BSG Chemie entwirft Choreografien, organisiert Ausstellungen, Lesungen, Konzerte.

bach, seit Anfang der neunziger Jahre Präsident des Sächsischen Fußball-Verbandes. Im Februar 2007 muss er einen ganzen Spieltag absagen, weil Fans von Lokomotive Leipzig nach einem Pokalspiel 39 Polizisten verletzt haben. Damals organisiert Reichenbach Pressekonferenzen, lässt Plakate kleben, bezahlt Fortbildungen für Funktionäre. Und nun? „Was im Verborgenen geschieht, können wir als kleiner Verband mit ehrenamtlichen Kräften schwer beeinflussen." Früher, als die Rechtsextremen noch sichtbar waren, konnte man die Nazis von der Tribüne verbannen – aber aus dem Internet? Reichenbach spricht von der Verantwortung der Eltern, ihren Fehlern in der Erziehung. „Die Politik muss helfen, sonst wird der gesamte Sport gefährdet."

An den Sport denken Remmler und Böhm kaum noch, er ist für sie Mittel zum Zweck. Sie wollen ihre Anhänger bei Laune halten. Am Nachmittag des 30. Mai 2009, einem Samstag, verschickt Böhm von einem Mobiltelefon ohne Vertragsbindung eine Sammel-SMS. „Wir wollen eine Rockallianz bilden und im Großraum Leipzig das System rocken", schreibt er. Dazu eine Uhrzeit und einen Treffpunkt. Am Abend sammeln sich 300 Rechtsextreme aus Leipzig und Umgebung an einer Tankstelle an der Riesaer Straße, Stadtteil Paunsdorf. Auch die Polizei ist vor Ort, und so belässt es Böhm bei wenigen Worten. Er verteilt kleine Zettel mit einer Wegbeschreibung. Seine Gäste fahren los, zeitversetzt, auf verschiedenen Routen. Böhm wartet eine Weile, verschwindet dann in einer verwinkelten Kleingartenanlage. Bis er sich nach einer Stunde sicher ist, dass ihm niemand folgt.

Auf einem Privatgrundstück in Hohenmölsen, einer Kleinstadt am südlichen Zipfel Sachsen-Anhalts, treffen sie sich wieder, 40 Autominuten von

Leipzig entfernt. Böhm veranstaltet ein Konzert mit rechtsextremen Bands. Ohne Anmeldung, ohne Gewerbeschein, ohne Brandschutzvorkehrungen. Nur der Vermieter der Halle kennt den Plan seit Tagen, als Tickets gelten die versandten SMS. Böhms Freundin betreut die Musiker, die Blue Caps übernehmen den Sicherheitsdienst und den Bierausschank. „Konzerte gehören zur Rekrutierungsarbeit", sagt Böhm. „Und zum Wahlkampf." Tage später verschickt Böhm wieder eine SMS, diesmal mit Werbung. Er tritt Ende Juni 2009 zur Stadtratswahl in Leipzig an, die NPD hatte in Leipzig aus Mangel an Personal nie kandidiert. Den Gewinn des Konzerts in Hohenmölsen, rund 2.500 Euro, steckt Böhm in den Wahlkampf. Auf einem Girokonto würde er das Geld nicht ablegen, sagt er, niemand solle etwas über seine Finanzen wissen. Böhm bestellt Plakate und Aufkleber, in Blau und Gelb, den Farben des Fußballvereins. Auf der Internetseite der NPD preist er sich als potenzieller Retter der verblassenden Sportstadt Leipzig, und in seinem Wahlkreis erhält Böhm 1.466 Stimmen. Das hat es in Deutschland noch nicht gegeben: ein rechtsextremer Fußballfan, ohne Erfahrungen in öffentlichen Ämtern, erreicht aus dem Stand 3,7 Prozent.

Den Fanklub Blue Caps hat Böhm binnen zwei Jahren in eine rechtsextreme Bruderschaft verwandelt. Wieder zeigt sich, dass eine homogene, hierarchische Gruppe leicht durch Einzelne beeinflusst werden kann. Geschult werden ihre Mitglieder im Leipziger NPD-Quartier, einem Haus mit heruntergelassenen Rollläden, umgeben von einem zwei Meter hohen Blechzaun, ohne Klingel und Türschild. Böhm nennt das Quartier „das Objekt". Ein Anruf von Mitarbeitern des sächsischen Fraktionsvorsitzenden Holger Apfel genüge, sagt Böhm, um die Blue Caps in Stellung zu bringen. Sie streifen sich ihre dunkelblauen Kapuzenpullover über, auf deren Rückseite eine Hyäne die Zähne fletscht. Sie nehmen an Demonstrationen teil, treten als Ordner bei Veranstaltungen auf, als Sammler von Spenden. Gern zeigen sie ihr Transparent: „Lok-Fans gegen Links". Die Blue Caps und ihre Sympathisanten erhöhen das Mobilisierungspotenzial der NPD in Leipzig um mehr als ein Drittel. In wenigen Stunden können rund 300 Neonazis für Kundgebungen und Aufmärsche zusammengezogen werden. Der größte NPD-Kreisverband Sachsens ist in Leipzig zu Hause. Entlohnt werden die Blue Caps für ihre Dienste nicht, die meisten Mitglieder gehen gewöhnlichen Berufen nach. Auf dem Bau, im Büro, in der Bundeswehr. Die Arbeitgeber ahnen nichts. Aber die Polizei beobachtet sie genau. Ein Ausflug der Blue Caps über die Elbe nach Pirna wird von einem Hubschrauber und dutzenden Polizisten begleitet.

„Die Deutschen haben ein gestörtes Nationalbewusstsein. Bei Lok darf ich stolz sein." Der Jugendliche Tobias Zilke lernt die Blue Caps im Internet kennen und übernimmt ihre dumpfen Parolen.

Fußball unter Polizeischutz: Regelmäßig werden Lok-Partien zu sogenannten Risikospielen.

Ein rechtsextremer Fanklub, dessen Mitgliederzahl zwischen 20 und 30 schwankt, wird durch solche Aktionen zu einem regelmäßigen Gesprächsthema in der Stadt – und darüber hinaus. „Im Kern geht es Neonazis darum, Präsenz zu zeigen und Angst zu schüren, auf diesem Weg kann eine kleine Gruppe dominant in eine große Szene hineinwirken", sagt die Erziehungswissenschaftlerin Berit Lahm, die in der 1999 eröffneten Leipziger Fachstelle Extremismus tätig ist. „Eine kleine Gruppe kann langfristig eine Grundstimmung erzeugen, die es erschwert, aufgeklärte humanistische Werte einzufordern. So wird die Eroberung des öffentlichen Raums für Neonazis einfacher", ergänzt der Politikwissenschaftler Adam Bednarsky. „Im nächsten Schritt schaffen sie sich mit Gewalt ihre Aktionsräume." Gemeinsam mit der Politikwissenschaftlerin Ulrike Fabich hatte Bednarsky 2008 die Studie „Fußball und Diskriminierung" veröffentlicht – die bislang tiefgründigste Publikation über die Politisierung des Leipziger Fußballs. In ihrer „Initiative für mehr gesellschaftliche Verantwortung im Breitensport Fußball", kurz IVF, setzen sich Fabich und Bednarsky gegen Rechtsextremismus ein.

Die Liste der Gewalttaten

Die Blue Caps prägen ein Klima. Tragen sie auch dazu bei, dass sich rechtsextreme Einstellungen in Gewalt entladen? Wie weit gehen Böhms Blue Caps tatsächlich?

Dezember 2007: Weihnachtsfeier der Diablos, einer studentisch geprägten Fangruppe des Leipziger Klubs BSG Chemie, in einer Kneipe. Plötzlich knallt es, 40 Vermummte stürmen die Räume, werfen Rauchbomben, bedrohen Frauen und Kinder mit Baseballschlägern und Gaspistolen.

November 2008: Im Leipziger Stadtteil Grünau wird nachts ein Kulturzentrum in Brand gesteckt, Betreiber ist der Schatzmeister der BSG Chemie.

Januar 2009: 50 Angreifer mit Totenkopfmasken überfallen die Diablos auf ihrem Weg zu einem Hallenfußballturnier. „Töten!", schreien die Angreifer. „Juden!" Ein Jugendlicher muss ins Krankenhaus gebracht werden, bewusstlos, Verdacht auf Schädelbruch.

Oktober 2009: An einer Tankstelle kommt es nach einem Kreisklassespiel der BSG Chemie zu einem Zusammenstoß von Chemie-Fans und rund 20 Neonazis, darunter Enrico Böhm und andere Lok-Fans. Ein Chemie-Anhänger wird von einem Auto angefahren und muss operiert werden.

Oktober 2009: Während des Bezirksklassespiels beim FSV Brandis werden Spieler und Fans des antirassistischen Vereins Roter Stern Leipzig von rund

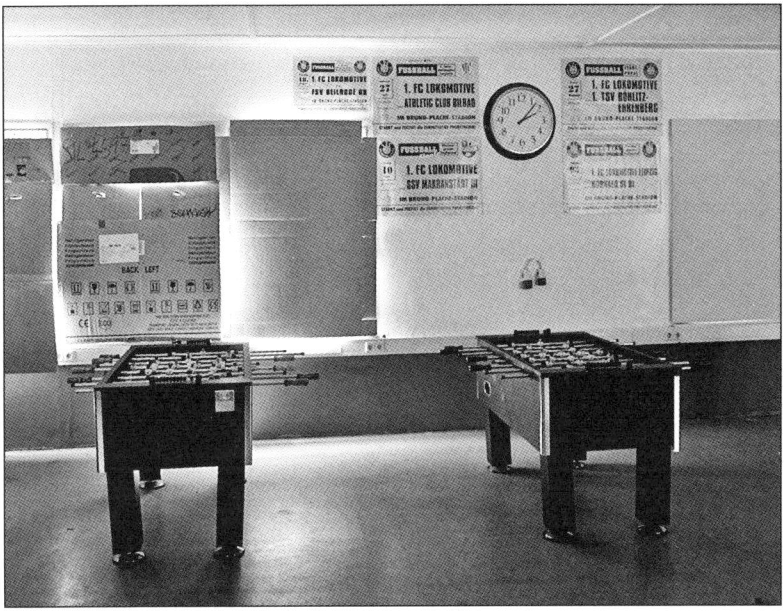

Quelle: Maurice Weiss

NPD-Versammlung im Fanprojekt? Die sozialpädagogische Einrichtung im Stadtteil Stötteritz, die rechtsextremen Tendenzen entgegenwirken soll, steht in der Kritik.

50 Neonazis überfallen, mit Holzlatten, Eisenstangen und Steinen. Ein Fan des Roten Sterns wird schwer verletzt und verliert fast sein Augenlicht.

Die Beweislage ist immer dünn, die Opfer haben Angst vor einer Anzeige, wie so oft. Doch einige Begriffe fallen in den Antworten auf die Fragen der Ermittler immer wieder: Blue Caps. Neonazis. Fans aus dem Umfeld des 1. FC Lok.

Wer den Blue Caps bei einem Treffen in Böhms Wohnung eine Weile zuhört, gewinnt den Eindruck, Gewalt sei die Voraussetzung für ein sorgloses Leben. „Natürlich müssen sich unsere Jungs hauen können", sagt Jörn Zabel, Mitte zwanzig, der ebenfalls anders heißt. Manchmal hilft er auf dem Wahlkampfmobil der NPD, obwohl er nicht deren Mitglied ist. Er trägt Tätowierungen an Armen und Beinen, sein T-Shirt ist mit dem Namenszug einer faschistischen Fangruppe aus Rom bedruckt: „Irriducibili", die Unbeugsamen. Er berichtet von seiner Jugend, in der ein falscher Blick oft mit einer blutigen Nase bezahlt wurde. „Mit zwölf hatte ich zum ersten Mal eine Waffe am Hals." Nach der Hauptschule bricht er die Schule ab, die Baufirma seines Vaters ist insolvent, er soll endlich Geld verdienen. Zabel sagt, er habe sich immer behaupten müssen. Er wird Stammgast des Kampfsportclubs Germania. Trainiert mit Türstehern und Leuten aus dem Rotlichtmilieu. „Fußball ist wie Politik", sagt er. „Es zählt das Gesetz des Stärkeren." Dieses Motto wollen die Blue Caps weitertragen. Zum Beispiel an ihre Nachwuchsgruppe, die Crime Boys. Im September 2009 erteilt der 1. FC Lok auch dieser Gruppe Hausverbot.

Die Worte von Jörn Zabel machen deutlich: Der Fußball spiegelt die verschwimmenden Grenzen zwischen Gewalt und Rechtsextremismus. „Viele Fans suchen in der Bindung zur NPD einen Vorwand zum Prügeln", sagt Zabel. Seine Abneigung richtet sich gegen die linksalternativen Diablos. Ihre Anhänger sind in den Stadtteilen Connewitz und Südvorstadt unterwegs, sie engagieren sich gegen Rassismus, in Lesungen, Konzerten, Ausstellungen. Die Blue Caps betrachten die Diablos als Feinde. In Fußball – und Politik. Sie wissen, dass zu ihrem Freundeskreis der Rote Stern Leipzig gehört, deren Spieler sich fast an jedem Spieltag Beleidigungen und Provokationen anhören müssen. Auch ein Stadtratsmitglied der SPD, ein langjähriger Landtagsabgeordneter der Partei Die Linke und der Mitarbeiter eines grünen Bundestagsmitglieds sind im Umfeld der Diablos aktiv. Zabel schimpft. Ob er auch seine Fäuste sprechen lässt? Er grinst und sagt, von Überfällen und Drohungen habe er nur gehört. Beschreiben kann er diese Taten, als sei er selbst dabei gewesen.

Enrico Böhm sitzt neben ihm, er gibt sich ahnungslos. Geht nur auf abgeschlossene Fälle ein. Sechs Ordner stehen im Regal über seinem Fernseher, er präsentiert sie stolz wie Urkunden: Post seines Anwalts, Anordnungen des Gerichts, Meldeauflagen. Elf Einträge sind zu diesem Zeitpunkt über ihn im Bundeszentralregister verzeichnet, Körperverletzung, Volksverhetzung, Widerstand gegen Vollstreckungsbeamte, Verstoß gegen das Sprengstoffgesetz, Urkundenfälschung, Hausfriedensbruch, Landfriedensbruch, Unterschlagung oder Diebstahl. Zweimal wird seine Wohnung von der Polizei durchsucht.

Wer ins Stadion will, muss an den Nazis vorbei

Ob seine Wähler davon wissen? Die NPD distanziert sich von Gewalt, offiziell. Nachdem Mitglieder der Blue Caps während ihrer Weihnachtsfeier am 20. Dezember 2008 Polizisten mit Flaschen beworfen haben, lässt Helmut Herrmann, der Leipziger NPD-Kreisvorsitzende, auf der Internetseite der Partei mitteilen: „Wir distanzieren uns von den Tätern, die aus der Anhängerschaft des Fußballvereins Lok Leipzig sowie möglicherweise auch von auswärts kommen und mit der Leipziger NPD nichts zu tun haben." Böhm sagt, er habe das geschrieben. „Ich wollte den Schaden von der Partei abwenden

Harmlose Mehrheit, radikale Minderheit: Tausende Fans stützen den sportlichen Aufstieg von Lok Leipzig.

und der Vereinsführung von Lok eins auswischen." Böhm wird auch nach dem Vorfall von der NPD bezahlt. Er wird von einem Szeneanwalt vertreten, der ihm einen Teil seiner Kosten erlässt. Böhm gibt das NPD-Quartier in der Odermannstraße im Impressum seiner Internetseite an – aus Angst vor Angriffen in seiner Wohnung.

2009 braucht die NPD in Sachsen jede helfende Hand. Die Landtagswahlen stehen an, nur der erneute Einzug ins Parlament würde der klammen Partei staatliche Einnahmen in Millionenhöhe garantieren. 2004 hatte sie in Sachsen 9,2 Prozent der Stimmen erhalten, mehr als die FDP (5,9 Prozent), mehr als die Grünen (5,1), fast so viel wie die SPD (9,8). Allein im ersten Jahr der Legislaturperiode erhielt die NPD-Fraktion 1,3 Millionen Euro an Parteienfinanzierung.

Enrico Böhm und Marco Remmler sind im Sommer 2009 jeden Tag unterwegs. Plakate kleben, Veranstaltungen sichern, Wahlprogramme und Parteizeitungen verteilen. Am 25. Juli 2009 verrichten sie ihren Dienst vor dem Bruno-Plache-Stadion. Es ist ein Nachmittag, an dem der 1. FC Lok ein Familienfest für seine Fans ausrichtet, mit Buden, Hüpfburg, Bratwurstgrill. Ein Nachmittag, an dem sich Klubchef Steffen Kubald wieder besorgt fragen muss: Wie viele sind es dieses Mal? Was haben sie vor? Draußen vor dem Stadion warten die Nazis, sprechen Besucher an. Kubald läuft über das Gelände, bittet Freunde um Rat, spricht mit Sponsoren. Wie soll sich ein Amateur-

Geschäftsfeld Fußball: Fans von Lok Leipzig posieren vermummt an einem Bahngleis,
schnell verbreitet sich der Aufkleber in der Stadt.

klub in der fünften Liga verhalten, wenn ihn Rechtsextreme vereinnahmen
wollen? Kubald ruft die Polizei. Sicherheitshalber.

Draußen vor dem Stadion mit seinen Holztribünen und verrosteten
Zäunen freuen sich Remmler und Böhm darüber, wie die Nervosität da
drinnen den Frohsinn erstickt. „Das war unser Ziel", sagt Böhm, „wir sind
Gesprächsthema." Er trägt eine rote Windjacke, darauf der Schriftzug „Sozial
geht nur national". Hinter ihm steht ein altes Wohnmobil, dunkelgrün. Das
Wahlkampfauto der NPD. „Lok ist unsere Zielgruppe", sagt Remmler.

„Ich möchte euch hier nicht sehen", erklärt Steffen Kubald, als er mit raum-
greifenden Schritten vor dem Stadiontor auf sie trifft. Er bemüht sich, ruhig
zu bleiben. Remmler und Böhm geben sich verständnisvoll, sie sind nicht so
dumm, fremdes Hausrecht zu verletzen. Ihr Wahlprogramm verteilen sie in
einer Parkbucht an der Connewitzer Straße, auf öffentlichem Grund. Doch
wer ins Stadion will, muss an den Nazis vorbei. Fans bleiben stehen, greifen
nach Aufklebern, Kugelschreibern, Feuerzeugen der NPD. Ein älterer Mann
nimmt seinen Mut zusammen und brüllt die Rechtsextremen an: „Soll ich
eure Scheiben einschmeißen? Was soll dieses hässliche Grün?" Ihm miss-
fällt die Farbe des Autos. Es ist die Farbe des FC Sachsen, des großen Rivalen.

Kubald sieht Remmler während der Saisoneröffnung zum ersten Mal seit Langem. Er muss erfahren, wie die Polizei, die er gerufen hat, nach einer formalen Kontrolle wieder davonfährt. Und er muss beobachten, wie drei Jugendliche ohne Hemmungen auf das Fahrzeug der NPD zusteuern. Sie sind 14, vielleicht 15, tragen Schal und Trikot des 1. FC Lok. „Habt ihr Aufkleber für uns?", fragt einer der Jungen, als würde die NPD zum Fußball gehören wie Fahne oder Torschrei. Remmler und Böhm freuen sich, Kubald ist fassungslos. Wie soll er reagieren? Wie kann er unnachgiebig wirken und doch gelassen? Er zögert, stellt die Jugendlichen vor die Wahl: Sticker oder Stadion. Sie entscheiden sich für Lok, gehen durchs Tor, sammeln Autogramme der Spieler. Bald darauf stehen sie wieder an der Straße. Kubald ist beschäftigt, kann sie nicht länger kontrollieren. Remmler und Böhm unterhalten sich mit den Jugendlichen, ungestört, ungefiltert. Auf einem Schulhof hätten sie es schwerer gehabt.

Eine Woche vor den Landtagswahlen: Das Stadtderby steht an, Lok gegen den FC Sachsen, nicht im Plache-Stadion, sondern im sicheren Zentralstadion, dem schmucken Leipziger Spielort der WM 2006. Nach der torlosen Partie gibt es Ausschreitungen und Verletzte, tausende Lok-Fans schieben sich auf der Jahnallee Richtung Hauptbahnhof. Mittendrin fährt ein acht Meter langer Truck, darauf ist die Parole zu lesen: „Arbeit zuerst für Deutsche". An Bord sind Holger Apfel, Chef der NPD-Landtagsfraktion, und seine Gehilfen, auch Enrico Böhm. Er reißt die Tür des Fahrzeugs auf, das er Flaggschiff nennt, wirft Aufkleber und Kugelschreiber in die Massen, auch die sogenannten Schulhof-CDs. Die Szene erinnert an einen Karnevalsumzug. Niemand protestiert, niemand. Einige Fans brüllen: „Hier regiert die NPD!", Oder: „Nationaler Widerstand!" Andere Parteien sind nicht unterwegs.

Auf der Internetseite der NPD bilanziert Holger Apfel: „Unser heutiger Besuch beim Lokalderby sollte vor allem aber auch ein Bekenntnis zur sächsischen Fußballkultur und den sächsischen Traditionsvereinen sein. Dieses Zeichen ist mir besonders wichtig angesichts des Einstiegs des Getränkeherstellers Red Bull beim SSV Markranstädt und dem Eintrag von RB Leipzig ins Vereinsregister, denn der Einstieg von Red Bull wird in den kommenden Jahren unter Umständen gravierende Auswirkungen auf den Fußballsport im Freistaat haben. Für die Traditionsvereine im Freistaat wird es in Zukunft jedenfalls nicht leichter werden. Wir werben dafür, daß es in Sachsen auch künftig nicht nur durchkommerzialisierten Retorten-Fußball gibt, bei dem die Fans nur noch zu einer identitätslosen Masse von Konsumenten degradiert werden." Apfel berichtet gern von seiner Leidenschaft für Eintracht Braunschweig. Eine Interview-Anfrage lehnt er ab. Der Journalist Christoph Ruf zitiert ihn 2008 in seinem Buch „Ist doch ein geiler Verein – Reisen in die Fußballprovinz": „Es geht mir darum, die NPD in der Mitte der Gesellschaft zu etablieren. Da ist Dynamo Dresden ein gutes Beispiel, auch Erzgebirge Aue und Lokomotive Leipzig. Das sind Vereine mit einem großen Potenzial, mit großer Akzeptanz im Volk. Deren Anhänger versuchen wir an die Partei heranzuführen." Und: „Natürlich ist mir – wie vielen Fans – zuwider, dass nur noch 45 Prozent der eingesetzten Fußballspieler Deutsche sind. Aber auch die Kritik der Fans an der Kommerzialisierung des Fußballs passt gut mit unserer Globalisierungskritik zusammen. Es geht uns um das Anliegen der Fans."

Drohungen in der Nacht

Die NPD schafft am 30. August 2009 in Sachsen den Wiedereinzug in den Landtag. Wenige Tage später schildert der Autor dieses Buches in der Wochenzeitung „Die Zeit" die Strategie von Marco Remmler und Enrico Böhm. Der Arbeitsvertrag Böhms mit der NPD wird auch wegen seiner Interview-Bereitschaft mit einem Journalisten nicht verlängert, er will sich nun mit einem Versandhandel selbstständig machen, doch das Projekt kommt nicht in Fahrt. Viele Mitglieder der Blue Caps kennen ein Gefängnis von innen. Böhm sagt:

Derbyzeit ist Wahlkampfzeit: Eine Woche vor der Landtagswahl 2009 geht die NPD in der Nähe des Leipziger Zentralstadions auf Tour.

„Wenn jemand in den Knast muss, unterstützen wir ihn." Der Mitgliedsbeitrag in der Gruppe liegt bei fünf Euro im Monat. Bar zu zahlen beim Schatzmeister. Die Gruppe sammelt Spenden, besorgt Verpflegung. Auf seiner Internetseite richtet Böhm einen Gruß an die inhaftierten Mitglieder: „Die Staatsmacht versucht weiterhin, jede Gelegenheit zu nutzen, um uns knechten zu können. Doch wir bleiben standhaft!"

Nicht am 1. Mai 2010. Nach einer Demonstration in Berlin landet Böhm in der Gefangenensammelstelle Moabit. Da er mit der Zahlung einer Geldstrafe wegen Körperverletzung aus dem Jahr 2009 im Verzug ist, muss er drei Tage in der Justizvollzugsanstalt Plötzensee verbringen. Erst als seine Freundin sich in Leipzig einen vierstelligen Betrag geliehen hat, wird Böhm freigelassen. Er bittet beim Landeskriminalamt Sachsen um eine Bilanz seiner Straftaten, er erhält ein Dossier von 16 Seiten. Böhm lebt nun von staatlicher Unterstützung. Seinen Passat-Kombi mit dem Kennzeichen L-EB 1488 braucht er nicht mehr. Vier Zahlen: Zufall oder Botschaft? Mit der 14 verknüpfen viele Rechtsextreme die Aussage des amerikanischen Rechtsterroristen David Eden Lane, die aus 14 Worten besteht: „We must secure the existence of our people and a future for white children." Zu Deutsch: „Wir müssen die Existenz unseres Volkes und eine Zukunft für unsere weißen Kinder sichern." Die 88 ist ein Code für den Hitlergruß, das zweimalige „H", der achte Buchstabe ist das.

Böhm hat wieder Zeit, um sich der Fanszene von Lok Leipzig zu widmen. Er organisiert einen Fototermin am S-Bahnhof Anger-Crottendorf, im

Osten Leipzigs. Auf einem stillgelegten Bahnsteig posieren fast 80 Fans mit schwarzen Sturmhauben, es sind Mitglieder der Fangruppen Blue Caps, Blue Side Lok und Scenario. Im Winter 2010 entwickelt er mit Freunden ein 16 Seiten starkes Heft über die Fanszene. Er schreibt über angebliche Polizeiwillkür und bezeichnet die Arbeit des Klubchefs Steffen Kubald als Diktatur. Wie immer lässt er seinen Anwalt über die Texte schauen. Er besorgt einen Sponsor. Für das Lektorat des Hefts gewinnt er einen Autor, der es in der rechtsextremen Szene zu einer gewissen Bekanntheit gebracht hat. Im Gegenzug hilft Böhm bei der Renovierung von dessen Wohnung. Im Impressum tauchen beide nicht auf, das Heft soll ein kommerzieller Erfolg werden. Böhm lässt einen Sticker über die Blue Caps entwerfen, „Pyro im Bruno", Stückpreis: zehn Cent. Ab einer Bestellung von 100 Aufklebern packt er ein Fanszeneheft dazu, kostenlos.

2010 wächst die Kritik an Steffen Kubald, sein Rücktritt auf der Mitgliederversammlung am 5. Februar 2011 ist beschlossene Sache. An jenem Samstag sitzt Enrico Böhm an seinem Wohnzimmertisch und schreibt auf seiner Internetseite eine Chronik der Versammlung, ihrer Anträge und Wortmeldungen. Informationen erhält er per SMS von drei Freunden, die am Versammlungsort sind. Zeitgleich verfolgen bis zu 160 Personen Böhms Schilderungen im Internet. Ebenfalls im Februar üben Bekannte Böhms Druck auf die Ultra-Gruppe Blue Side Lok aus, die noch am ehesten an der ursprünglichen Unterstützung ihrer Mannschaft interessiert ist. Zum Derby gegen den FC Sachsen werden die Mitglieder der Blue Side nicht mehr im Stadion gesehen, auch ihre Internetseite ist abgeschaltet. Haben die Neonazis die aktive Fanszene damit gewaltsam auf ihre rechte Linie gebracht?

Auch Steffen Kubald verfolgt diese Entwicklung mit Skepsis. Nach seinem Rücktritt strebt er den Posten als Sicherheitsbeauftragter des Vereins an. In diesem Punkt wird sich seine Arbeit nicht ändern. Er informiert sich beim Staatsschutz, was er gegen die Neonazis tun kann. Während der Spiele mustert er Zuschauer, sucht nach verfassungsfeindlichen Symbolen. „Das ist unser Verein!", sagt er. „Bevor wir ihn den Nazis überlassen, kommt ans Stadiontor ein großes Schloss." Oft haben fremde Leute bei ihm zu Hause angerufen, meist in der Nacht. „Wir kriegen dich!", haben sie gesagt und aufgelegt.

Die nächsten Landtagswahlen in Sachsen sind 2014. Die NPD ist aus seinem Blickfeld verschwunden, vorerst, doch er weiß, das hat nichts zu bedeuten. Die Angriffe aus dem Hinterhalt, die er nicht sieht, von denen er nichts hört, auf die er nicht reagieren kann, diese Angriffe bereiten ihm viel größere Sorgen.

Unparteiischer mit Parteibuch

Der NPD-Funktionär Stephan Haase ist seit 2007 Schiedsrichter in der Kreisliga C. Der Ausländeranteil seiner Heimatstadt Lüdenscheid liegt bei 15 Prozent. Kann ein Demokratiekritiker, der eine Gesellschaft ohne Einwanderer anstrebt, Gleichberechtigung gegenüber Migrantenvereinen fördern?

Stephan Haase hat einen Auftrag erhalten. Am Dienstag hatte er eine E-Mail in seinem Postfach. Adresse, Uhrzeit, Spielansetzung. Nun, am Sonntagmorgen, führt ihn sein Hobby nach Rönsahl, eine Gemeinde mit wenigen hundert Einwohnern, gleich hinter Kierspe, 30 Kilometer von Lüdenscheid entfernt. Haase, groß gewachsen, schlank, Brille, mustert den Hof der örtlichen Schule. Junge Männer in grünen Trikots trotten ihm entgegen, lustlos, verschlafen. „Guten Morgen", ruft Haase. „Wo kann ich mich umziehen?" Ihm wird ein kleiner Raum zugewiesen, in dem sich sonst Kinder auf die Sportstunde vorbereiten. Haase streift sich ein schwarzes Trikot über, schlüpft in weiße Schuhe, prüft seine Utensilien: Gelbe Karte, Rote Karte, Pfeife, Notizblock. Er nimmt sich Zeit, geht gewissenhaft vor. Dann macht er sich auf den Weg zum Fußballplatz. „Guten Morgen", „Wie geht's?", „Alles gut?" Haase ist freundlich, doch sein Name bleibt unerwähnt, sein Beruf sowieso. Keine seiner Unterhaltungen wird länger als zwei Minuten dauern. Er ist nicht hier, um zu reden.

Bevor man sich mit der Freizeit von Stephan Haase genauer beschäftigt, sollte man sich seine politischen Ziele anhören. „An erster Stelle steht für mich der Erhalt des deutschen Volkes, wie es geschichtlich gewachsen ist, diesem Ziel würde ich alles unterordnen", sagt der NPD-Funktionär aus Lüdenscheid. „Je mehr Fremde dazukommen, desto unwohler fühle ich mich. Wir wollen Deutsche in Deutschland bleiben." Stephan Haase hat keine politische Macht, er wird nie politische Macht haben. Doch hätte er sie, sagt er, würde er den „Ausländeranteil so weit wie möglich Richtung null fahren. Danach würden Deutsche einen Vorzug auf der Suche nach Arbeitsplätzen erhalten." Hätte Haase einen Sohn, er würde ihn bei einem Fußballklub mit einem geringen Einwandereranteil anmelden, bei einem „deutschen Verein mit Tradition". Diese Suche könnte in seiner Heimat Nordrhein-Westfalen schwer werden, Stephan Haase weiß das – er ist seit 2007 Schiedsrichter.

Fast jedes Wochenende läuft Haase, geboren 1968, mit einer Pfeife über einen holprigen Rasen in der Kreisliga C, am Bodensatz des Fußballs. An diesem Sonntagmorgen im April 2011 ist er in Rönsahl aktiv, wo die zweite Mannschaft des heimischen TSV gegen TuS Halver antritt. Der Kunstrasen liegt zwischen Hügeln und Einfamilienhäusern, Vögel zwitschern, hier spielt man aus Spaß, vor nicht einmal 20 Zuschauern. Der Trainer Rönsahls hat italienische Wurzeln, auf dem Feld kicken Deutsche, Türken, Griechen miteinander und gegeneinander. Im 30 Kilometer entfernten Lüdenscheid haben 15 Prozent der 76.000 Einwohner einen Migrationshintergrund, sie stammen aus fast hundert Nationen. Haase trifft auf Teams wie Türkgücü Lüdenscheid, Hellas Werdohl, Polonia Lüdenscheid. Kann jemand, der sich eine Gesellschaft ohne Migranten wünscht, neutral gegenüber Migrantenvereinen sein?

„Als Schiedsrichter schaue ich auf die Beine, nicht aufs Gesicht. Ich hätte keine Zeit, um mir nach einem Foul Gedanken über die Herkunft der Spieler zu machen", sagt Haase. „Mir hat noch niemand Unfairness nachgewiesen. Ob ein deutscher Spieler einen türkischen Spieler beschimpft oder umgekehrt: Bei einer Roten Karte mache ich keinen Unterschied." Haase knüpft sorgfältig formulierte Sätze aneinander, plumpe Hetze ist ihm fremd, zumindest während des Interviews für dieses Buch. Er hat gelernt, auf Vorwürfe zu reagieren, bevor diese unangenehm für ihn werden können. Viele in seinem Umfeld geben sich damit zufrieden, auch deshalb sind Proteste gegen ihn verstummt.

Haase bezeichnet sich selbst als Nationalisten: „Leider leben wir nicht in einer Demokratie. Die Meinungsfreiheit ist stark eingeschränkt, es gibt keine Parteienfreiheit. Auch bestimmte geschichtliche Themen darf ich laut Gesetz nicht ansprechen." Kann Haase, der die Verfassung für fragwürdig hält und nicht an die Demokratie glaubt, auf dem Rasen als Schiedsrichter Gleichberechtigung fördern? Kann er seine Gesinnung für 90 Minuten ausblenden? Selbst wenn nicht: Bis April 2011 hat er etwa 50 Spiele gepfiffen.

Seit 1987 ist Stephan Haase politisch aktiv. Zunächst in der „Nationalistischen Front", bis diese am 16. November 1992 verboten wird, wegen ihrer „Wesensverwandtschaft mit dem Nationalsozialismus". Haase ist lange einer der Betreiber des „Donner Versandes", eines großen Vertriebs für Rechtsrock und einschlägige Devotionalien. 1995 werden in dessen Räumen ein Video des Holocaust-Leugners Thies Christophersen und T-Shirts mit dem Emblem der

Quelle: Ronny Blaschke

Hobby im Idyll: Bis April 2011 hat NPD-Funktionär Stephan Haase etwa 50 Spiele in der Kreisliga C gepfiffen.

verbotenen Wehrsportgruppe Hoffmann beschlagnahmt. Haase wird wegen Volksverhetzung und Verbreitung von Kennzeichen einer verfassungsfeindlichen Organisation zu sieben Monaten Haft auf Bewährung verurteilt, die Haftstrafe wird in der Berufung auf sechs Monate reduziert. Zwischen 2002 und 2008 ist Haase Landesvorsitzender der NPD in Nordrhein-Westfalen, inzwischen ist er Stellvertreter. Er lässt sich bei neun Wahlen als NPD-Kandidat aufstellen, auf Bundes-, Landes- und Kommunalebene. Seit September 2009 sitzt Haase als einziges NPD-Mitglied im Stadtrat von Lüdenscheid. Rund 250 Stimmen haben ihm gereicht, eine Fünfprozent-Hürde gibt es nicht mehr. Er ist einer von 50 Ratsherren. Anträge für die Tagesordnung darf er nicht stellen, dafür bräuchte seine Partei einen zweiten Sitz. Politisch ist er isoliert – im Fußball ist er ein geschätztes Mitglied der Familie.

Protest gegen die Protestierenden

Eine Etatdebatte im Stadtrat beginnt Haase im November 2010 mit den Worten: „Sehr geehrter Herr Bürgermeister, liebe Volksgenossinnen und Volksgenossen". Daraufhin stellt der Sozialdemokrat Dieter Dzewas, seit 2004 Bürgermeister Lüdenscheids, Strafanzeige gegen Haase, da er den Begriff des Volksgenossen im historischen Zusammenhang mit dem Nationalsozialismus verortet, im Januar 2011 wird das Verfahren eingestellt. Dieter Dzewas sagt, er habe eine Einstellung nicht ausgeschlossen, doch er wollte ein Zeichen setzen, öffentlich: „Wir dürfen nicht denken, dass sich das Problem von selbst erledigt. Herr Haase und seine 250 Wähler repräsentieren keine Mehrheit, aber seine Stimmen stehen auch für Stimmungen. Er versucht Bedrohungsängste, Vorurteile und Wagenburgmentalitäten für sich zu nutzen. Damit müssen wir uns offensiv auseinandersetzen."

Dieter Dzewas, 1955 in Lüdenscheid geboren, nimmt sich an einem Sonntag ausführlich Zeit für ein Interview. Links neben seinem Schreibtisch hängt ein Porträt seines politischen Vorbilds: Erwin Welke. Der Sozialdemokrat hatte sich mehrfach gegen die Nationalsozialisten erhoben, wurde dafür immer wieder verhaftet. Dzewas erinnert an die sechziger Jahre, als drei NPD-Mitglieder im Stadtrat Lüdenscheids saßen. Er verweist auf Mitglieder des rechtsextremen Dortmunder Fanklubs Borussenfront, die in Lüdenscheid für Aufregung gesorgt haben. Er erwähnt die Republikaner, die in den neunziger Jahren in einigen Stadtteilen zweistellige Wahlergebnisse erzielten. Dzewas berichtet von einer Schülerdemonstration gegen Haase, schildert Ausstellungen des ansässigen Museums über den Nationalsozialismus. „Für Jugendliche brauchen wir zeitgemäße Formen der politischen Auseinandersetzung. Und wir müssen auch unsere eigene Haltung in den demokratischen Parteien immer wieder kritisch reflektieren."

Auf dem Kunstrasen in Rönsahl, gleich hinter Kierspe, beschäftigt sich niemand genauer mit Stephan Haase. Bis zur 20. Spielminute, bis der Unparteiische aus der Partei einen Elfmeter für den Gastgeber pfeift. Von allen Seiten stürmen Spieler aus Halver auf ihn zu, schimpfen, rudern mit den Armen. „Schau mal genau hin, Schiri!" „Bist du noch nicht wach?" „Du solltest in der C-Jugend pfeifen." Haase lässt sich nicht ablenken, mit fester Stimme sagt er: „Bitte treten Sie zurück." Auf seiner Notizkarte vermerkt er Rückennummern, keine Namen, er kennt niemanden persönlich. Umgekehrt ist das genauso. Alle wollen nur spielen. Sich körperlich betätigen. Spaß haben.

Im Sommer 2009 wird die Schiedsrichtertätigkeit von Stephan Haase öffentlich. Das Internetportal Indymedia berichtet von der Bürgermeisterwahl in Lüdenscheid, zudem beantwortet Kandidat Haase einen Fragebogen der Lokalpresse. Die „Westfälische Rundschau" zitiert am 17. Oktober 2009 den Rechtsanwalt Heiko Kölz, den Vorsitzenden der Kreisspruchkammer im Fußballkreis: „Solange eine Partei nicht verboten ist, wird der DFB kaum ein Ausschlussverfahren durchsetzen können." Die Zeitung „Revierkick" lässt in ihrer Ausgabe 44 Georg Heimes zu Wort kommen, den Schiedsrichter-Obmann des Kreises: „Ich denke nicht, dass die Situation kritisch ist. Wenn er ordentlich pfeift und seine Leistung bringt, gibt es keinen Grund zu handeln. Es hat sich bei uns kein einziger Verein gemeldet und gesagt, dass sie ihn nicht als Schiedsrichter haben möchten. Warum sollen wir jetzt das Feuer legen?"

Großes Echo: Schlagzeilen der örtlichen Zeitungen zum „Fall Haase".

Anderthalb Jahre später hat Bernd Benscheidt die Artikel der Lokalpresse auf seinem Esstisch ausgebreitet, er schüttelt den Kopf. „Natürlich kann Herr Haase Politik und Fußball nicht trennen. Unmöglich!" Die Antwort kommt ohne Zögern. „Unbewusst nimmt er seine Gesinnung mit auf den Platz." Bernd Benscheidt ist Sprecher der Friedensgruppe Lüdenscheid, seit 1999 setzt sie sich ehrenamtlich gegen Diskriminierung und für Toleranz ein. Er skizziert eine Chronik der Verharmlosung und Verdrängung. Denn die Debatte verstummt, ehe sie richtig beginnt.

Bernd Benscheidt wendet sich Ende 2009 mit seiner Friedensgruppe an den DFB und den Zentralrat der Juden. Daraufhin findet im März 2010 ein zweistündiges Gespräch im Sportzentrum Kamen-Kaiserau statt. Vertreter des Fußball- und Leichtathletikverbandes Westfalen und des Fußballkreises Lüdenscheid kommen unter der Moderation des DFB-Vize und Landesverbandschefs Hermann Korfmacher zu dem Schluss, dass Stephan Haase juristisch nicht auszuschließen sei. „Haase darf weiter pfeifen", titeln die „Lüdenscheider Nachrichten" am 20. März 2010. Bernd Benscheidt: „Wir hatten einen langen Schriftwechsel und ein vertrauensvolles Gespräch. Viele schöne Worte, aber am Ende kam nichts dabei heraus. Der DFB gibt viel Geld für Kampagnen gegen Rassismus aus. Aber wenn es darauf ankommt, stehen wir allein da. Da fühlt man sich hilflos."

Benscheidt geht es nicht nur um den Namen Haase, es geht ihm um die Ideologie, die Haase mit seiner Anwesenheit mit Bedeutung auflade. „Wir gehen nicht davon aus, dass er sein Schiedsrichteramt für Diskriminierungen missbraucht. Aber er kommt im Fußball immer wieder mit jungen Leuten

Unparteiischer mit Parteibuch | 43

ins Gespräch. Bewusst oder unbewusst spielt Politik da eine Rolle." Benscheidt wünscht sich einen Rauswurf Haases aus dem Fußballverband, auch wenn dieser danach mit einem Einspruch erfolgreich sein könnte. „Zumindest hätten wir eindeutig Flagge gezeigt", glaubt Benscheidt. „Wir haben viele Vereine angeschrieben, aber niemand wollte sich äußern. Wir fühlen uns im Stich gelassen. Die Diskussion ist eingeschlafen. Herr Haase darf weitermachen – als wäre das ganz normal."

Der NPD-Kreisvorsitzende Timo Pradel überschreibt den Protest gegen Haase 2009 auf der Internetseite seiner Partei für Lüdenscheid mit den Worten: „Totalitäre Machenschaften: Linksextreme Hatz auf NPD-Ratsherrn". Weiter schreibt er: „Die selbsternannten Gesinnungswächter haben bereits ohne Erfolg im Vorfeld der Kommunalwahl versucht, mit Hilfe der politisch gleichgeschalteten Lokalpresse Druck auf die heimischen Fußballvereine und den Deutschen Fußballbund auszuüben. In einem Anflug geistiger Umnachtung wandten sich die Pseudodemokraten sogar an den ‚Zentralrat der Juden'. Man darf schon jetzt gespannt sein, ob der DFB Stephan Haase, der sich als Schiedsrichter übrigens noch nie etwas zuschulden kommen lassen hat, den Rücken stärkt, oder ob er vor den totalitären Machenschaften einiger durchgeknallter Gesinnungswächter einknickt."

Stephan Haase wählt für die gleichen Gedanken harmlosere Worte: „Meine Gegner werfen mir vor, ich sei gegen die Demokratie. Aber sie selbst wollen mich aus dem Sport ausschließen – das ist keine Demokratie." Haase richtet den Protest gegen die Protestierenden. „Ich kann die Heuchelei des politischen Gegners wunderbar in Unterhaltungen einfließen lassen, dadurch wird meine Position gestärkt, das honoriert auch die NPD." Spätestens im nächsten Wahlkampf kann Haase mit seinem Ehrenamt wuchern – und mit seiner vermeintlichen Standfestigkeit.

„Freundliche Gastgeber, ob 1936 oder 2006"

Manchmal erweckt Stephan Haase den Eindruck, als sei er enttäuscht, dass seine Schiedsrichtertätigkeit nicht zu einem größeren, bundesweit diskutierten Politikum geworden ist. Er sagt, er habe im Januar 2007 eine Anzeige in der Lokalzeitung gelesen und sich spontan für den Schiedsrichter-Lehrgang angemeldet. „Ich habe dort nicht über meine NPD-Tätigkeit gesprochen, das mache ich an der Supermarktkasse oder vor dem Busfahrer auch nicht. Ich habe damit gerechnet, dass mich jemand erkennt und ich meinen Schein vielleicht nicht erhalten würde." Von Beginn an bittet Haase um

Einsätze in der Kreisliga C, deren Spiele am Sonntag stattfinden, er braucht für seine Partei an einem Tag des Wochenendes Planungssicherheit. Welche Spiele er leitet, bestimmt ein Computerprogramm. Haase ist Mitglied von Rot-Weiß Lüdenscheid, auch dort hat man nichts gegen ihn. „Vor dem Spiel kontrolliere ich die Tore und Spielfeldlinien, während des Spiels pfeife ich, danach schreibe ich einen Bericht und fahre nach Hause." Was passiert in der Kabine, auf dem Parkplatz, im Klubheim? „Theoretisch besteht die Möglichkeit, aber das mache ich nicht."

Bürgermeister Dieter Dzewas.

Folgt man der Argumentation von Stephan Haase, so hat er zwei Identitäten, die er wie ein Kostüm beliebig über- und abstreifen kann. Dass er durch seine Aussagen, seine Vergangenheit, sein Umfeld Einfluss auf das Demokratie- und Toleranzverständnis des Sports nimmt, ob er auf dem Rasen steht oder nicht, will er nicht zugeben. Er sagt, dass er sich von der Nationalmannschaft, deren Spieler verschiedene Wurzeln haben, nicht repräsentiert fühle. Er kritisiert jene Kicker, die das Singen der Nationalhymne verweigern. Allerdings pfeift er in der Kreisliga C Woche für Woche

Friedensaktivist Bernd Benscheid.

Miniaturformationen dieses Multikulturalismus. Er sagt: „Im Sport vertreten wir Nationaldemokraten in der Gegenwart, genau wie die Nationalsozialisten früher, die Meinung, dass der Beste gewinnen soll. Wir Deutschen waren immer faire und freundliche Gastgeber, ob 1936, 1972, 1974 oder 2006." Er bringt Olympia im Dritten Reich mit den Spielen in München oder der Fußball-WM auf eine Ebene – auch auf Nachfrage will er keine Trennlinie zu Hitlers Propagandashow ziehen. Wie würde er mit Migrantenvereinen umgehen, wenn die NPD an der Macht wäre? „Da wir den Ausländeranteil herunterfahren würden, würde sich diese Frage schnell erledigt haben."

Das Interview, das Stephan Haase für dieses Buch gibt, sei sein zweites überhaupt zum Thema Fußball. Die Lokalreporter schreiben über ihn, aber reden nicht mit ihm, dabei sei er für jeden zugänglich. Juristisch sei ihm nichts vorzuwerfen, verkünden Funktionäre der Fußballverbände, nur durch Proteste könne er zum Rücktritt bewegt werden. Eine Protestbewegung der Zivilgesellschaft könnte sich an den demokratiefeindlichen Aussagen Haases entzünden. Oder an seinen Nebentätigkeiten als Schiedsrichter: Am 14. Juli 2010 berichtet der Rechtsextreme René Laube auf der Internetseite der NPD in Düren: „Dank gebührt auch dem stellvertretenden Landesvorsitzenden der NPD-NRW, Stephan Haase, der den ganzen Tag über als Schiedsrichter auf dem Platz stand."

Vier Tage zuvor: Der Kreisverband Düren veranstaltet ein Turnier für „nationale Aktivisten". Die Teams heißen Sturm 8, Freie Nationalisten Siegen, Freie Kräfte Köln, NS Wuppertal, NS Essen, Nationaler Widerstand Leverkusen, Skinhead Front Dorstfeld, SC Schafspelz oder Asoziale Randgruppe Istanbul. Ein Video im Internetportal YouTube, unterlegt mit dramatischer Musik, zeigt Kicker auf einen staubigen Bolzplatz. Claus Cremer, Chef der NPD in Nordrhein-Westfalen, sagt: „Solche Veranstaltungen dienen der Kameradschaftspflege und sind wunderbar geeignet, den Zusammenhalt untereinander zu fördern." Teilnehmer sprechen von „gelebter Volksgemeinschaft" oder dem „Kennenlernen von Kameraden für den Kampf gegen das System". Ein Spieler bezeichnet sich als „nationalen politischen Soldaten", Stephan Haase ist in dem Film nicht zu erkennen. Dass er möglicherweise mit Mitgliedern von verbotenen Kameradschaften Sport getrieben hat? Wäre ihm egal: „Die Verbotspraxis des Staates ist ein Witz. Wo Gruppen verboten werden, gibt es keine Demokratie."

Darf jemand an einem Tag Begegnungen zwischen Spielern leiten, die den Staat ablehnen, und am nächsten Tag die Bühne des Breitensports betreten, die der Staat mit Millionen fördert? Natürlich dürfe er das, sagt Stephan Haase, und verweist auf Kollegen der NPD, die Probleme im Sport bekommen haben sollen. Zum Beispiel der Landeschef: Claus Cremer hatte in Bochum eine Jugendmannschaft betreut. Die DJK Wattenscheid entband ihn im September 2010 von seinen Pflichten. Haase zählt andere Namen auf, geriert sich als politisch Verfolgter. Er sitzt nun im schummrigen Vereinsheim des TSV Rönsahl und tippt den Spielbericht in einen alten Computer, an den Wänden hängen vergilbte Fotos und Wimpel. Hinter ihm stehen Vertreter beider Mannschaften und sprechen über das letzte Heimspiel von Borussia Dortmund. Was wohl sonst diskutiert wird, wenn kein Journalist anwesend ist? Sollte Rot-Weiß Lüdenscheid Stephan Haase irgendwann ausschließen, sagt er, habe er zwei Angebote von anderen Vereinen: „Ich brauche mir also keine Sorgen machen."

Braunes Intermezzo

In Lübeck gründet die NPD 2006 einen Fanklub – die Fans des VfB beenden das Kapitel, bevor es richtig beginnen kann.

Jörn Lemke teilt eine Eigenschaft mit vielen Rechtsextremen, er sieht sich in der Rolle eines Verfolgten: „Nationale Fußballfans wurden vom Verein immer mehr ausgegrenzt, daher war es der Wunsch vieler fußballbegeisterter Nationalisten, einen eigenen Fanklub ins Leben zu rufen." Lemke ist Vorsitzender des NPD-Kreisverbandes Lübeck/Ostholstein und Pressesprecher der Partei in Schleswig-Holstein. Er war bereit, schriftlich auf Fragen für dieses Buch zu antworten: „Zahlreiche Mitglieder der NPD kamen aus der Fußballszene", lässt er mitteilen. „Auch ich habe den Weg zur nationalen Politik im Stadion gefunden."

Lemke, geboren 1974, gelernter Industriekaufmann, Vater von drei Kindern, hat auf vielen Wegen versucht, Fans in Schleswig-Holstein an die Politik heranzuführen, vor allem in Lübeck. Nach eigenen Angaben sei er länger als zehn Jahre in der Fanszene des VfB Lübeck aktiv gewesen, der Zuspruch sei positiv gewesen: „Regelmäßig konnten Aufkleber an die Fans verteilt werden, und wenn es darum ging, Unterschriften für eine Wahlteilnahme zu sammeln, kamen am Stadion immer sehr viele Unterschriften zusammen. Nicht ohne Grund haben wir damals ein Transparent hergestellt mit der Aufschrift: ‚VfB-Fans wählen NPD'."

Kurz vor der WM 2006 in Deutschland will Lemke sich die Fußballstimmung zunutze machen, er gründet den Fanklub „Lübsche Jugend", eine Art sportliche Dependance der örtlichen NPD. Lemke schreibt: „Fans identifizieren sich mit ihrem Verein und leben dabei eine gewisse Form des Lokalpatriotismus. Das ist eine wichtige Grundvoraussetzung, um Beweggründe nationaler Politik nachvollziehen zu können." Für den 31. März 2006 wird das Gründungstreffen des Fanklubs angekündigt. Das kritische Internetportal „NPD-Blog" veröffentlicht zwei Tage zuvor über die „Lübsche Jugend": „Auf der Homepage des Clubs wird kein Hehl aus der rechtsextremen Gesinnung gemacht, Fotos zeigen Nazi-Glatzen beim Pflanzen von Blumen für die ‚Opfer des alliierten Bombenterrors'. Weiterhin wird massiv gegen die Anhänger des

FC St. Pauli gehetzt, unter anderem heißt es ‚Verrecke Pauli-Zecken! Hier ist VfB'.'' Zudem fordere die Gruppe nach dem Weggang des amerikanischen Spielers Jacob Thomas mehr Präsenz für den „einheimischen Nachwuchs".

Der Verfassungsschutz verortet in Lübeck einen Schwerpunkt des Rechtsextremismus in Schleswig-Holstein. Gründer Jörn Lemke, der am Aufbau eines Netzwerks zu Freien Kameradschaften beteiligt war, möchte sich auf Anfrage nicht zu Struktur, Teilnehmern und Motivation des Fanklubs äußern. Manuel Kwiatkowski, seit 2008 Leiter des Lübecker Fanprojekts, erklärt sich das so: „Die ‚Lübsche Jugend' war ein kurzes Intermezzo, ihre Unterwanderungsversuche sind gescheitert. Der Verein und die überwältigende Mehrheit der Fans haben sich von Rechtsextremisten distanziert." Kwiatkowski geht seit über 50 Jahren ins Stadion an der Lohmühle. Er sagt, dass es immer wieder Vereinnahmungsversuche durch Neonazis gegeben habe, vor allem in den achtziger Jahren, allerdings nicht mit durchschlagendem Erfolg. 2006 verteilen Anhänger vor dem Stadion Flyer mit der Aufschrift „VfB Fans gegen rechts". Ultras wehren sich in Internetforen und drängen die Rechtsextremen durch Protestaktionen aus dem Stadion.

In den Schilderungen von Jörn Lemke hört sich das so an: „Es war zu befürchten, dass Fans, die sich öffentlich zur ‚Lübschen Jugend' bekennen, Stadionverbot erhalten. Viele Fans halten sich bedeckt, weil die Vereinsführung ganz im Sinne der politischen Korrektheit nationale Fans und deren Fanclubs ausgrenzt." Das Kapitel der „Lübschen Jugend" ist zu Ende, bevor es richtig beginnt. Die NPD kommentiert die Gegenwehr in einer Mitteilung so: „Unglaublich, eine Gruppe nationalgesinnter Fußballfans wird hier bewußt ausgegrenzt und verleumdet. Jeder Fan, der Infomaterial der Nationaldemokraten in der Tasche hatte, mußte dieses wegwerfen oder es wurde ihm der Einlaß in (sic) Stadion verweigert. Die SPD hingegen konnte ungestört ihre Propaganda verbreiten." Das Schreiben schließt mit der Forderung: „Die Vereinsführung muß sich seiner (sic) sozialen Verantwortung bewußt werden und die Eintrittspreise für Sozialschwache senken."

Die „Lübsche Jugend" ist verschwunden, die rechtsextremen Einstellungsmuster vieler Fans sind es nicht, das weiß auch Tim Cassel, der von 2001 bis 2004 als Torhüter des VfB Lübeck drei Spiele in der Zweiten Liga und eine Partie in der Regionalliga bestritt. Cassel leitet seit 2007 beim Schleswig-Holsteinischen Fußballverband ein Projekt, um das Bewusstsein gegen Rechtsextremismus und Gewalt zu schärfen. Cassel sagt: „Wir müssen wachsam sein und vor allem gegen den weit verbreiteten Alltagsrassismus immer wieder mobil machen." In jedem der 14 Fußball-Kreisverbände Schleswig-Holsteins sollen ehrenamtliche Ansprechpartner Fortbildungen bis in die unterste Liga tragen, das Projekt gilt bundesweit als vorbildlich. Damit werden Amateurspieler, Funktionäre und Schiedsrichter erreicht, die am Wochenende als Zuschauer oft auf den Tribünen des VfB Lübeck zu Gast sind. Dort will Jörn Lemke von der NPD seine Strategie nicht aufgeben: „Es gibt beim VfB Lübeck noch immer ein nationales Fanpotenzial. Viele Mitglieder gehen immer noch zum VfB und sind Anhänger und Wähler der NPD. Nur weil der Name ‚Lübsche Jugend' nicht mehr präsent ist, heißt das nicht, daß es die Personen und ihr Gedankengut nicht mehr gibt!"

Meinungsfreiheit beim VfB Lübeck

In der letzten Woche ging eine Meldung durch die regionale Presselandschaft, die beim Fußballverein VfB Lübeck für große Aufregung sorgte. In Lübeck soll ein Fanclub unter der Führung der NPD gegründet werden. Dies sei auf der nationalen Weltnetzseite „Lübsche Jugend" angekündigt worden (www.luebschejugend.de).

Diese Pressemeldung reichte aus. Der Verein und alle anderen Fanclubs distanzierten sich sofort von diesen „bösen Neonazis" und verteilten am Stadion Flugblätter unter dem Motto „VfB Fans gegen rechts".

Unglaublich, eine Gruppe nationalgesinnter Fußballfans wird hier bewußt ausgegrenzt und verleumdet, nur weil einige von ihnen Mitglieder in der NPD sind!

Uns Nationaldemokraten sind solche Methoden nicht unbekannt. Nichts wird unversucht gelassen, um nationaldenkende Deutsche gesellschaftlich auszugrenzen. Bekennt man sich zu seiner Weltanschauung, steht man oftmals vor dem sozialen Abgrund. Man verliert seinen Arbeitsplatz und findet sich auf dem Arbeitsamt wieder.

Im Rahmen des Landtagswahlkampfes führte die NPD-Lübeck bereits im letz-

ten Jahr eine Kundgebung vor den Stadiontoren durch. Schon hier offenbarte die Vereinsführung ein fragwürdiges Demokratieverständnis. Jeder Fan, der Infomaterial der Nationaldemokraten in der Tasche hatte, mußte dieses wegwerfen oder es wurde ihm der Einlaß in Stadion verweigert. Die SPD hingegen konnte ungestört ihre Propaganda verbreiten. Kein Wunder, wenn man bedenkt, daß mit den Genossen Piest und Reinhardt gleich zwei Sozis in der Vereinsführung aktiv sind.

Die NPD Lübeck ist sich der Tatsache bewußt, daß auch am Rande von Fußballspielen nationalgesinnte Deutsche für den politischen Freiheitskampf geworben werden können und kündigt hiermit die Durchführung weitere Aktion beim VfB Lübeck an.

Wir fordern:

-Meinungsfreiheit für alle VfB Fans. Keiner darf aufgrund seiner politischen Einstellung ausgegrenzt werden.

-Die Vereinsführung muß sich seiner sozialen Verantwortung bewußt werden und die Eintrittspreise für Sozialschwache senken.

NPD Lübeck

Postfach 108110   23530 Lübeck   www.npd-luebeck.de

V.i.S.d.P.: J. Lemke, Postfach 108110, 23530 Lübeck

„Der DFB hat Angst, dass wir Kontakte zu Fans knüpfen könnten"

Klaus Beier, Geschäftsführer der NPD, hat an einem Hallenturnier mit Neonazis teilgenommen, gegen ein Freundschaftsspiel demonstriert und sich mit einem WM-Planer gegen Multikulturalität gestellt. Im Interview spricht er über den Fußball als Teil einer Strategie, um in die Mitte der Gesellschaft vorzudringen.

Ende Februar 2011, Klaus Beier hat aufregende Tage hinter sich. Medien waren mehr als 60.000 interne E-Mails zugespielt worden, darin wird das Chaos der NPD dokumentiert: Streit, Kompetenzgerangel, Sorgen ums eigene Image, Angst vor einem weiteren Verbotsverfahren. Klaus Beier, geboren 1966, ist Geschäftsführer und Pressesprecher der NPD. Er ist um Schadensbegrenzung bemüht – eine unmögliche Aufgabe. Beier, der auch dem NPD-Landesverband Brandenburg vorsteht, nimmt in einem Hinterhaus der Parteizentrale Platz, im Berliner Bezirk Köpenick, im Südosten der Hauptstadt. Er freut sich auf ein „angenehmes Thema". Doch auch der Fußball lässt sich nicht isoliert von der Politik der NPD betrachten. Ganz im Gegenteil. Beiers Aussagen, auch zwischen den Zeilen, entlarven die Demokratiefeindlichkeit seiner Partei.

Herr Beier, seit 1997 predigt die NPD ihr Viersäulenkonzept: „Kampf um die Parlamente", „Kampf um die Straße", „Kampf um die Köpfe", „Kampf um den organisierten Willen". Welche Rolle spielt das Massenphänomen Fußball in diesem Konzept?

Die Rolle des Fußballs wird von Medien völlig überbewertet. Wenn sich irgendwo ein paar nationale Jugendliche einen Fußball schnappen und an einem Turnier teilnehmen, dann bricht für viele schon die Welt zusammen. Auch mit dem Begriff „Unterwanderung" kann ich wenig anfangen. Wir unterwandern Fußballklubs genauso wenig wie die Feuerwehr. Wir engagieren uns und machen Angebote.

Dann lassen Sie uns anders an das Thema herangehen: Mögen Sie Fußball?

Natürlich, wer tut das nicht. Ich habe als Jugendlicher in meiner Heimat gespielt, in Unterfranken, allerdings nur auf Kreisebene. Was ich leider gestehen muss: Ich war vorübergehend Mitglied eines Fanklubs des FC Bayern.

Warum „leider"?

Mit den Jahren schritt die Kommerzialisierung im Profifußball immer weiter voran. Durch Millionentransfers der Spieler ist mir die Lust vergangen, dieses Geschacher habe ich nicht mehr ertragen. Inzwischen konzentriere ich mich auf die unteren Ligen, dort ist der regionale Bezug noch vorhanden.

Quelle: Ronny Bloschke

„Wenn es der Staat nicht auf die Reihe bekommt, Jugendliche anständig zu beschäftigen, müssen wir helfen. Auch im Fußball." Klaus Beier, Pressesprecher der NPD.

Sie glauben die Anti-Globalisierungspolitik der NPD mit Hilfe des Fußballs erklären zu können?

Die Parallelen sind eindeutig. Früher gab es die berühmten Lokalderbys zwischen Nürnberg und Fürth oder Lok Leipzig und Chemie Leipzig. Damals waren Spieler für Fans greifbar, in der Gaststätte oder auf dem Volksfest. Leider hat es einen schleichenden Identitätsverlust gegeben. Spieler werden aus aller Welt für Millionen zusammengewürfelt, aber viele Familien vor Ort müssen mit Hartz IV auskommen. Sie kratzen ihr letztes Geld für Stadionkarten zusammen. Fußball ist ein Industriezweig geworden, dadurch geht das Wir-Gefühl unter Fans verloren. Da sind wir mit unserer Anti-Globalisierungspolitik nicht am falschen Platz. Der Sport und nicht das Geld muss im Mittelpunkt stehen.

Sie tragen dick auf und machen es sich dabei sehr einfach.

Das ist aber die Wahrheit. Es wäre toll, wenn unsere Vision der raumorientierten Volkswirtschaft auch im Fußball zum Tragen käme. Wenn die Spieler aus der Region stammen würden. Energie Cottbus würde zum Beispiel mit Spielern aus der Lausitz gegen Greuther Fürth mit Spielern aus Franken spielen. Mit regionalen Spielern würde Fußball noch einen größeren

Heimatbezug herstellen. Wenn junge Menschen unter der Woche in anderen Bundesländern arbeiten müssen und am Wochenende zurück nach Hause kommen, ist der Fußballklub oft einer ihrer letzten Fixpunkte. Das sollten wir unterstützen.

Damit würden Sie große Teile der Bevölkerung vom Fußball und damit auch vom gesellschaftlichen Leben ausschließen.

Im Gegenteil, schauen Sie in den Berliner Bezirk Köpenick, wo unsere Parteizentrale liegt. Ich gehe hin und wieder zu Heimspielen des 1. FC Union. Die Atmosphäre an der Alten Försterei ist einmalig, die Fans sind klasse. Bei Union haben hunderte Fans beim Stadionumbau geholfen, für sie ist Fußball eine zweite Familie. Dort gibt es noch eine richtige Gemeinschaft. Wir sind auch eine Partei, die sozial ausgerichtet ist, deswegen gibt es zwischen dieser Art von Fußball und der NPD verbindende Komponenten.

Die Vereinsführung des 1. FC Union sieht das anders. Wie alle professionell geführten Vereine distanziert sich Union aufs Schärfste von Ihrer Partei.

Im Jahr 2001 hat sich der damalige Präsident des 1. FC Union in polemischer Weise gegen uns geäußert. Das hat uns zu einer Gegenaktion gezwungen. Wir wurden aber nicht im Stadion offensiv. Aktivisten haben Flugblätter vor dem Stadion verteilt. Das kam, ehrlich gesagt, nicht bei allen Fans so gut an. Die wollen im Stadion vom Alltag abschalten und mit Politik nichts zu tun haben. Deshalb entstehen Kontakte eher danach, am Stammtisch oder in der S-Bahn. Die Fans würden auch die Einflussnahme von SPD oder CDU nicht gutheißen. Aber ich bin sicher: Wenn überhaupt, wären wir bei den Fans des 1. FC Union nicht unbeliebt – SPD oder Grüne hätten es schwerer.

Dafür gibt es keinen Beleg. Sie aber vermischen Fußball und Politik, obwohl Sie diese Verbindung anfangs heruntergespielt haben.

Dass der Sport längst auch zu politischen Zwecken genutzt wird, ist keine Erfindung der NPD. Nicht wir instrumentalisieren den Fußball, sondern gegen uns wird der Fußball instrumentalisiert. Ein Beispiel: Im Juli 2009 sollte in Storkow in Brandenburg ein Freundschaftsspiel zwischen Germania Storkow und Energie Cottbus stattfinden. Das Motto des Spiels lautete: „Mit Energie für Toleranz". Man muss wissen, dass in Ortsteilen von Storkow bei der Kommunalwahl 2008 bis zu 23 Prozent der Stimmen an die NPD gegangen sind. Mir wurde schnell klar, dass mit diesem Spiel gegen uns Stimmung gemacht werden sollte.

Das Spiel sollte ein Zeichen für Toleranz und Multikulturalität setzen, für Prinzipien, die Ihre Partei mit Füßen tritt.

Das sehe ich anders. Ich lebe in der Nähe von Storkow, ich bin dort Mitglied des Kreistages Oder-Spree. Ich habe dem Vorsitzenden von Germania Storkow dann einen Offenen Brief geschrieben.

Stimmungsmache am Stadion: Die NPD wendet sich an Fans von Hertha BSC und spricht sich mit Flugblättern gegen den Bau eines Mahnmals aus.

In Ihrem Brief vom 9. Mai 2009 steht unter anderem: „Es ist traurig, dass ein Freundschaftsspiel für politische Zwecke instrumentalisiert werden soll, um dann noch als Nebeneffekt angesichts des Mottos gegen ‚Rechtsextremismus‘ einen Zuschuß durch das Land Brandenburg zu erbetteln. Der NPD-Landesverband wird derartigen demokratiefeindlichen Aktionen künftig die rote Karte zeigen“. Ist das nicht billige Propaganda?

Nein, wir haben uns gegen teure Propaganda gewehrt. Wir haben den Spieß umgedreht, was blieb uns anderes übrig? Wir haben Germania Storkow das Angebot unterbreitet, das Motto des Spiels zu ändern. Dafür hätten wir uns auch mit der Vereinsführung an einen Tisch gesetzt. Leider haben wir auf unseren Brief keine Reaktion erhalten. So haben wir uns gezwungen gesehen, für den Tag des Spiels eine Mahnwache und eine Demonstration anzumelden. Unser Motto lautete: „NPD mit Energie für Brandenburg und Storkow“.

Energie Cottbus sagte nach Ihrem offenen Drohbrief das Spiel ab. Der damalige Vereinssprecher Ronny Gersch begründete dies mit den Worten: „Sobald die NPD auf dem Plan ist, ist alles politisch vermint.“ Es fand sich ein Ersatzgegner, und Ihr Aufmarsch löste in Storkow eine intensive Debatte über die Verteidigung der Demokratie aus. Der Storkower Verein tat das, was viele unterlassen: Position beziehen.

Das interpretiere ich anders. Es gab eine riesige Aufregung, nicht nur in Storkow. Wir haben uns bei den Cottbusern bedankt, dass sie sich nicht haben instrumentalisieren lassen. Ein demokratischer Punktsieg für uns, ein gelungener Wahlkampfauftakt im Jahr der Bundestagswahl.

Über Ihre Auslegung von Demokratie lässt sich streiten. Und Sie wollen uns allen Ernstes weißmachen, dass die Rolle des Fußballs im Zusammenhang der NPD „völlig überbewertet" sei?

Wir werden oft in diese Rolle gedrängt, da steckt System dahinter. Vor allem der DFB hat Angst, dass wir Kontakte zu Fans knüpfen könnten. Und dass unsere Politik gegen Globalisierung und für soziale Gerechtigkeit bei den Fans gut ankommen könnte. Da versucht der DFB sofort einen Riegel vorzuschieben.

Dem DFB geht es nicht um Ihre Globalisierungskritik, sondern um Maßnahmen gegen Rassismus und Fremdenfeindlichkeit. Deshalb ist der Verband gegen Ihren WM-Planer aus dem Jahr 2006 vorgegangen. Ihr Titelbild zeigte eine verfremdete Spielerfigur, bei der es sich laut Staatsanwaltschaft um den ehemaligen Nationalspieler Patrick Owomoyela handelte. Überschrieben wurde der Planer mit dem Schriftzug: „Weiß – Nicht nur eine Trikot-Farbe! Für eine echte NATIONALmannschaft!" Im April 2009 hat das Amtsgericht Tiergarten deshalb den NPD-Vorsitzenden Udo Voigt, seinen Vize Frank Schwerdt und Sie zu Bewährungsstrafen verurteilt. Wegen Beleidigung Owomoyelas und Volksverhetzung. Im Berufungsverfahren wurden Sie im März 2011 vor dem Landgericht Berlin freigesprochen. Trotzdem: Deutlicher als mit dem Satz „Weiß – Nicht nur eine Trikot-Farbe!" lassen sich Menschen dunkler Hautfarbe nicht herabwürdigen, oder?

Hätten wir den Prozess auch in zweiter Instanz verloren, hätte man die Nationalmannschaft umbenennen müssen in BRD-Mannschaft mit Migrationshintergrund. Wir wünschen uns einen Wettstreit der Nationen, einen Wettstreit der Völker, das wollen einige Journalisten nicht verstehen – und der DFB schon gar nicht. Ich möchte Franzosen auf dem Platz sehen, Spanier, Nigerianer, Japaner – oder eben Deutsche. Im WM-Planer wird ja im Allgemeinen und nicht nur von der DFB-Auswahl gesprochen. Die NPD lehnt eine multikulturelle Gesellschaft ab. Die Kulturen sollen sich eigenständig entwickeln. Dabei nehmen wir keine Wertung vor. Es würde uns nie in den Sinn kommen, Patrick Owomoyela oder Mesut Özil als minderwertig gegenüber uns Deutschen zu bezeichnen. Das wollen viele leider nicht verstehen.

Ich verstehe Sie auch nicht. Sie tragen Ihre Argumentation auf dem Rücken anderer aus, Sie leugnen die Gleichheit aller Menschen, mit fadenscheinigen Argumenten. Da können Sie noch so oft betonen, dass Sie keine Wertung vornehmen würden. Sie haben den in Gelsenkirchen geborenen Nationalspieler

An Herrn
Dr. Johann Kney
Vereinsvorsitzender Germania Storkow 90 e.V.
15859 Storkow

Storkow, den 09.05.2009

Offener Brief an den Vereinsvorsitzenden von Germania Storkow 90 e.V.

Sehr geehrter Herr Dr. Kney,

der Märkischen Oderzeitung (MOZ) konnte ich entnehmen, daß die „Bundesliga nach Storkow kommt".
Als Fußballfreund habe ich die Überschrift mit Freude vernommen. Leider mußte ich schon nach wenigen
Zeilen mit Erschrecken feststellen, daß dieser sportliche Vergleich im Jahr der 800-Jahr-Feier zwischen
Germania Storkow und Energie Cottbus politisch mißbraucht werden soll. Der Verein will laut MOZ den
Sonnabend Anfang Juli unter das Motto „Mit Energie für Toleranz" stellen und somit ein Zeichen gegen
die nationale Opposition setzen. Wer damit gemeint ist, dürfte nach den überdurchschnittlichen NPD-
Ergebnissen bei der Kommunalwahl 2008 im Bereich Storkow auf der Hand liegen.

Es ist traurig, daß ein Freundschaftsspiel für politische Zwecke instrumentalisiert werden soll, um dann
noch als Nebeneffekt angesichts des Mottos gegen „Rechtsextremismus" einen Zuschuß durch das Land
Brandenburg zu erbetteln.

Der NPD-Landesverband wird derartigen
demokratiefeindlichen Aktionen künftig die rote Karte
zeigen und dort Gesicht zeigen, wo man glaubt,
nationale Menschen diffamieren zu können. Wer meint,
Sportveranstaltungen politisch mißbrauchen zu können,
der muß eben damit rechnen, daß Nationaldemokraten
dann vor Ort aufklärend wirken werden.

Daher hat die Brandenburger NPD eine Demonstration
für den 04. Juli 2009 in Storkow angemeldet. Da
unsere deutschfreundlichen Veranstaltungen leider oft
linkskriminelle Gewalttäter auf den Plan rufen, ist zu
befürchten, daß in Storkow an diesem Wochenende
nicht nur der Rasen „grün" sein wird.

Sollte sich der Vorstand von Germania Storkow
noch zeitnah dazu entschließen können, ein dem
sportlichen Anlaß angemessenes Motto zu wählen,
dann ist der Landesvorstand der Brandenburger
Nationaldemokraten gerne gesprächsbereit, damit das
Fußballfest doch noch auf der rein sportlichen Ebene
zelebriert werden kann.

Bitte nehmen Sie mit mir bis zum 31. Mai 2009 Kontakt
auf, damit die Fans von Energie und Germania einen
harmonischen Tag in Storkow erleben können.

**Der Mannschaft wünsche ich im Endspurt noch
weitere Erfolge in der Landesklasse Ost.**

Mit sportlichen Grüßen

Klaus Beier
Landesvorsitzender

V.i.S.d.P.: Gerd Wegner, Seelenbinderstr. 42, 12555 Berlin, E.i.S.

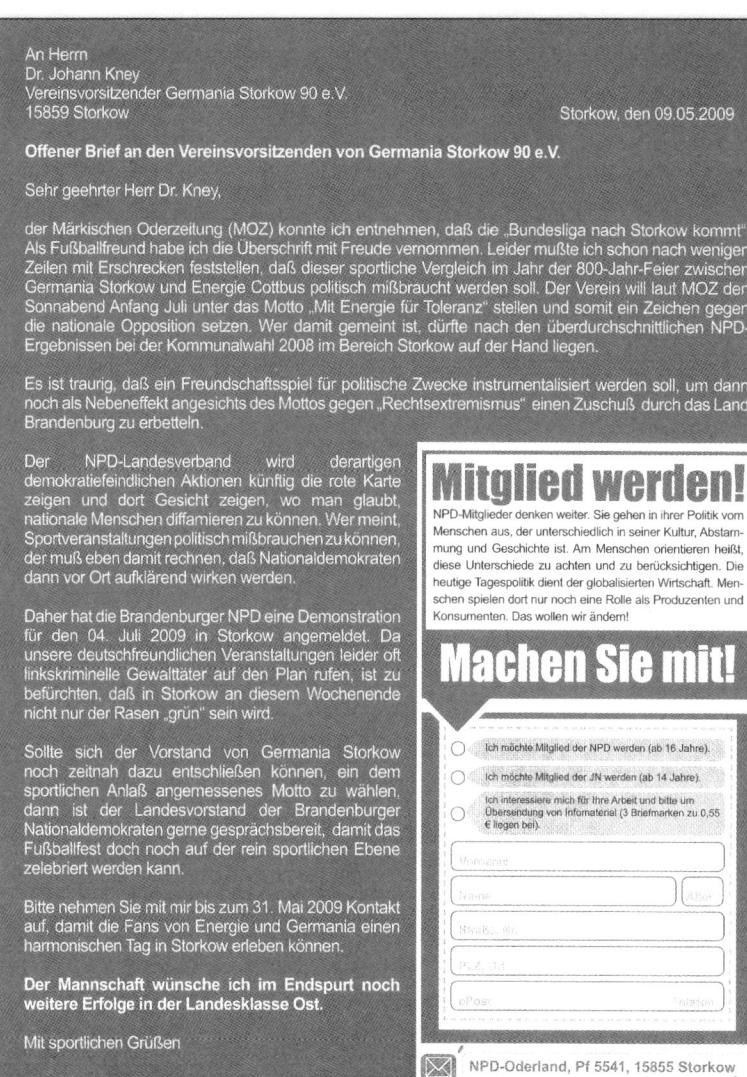

Mitglied werden!

NPD-Mitglieder denken weiter. Sie gehen in ihrer Politik vom
Menschen aus, der unterschiedlich in seiner Kultur, Abstammung und Geschichte ist. Am Menschen orientieren heißt,
diese Unterschiede zu achten und zu berücksichtigen. Die
heutige Tagespolitik dient der globalisierten Wirtschaft. Menschen spielen dort nur noch eine Rolle als Produzenten und
Konsumenten. Das wollen wir ändern!

Machen Sie mit!

○ Ich möchte Mitglied der NPD werden (ab 16 Jahre).

○ Ich möchte Mitglied der JN werden (ab 14 Jahre).

○ Ich interessiere mich für Ihre Arbeit und bitte um
Übersendung von Infomaterial (3 Briefmarken zu 0,55
€ liegen bei).

NPD-Oderland, Pf 5541, 15855 Storkow

033631 - 43516   0171 - 460 41 94

npd-oderland.de   npd-brandenburg.de

Billige Propaganda: Mit einem offenen Brief an Germania Storkow zieht Klaus Beier
Aufmerksamkeit auf die NPD in Brandenburg.

Umstrittenes Dokument: Mit dem WM-Planer 2006 spricht sich die NPD gegen eine multikulturelle Gesellschaft aus.

Quelle: Archiv Ronny Blaschke

Mesut Özil vor der Landtagswahl in Brandenburg 2009 vor laufender Kamera als „Plaste-Deutschen" beschimpft. Soll diese Zuschreibung tatsächlich wertfrei sein?

Damit wollte ich darauf hinweisen, dass Herr Özil nur durch ein Stück Plaste als deutscher Staatsangehöriger vermerkt ist. Das macht ihn aber nicht zu einem schlechteren Menschen. Ich würde mit ihm auch mal einen Tee trinken. Ich würde mich freuen, wenn er für die Türkei spielen würde. Und ich würde mich freuen, wenn Patrick Owomoyela für Nigeria spielen würde, in der Heimat seines Vaters. Aber es ist natürlich ein Vorteil, für Deutschland zu spielen, auch aus wirtschaftlichen Gründen. Ich habe das Gefühl, dass der DFB mit solchen Kampagnen gegen uns versucht, das Prinzip Multikulti salonfähig zu machen. Die Fans sollen Schritt für Schritt weichgeklopft werden. Dagegen wehren wir uns.

Multikulturalität ist seit Jahrzehnten in Deutschland Realität. Die deutsche Nationalmannschaft wird als Symbol dafür gefeiert. Wollen Sie das bestreiten?

Weltmeisterschaften sind Ausnahmen, da lassen sich viele von der Stimmung anstecken, da schlägt die Spaßgesellschaft durch, das würde ich nicht überbewerten. Aber in Wahrheit werden Spieler wie im modernen Sklavenhandel über die Kontinente verfrachtet. Ich wurde als Deutscher geboren und möchte weiter unter Deutschen leben. Das ist nicht nur ein deutsches, das ist auch ein europäisches Problem. Es soll der Einheitsmensch geschaffen werden, der leicht steuerbar ist. Noch kann ich mich mit der deutschen Mannschaft freuen. Ich hoffe, dass bei uns keine französischen Verhältnisse einziehen werden. Ich unterstelle Ihnen mal, dass Sie mit Multikulti gut leben können. Ich respektiere Ihre Meinung, aber meine Meinung sollten Sie auch respektieren.

Der Spieler Owomoyela wurde nach dem Erscheinen Ihres WM-Planers in E-Mails rassistisch beschimpft, sein Anwalt Christian Schertz spricht von „posttraumatischen Symptomen". Mit Ihren Aussagen geben Sie Millionen Migranten, die nicht „weiß" sind, das Gefühl, in Deutschland nicht willkommen zu sein. Sie erzeugen eine Wahrnehmung der Ungleichwertigkeit.

Erstens war es nicht Herr Owomoyela, den wir abgebildet haben. Die elektronische Post erhielt er, nachdem er angestiftet wurde, sich zu erkennen. Die Rückennummer ist bewusst nicht eindeutig zu erkennen. Übrigens ging es bei der Gestaltung des WM-Planers nie darum, farbige Spieler in der DFB-Mannschaft zu beleidigen. Herr Owomoyela war überhaupt kein Thema der Überlegungen. Es wurde als Vorlage das Bild eines hellhäutigen Spielers gewählt, der nicht aktueller Nationalspieler war. Und zweitens: Es geht uns nicht um Wertungen. Dass Herr Owomoyela danach beschimpft wurde, hat er nicht uns, sondern dem DFB zu verdanken, der dieses Thema hochpuschen musste. Mir tut Herr Owomoyela fast schon leid, dass er sich da hat reinziehen lassen.

Dieses Mitleid nehme ich Ihnen nicht ab. Aber unabhängig von dem abgebildeten Spieler vermittelt der Satz „Weiß – Nicht nur eine Trikot-Farbe!" eine eindeutige Botschaft der Abwertung.

Wieder eine Unterstellung. Der Planer erschien damals nach einem großen Manipulationsskandal. Schiedsrichter haben sich an kriminellen Wettgeschäften beteiligt. Mit der Farbe „Weiß" wollten wir auch auf die „weiße Weste" abzielen und uns gegen Korruption und Filz im Fußball positionieren.

Auch das nehme ich Ihnen nicht ab, das wäre wirklich um drei Ecken gedacht.

Stellen Sie sich vor, manche Menschen können um vier oder fünf Ecken denken. Wir würden den WM-Planer in jedem Fall wieder genauso gestalten, wir haben uns nichts vorzuwerfen.

Sie scheinen die Öffentlichkeit, die Ihnen der Prozess gebracht hat, zu genießen.

Wir wurden da hineingedrängt. Wer kann denn ahnen, dass ein WM-Heftchen so viel Wirbel erzeugt. Der Prozess war so skurril, deshalb haben wir auch skurrile Anträge gestellt.

Zum Beispiel, den ehemaligen Bundestrainer Jürgen Klinsmann als Zeugen vorladen zu wollen?

Genau. Dass dem nicht stattgegeben würde, hatten wir erwartet.

Nicht überall lässt sich der Fußball so leicht missbrauchen. Udo Pastörs, Chef der NPD-Fraktion im Landtag Mecklenburg-Vorpommern, wollte mit Mitstreitern

im August 2010 ein Heimspiel des FC Hansa besuchen. Rostocker Fans hin-
derten ihn daran vor dem Stadion.
Udo Pastörs wollte Gesicht zeigen, das ist sein gutes Recht

Wo zeigen Sie Gesicht?
Ich beobachte, dass viele Medien im Umgang mit der NPD dramatisieren. Ich habe in Brandenburg 2006 bei einem Hallenturnier in Rathenow mit-gespielt. Nationale Jugendliche hatten das Turnier organisiert und die Halle angemietet. Wir haben ein Gruppenfoto mit NPD-Fahne auf unsere Welt-netzseite gestellt. Wenige Tage später berichtete der Rundfunk Berlin-Bran-denburg. Wieder herrschte riesige Aufregung.

Nationale Jugendliche? Das hört sich harmlos an. Das Turnier, von dem Sie sprechen, wurde am 2. September 2006 von den „Sportfreunden Rathenow" organisiert. Auch das hört sich harmlos an. Allerdings waren für die „Sport-freunde" Spieler aktiv, die zu militanten Kameradschaften gehört hatten. 2006 waren diese Kameradschaften schon verboten. Wussten Sie das?
Das war mir bekannt, aber im Staate BRD ist es keine Kunst, verboten zu werden. Das kann ganz schnell passieren, das ist nicht verwerflich. Wir for-dern: Argumente statt Verbote.

Kameradschaften werden verboten, wenn sie die Zeit des Nationalsozialismus verherrlichen, den Holocaust leugnen, durch Gewaltdelikte auffallen. Das finden Sie nicht verwerflich?
Da wird vieles unterstellt, ohne Beweise zu haben. Wenn Sie in Rathenow als neutraler Beobachter beim Turnier gewesen wären, hätten Sie feststellen können, dass dort nicht unbedingt nationale Jugendliche auf dem Platz standen. Das waren Jugendliche aus dem Brandenburger Querschnitt, optisch fiel dort niemand auf.

Sie wissen genau, dass es den martialischen Lifestyle kaum noch gibt, zu dem Glatzen, Springerstiefel und Bomberjacken gehören.
Ich weiß auch, dass in Deutschland viele Jugendliche leben, die mit den drei Buchstaben BRD nichts anfangen können. Sie schließen sich einer freien Kame-radschaft an, weil sie sich keiner Satzung und keinen Parteigremien unter-werfen wollen. Einige von ihnen, die mit 17 oder 18 als Heißsporne über die Stränge schlagen, können wir später in die NPD einbetten, unter anderem mit solchen Sportgeschichten wie dem Turnier in Rathenow. Ich finde das positiv.

Das Turnier hat Ihrem Kreisverband wieder Schlagzeilen beschert.

Ich war überrascht von dieser Heftigkeit, aber letztendlich konnten wir mit dieser Aufmerksamkeit gut leben, das war eine feine Geschichte.

Warum treten Sie dann nicht öfter auf Turnieren auf?

Weil der Verein danach keine Halle mehr bekommen hat. Wenn sich jemand von unserer Seite im Fußball engagiert, sieht er bald kein Land mehr. Weil er keinen Platz bekommt, keine Halle bekommt. Deswegen sollten sich unsere Parteimitglieder lieber in bestehenden Vereinen engagieren und eingliedern.

Eine Unterwanderung geschieht in der Regel unbemerkt.

Sie haben die falsche Vorstellung. Unsere Mitglieder gehen nicht gezielt in Vereine und verteilen Flugblätter. Es kann Gespräche nach dem Spiel oder auf Ausflügen geben, wo man dann gegebenenfalls auf Politik stößt. Manchmal kommen auch Menschen auf uns zu und fragen: Kannst du mir mal eine Zeitung mitbringen? Oder Flugblätter? Das findet in privatem Rahmen statt, nicht im Verein.

Der Schornsteinfeger Lutz Battke betreibt für die NPD in Sachsen-Anhalt Kommunalpolitik. Bei der Wahl zum Bürgermeister in der Gemeinde Laucha im November 2010 erhielt er 24 Prozent der Stimmen. Auch, weil er sich als Trainer und Schiedsrichter des örtlichen Vereins Ansehen erworben hatte. Sein Wirken wurde publik, wurde bundesweit diskutiert – die NPD hat ihn dafür gefeiert.

Und was sind die Folgen? Lutz Battke musste eine regelrechte Hexenverfolgung über sich ergehen lassen. Der Verein wurde unter Druck gesetzt: Entweder ihr feuert den Trainer, oder wir streichen euch die Fördergelder. Deswegen wäre es von unseren Parteimitgliedern taktisch unklug, sich öffentlich zu positionieren. Nach dem Motto: Ich bin der große NPD-Mann, ich werde jetzt Vereinsvorsitzender, Schiedsrichter oder Sponsor. Das wäre für denjenigen bestimmt das schnelle Aus und würde uns dann auch nicht helfen. Wichtig ist nur: Wenn es der Staat nicht auf die Reihe bekommt, Jugendliche anständig zu beschäftigen, müssen wir helfen. Auch im Fußball.

Hat Ihre Fürsorge nicht andere Gründe? Vor Ihrer geplanten Fusion mit der DVU hatte die NPD im Jahr 2010 laut Verfassungsschutz 6.600 Mitglieder, 200 weniger als 2009. Die Zahl von Neonazis soll 2010 auf 5.600 gestiegen sein, also um rund zehn Prozent. Experten beobachten einen wachsenden Einfluss der

„Autonomen Nationalisten", die als besonders aggressiv gelten. Zugleich verliert die NPD an Boden. In Sachsen gelang der Wiedereinzug in den Landtag 2009 nur knapp, in Thüringen wurde der Einzug im selben Jahr verpasst. Auch in Sachsen-Anhalt sind Sie 2011 an der Fünfprozent-Hürde gescheitert, im Westen hat die NPD überhaupt keine Chance. Sind Sie nicht auf eine gute Zusammenarbeit mit den freien Strukturen angewiesen, um nicht völlig in der Bedeutungslosigkeit zu versinken?

Es geht uns zur Zeit nicht darum, große Massen an Mitgliedern zu haben, wir bauen ein gefestigtes Personal auf und wollen uns in weiteren Landtagen festsetzen, das ist erstmal ausreichend. In Brandenburg haben wir ein entspanntes Verhältnis zwischen NPD und Kameradschaften, dieses Verhältnis haben wir über Jahre aufgebaut. Dabei muss sich die Partei natürlich auch auf Wahlen konzentrieren, da haben die Kameradschaften gut mitgezogen. Außerdem können die Kameradschaften eben auch von der NPD profitieren, zum Beispiel von unserer kommunalen Infrastruktur. Sei es bei der Organisation von Konzerten, Demonstrationen oder eben von Fußballturnieren.

In den Niederlanden, in Österreich oder in Ungarn haben rechtspopulistische Parteien während der Weltfinanzkrise deutlich zugelegt. In Deutschland sind rechtsextreme Einstellungen wie Islamfeindlichkeit oder Fremdenfeindlichkeit ebenfalls verbreitet. Trotzdem kann die NPD davon nicht profitieren. Frank Jansen, Redakteur des Berliner „Tagesspiegel", begründet das so: „Die NPD hat mit ihrer braunrabiaten Feindschaft gegen das ‚System' der bundesdeutschen Demokratie den Begriff ‚rechts' und die explizit so definierenden Parteien nahezu unheilbar kontaminiert." Schaden Ihnen die Kameradschaften nicht mehr, als dass sie Ihnen helfen?

Natürlich gibt es, salopp formuliert, Bierbüchsenglatzen, die weder der NPD noch den Kameradschaften angehören. Die geben sich am Wochenende die Kante und machen dann Dummheiten. Aber mit Politik und Organisationen haben diese Leute nichts am Hut. Die schaden uns, die lassen sich auch nicht einbinden, die sind völlig unkontrollierbar. Diese Leute sind keine Kinder der NPD, sondern Kinder dieses Systems. Sie werden in eine haltlose Gesellschaft geworfen, sie wollen provozieren und anecken. Dann kommt der Alkohol dazu. Wir wollen keine Jugendlichen, die Ausländer und Obdachlose

verprügeln, die würden bei uns strenger bestraft werden als jetzt vom Staat. Trotzdem fällt ihr Verhalten auf uns zurück, da können wir uns distanzieren, wie wir wollen.

Ohne diese „Provokateure", die oft den Nationalsozialismus verherrlichen, wäre die NPD in vielen Wahlkämpfen aufgeschmissen, sie kleben Plakate oder sichern Kundgebungen. Ohne diese „Provokateure" wären manche NPD-Demonstrationen kümmerliche Veranstaltungen. Und es sind Ihre Wähler.

Ich wehre mich gegen diese Verallgemeinerung. Viele Jugendliche kommen mit falschen Vorstellungen zur NPD. Sie polieren ihre Stiefel, ziehen Bomberjacken an und denken, das sei ihre Eintrittskarte in die Partei. Ich frage sie dann: Warum seht ihr aus wie auf einem Faschingsumzug?

Die NPD ist also völlig schuldlos an dieser Wahrnehmung? Und auch der Bezug zum Nationalsozialismus, unterschwellig oder direkt, spielt überhaupt keine Rolle in Ihrer Partei?

Wenn diese Jugendlichen uns kennenlernen, sehen sie, dass wir ganz anders sind. Wir verdrängen die Vergangenheit nicht, aber sie darf nicht im Vordergrund stehen, wir befinden uns im 21. Jahrhundert, wir schauen in die Zukunft. Leider zeigt die Tagesschau wie in den vergangenen 15 Jahren auch heute noch Springerstiefel und Bomberjacken, wenn es um die NPD geht. Dabei sollten die Nachrichtensendungen über ganz andere Themen berichten.

Worüber zum Beispiel?

Zum Beispiel darüber, dass der Druck auf uns immer stärker wird. Es lassen sich kaum noch Kandidaten finden. Sie wissen, wenn ihre Namen in den Listen für die Wahlen auftauchen, bekommen sie große Probleme. Wir haben in Brandenburg auch Ärzte und Rechtsanwälte in der Partei, aber die sagen alle: Wir können nicht riskieren, an vorderster Front zu stehen. Deshalb können wir in der Öffentlichkeit nicht mit dem Personal agieren, mit dem wir gern agieren würden. Auch deshalb treten wir ein bisschen auf der Stelle. Aber das wird sich ändern, weil sich die Ereignisse zuspitzen werden. Was in Tunesien oder Ägypten auf den Straßen passiert ist, kann auch bei uns passieren. Ähnlich wie 1989 – und dann geht es ganz, ganz schnell.

Eine Revolution in Deutschland? Ihre Äußerungen sind absurd und gefährlich. Deutschland ist weltweit angesehen für seine Demokratie und seine Verfassung, kaum ein Land hat die Finanzkrise gut überstanden wie die Bundesrepublik. Es klingt, also wollten Sie das Modell abschaffen, das Ihnen Parteigelder in Millionenhöhe garantiert. Wer soll Sie dafür ernst nehmen?

Mit dieser Meinung stehen wir nicht allein da. Die BRD ist für mich keine Demokratie. Und die Missstände sind offensichtlich. Wenn zum Beispiel Manager ihre Unternehmen in die Insolvenz führen und trotzdem Millionen-Abfindungen kassieren, gehen die Leute irgendwann auf die Straße. Das kann in ein paar Jahren passieren, das kann in ein paar Monaten passieren. Ich hoffe, dass sich dann ganz neue Kräfte ergeben und eine Volksdemokratie entsteht. Ein freies, soziales, nationales Land, in dem auch die Besatzer nichts mehr zu suchen haben.

Das ist purer Populismus. Sie wollen sich den gesellschaftlichen Frust in manchen Regionen zunutze zu machen, Sie sprechen fast sieben Jahrzehnte nach dem Krieg von „Besatzern", Sie äußern sich demokratiefeindlich. Viele Anhänger der NPD wünschen sich einen „nationalen Sozialismus". Sie auch?

Der eine bezeichnet sich als Nationaldemokrat, der andere als konservativ, der dritte als nationaler Sozialist. Ich würde niemanden aus unserer Gemeinschaft ausschließen, solange er sich an die Spielregeln hält. Ich selbst benutze den Begriff des „Nationalen Sozialismus" in der Öffentlichkeitsarbeit nicht, aber ich finde auch nichts Verwerfliches daran.

Lockruf im Vakuum

Der Neonazi Tommy Frenck organisiert in der thüringischen Kleinstadt Hildburghausen Konzerte, Vorträge und Kundgebungen. In seinem Fußballverein SG Germania führt er Jugendliche aus den Nachbardörfern langsam an die Kameradschaftsszene heran und profitiert dann als Mitglied des Kreistages von ihrer Unterstützung.

Tommy Frenck erscheint ein wenig später zum vereinbarten Termin. Dichter Verkehr. Nun will er keine Zeit verlieren. Streift seine Mütze ab, deren Stirnseite mit dem Eisernen Kreuz bestickt ist. Legt seine Jacke über die Stuhllehne, kramt eine Zeitschrift hervor: „Zuerst! Deutsches Nachrichtenmagazin". Frenck blättert auf Seite 19, einen Artikel über den Bürgermeister seines Wohnorts, tippt mit dem Zeigefinger auf das Foto und sagt: „Bitte genauer ansehen." Dann breitet er Flugblätter aus: „Asylantenheim rollt unausweichlich auf die Kreisstadt zu!"; „Der 8. Mai 1945: Tag der GEFANGENSCHAFT"; „Sagt JA – zur Straßenumbenennung Ernst-Thälmann-Straße". Daneben platziert er einen Katalog, auf dem Titelblatt hält ein Mann mit Tätowierungen und geschorenen Haaren seine muskulösen Arme verschränkt. „Ein Überblick unserer Arbeit", sagt Frenck. Unter seinem schwarzen T-Shirt spannt sein tätowierter Oberarm. Frenck weiß sich zu verkaufen.

Tommy Frenck, geboren 1987, ein Mann von kleiner, kompakter Statur, hat das BZH gegründet, das „Bündnis Zukunft Hildburghausen". Er sitzt im Kreistag der südthüringischen Kleinstadt, wenige Kilometer von der bayrischen Grenze entfernt. 1.976 Wähler haben ihm im Juni 2009 seine Stimme gegeben, 51 mehr als den Grünen. Nun umschreibt sich Frenck als einen von wenigen mit Durchblick, der in seiner Heimat noch wichtige Werte hochhalte. Er listet Veranstaltungen auf, die er organisiert hat, auf die er stolz ist: Liederabende, Vorträge, Kundgebungen. Klingt harmlos. Tatsächlich sind es oft martialisch aussehende Treffen von Neonazis gewesen. Doch achtet man auf seine Formulierungen, seinen Tonfall, erweckt er den Eindruck, als ginge es um Kindergeburtstage. Frenck sagt: „Wir machen gute Angebote. Wenn dabei ein paar Wählerstimmen herauskommen: umso besser." 2007 hat Frenck die

Sportgemeinschaft Germania Hildburghausen gegründet. „Wir wollen ein bisschen kicken, Spaß haben, Zeit miteinander verbringen. Das muss doch wohl erlaubt sein."

Spaßbetrieb oder politische Einflussnahme? Bevor es um Frencks Fußballklub geht, sollte man sich mit seiner Realitätswahrnehmung beschäftigen. Frenck, geboren und aufgewachsen in Schleusingen, Landkreis Hildburghausen, ging zur Realschule. Seine Mutter habe lange PDS gewählt, erzählt er, inzwischen NPD. Als Kind seien ihm in den neunziger Jahren ältere Schüler aufgefallen, die Springerstiefel, Tarnhemden, Bomberjacken trugen. „Das war so cool wie früher das Jo-Jo-Spielzeug oder später die Pokemon-Karten." Und wenn die älteren Schüler Punks gewesen wären? Oder Popper? Oder HipHopper? Frenck starrt auf den Tisch, zögert einen Moment. „Keine Ahnung." Zögert wieder. Und spricht über seinen nach dem Krieg aus Pommern vertriebenen Großvater, eine „schreiende Ungerechtigkeit". Er spricht über eine Wirklichkeit, die er für die Wirklichkeit hält.

Als Jugendlicher verausgabte sich Tommy Frenck als Gewichtheber. Sammelte Medaillen, wurde Deutscher Meister, reiste zu Wettbewerben in ganz Deutschland. In Koblenz sei er ins „Deutsche Eck" gegangen und habe sich ein T-Shirt mit einem Reichsadler gekauft. „Das durfte ich in der Schule nicht tragen." Er besorgte sich Literatur, die nicht in der Bibliothek zu haben ist. Fuhr mit dem Moped zu Konzerten, die nicht in der Zeitung angekündigt werden. So festigte er sein Bild. Überhaupt habe er seine „wahre Meinung" nie wirklich kundtun dürfen, nicht in Schulaufsätzen, nicht gegenüber ausländischen Teamkollegen. Den Gewichtheberverein musste er verlassen, die Ausbildung zum Maurer musste er abbrechen. Wäre er wie gewünscht in die Freiwillige Feuerwehr eingetreten, alle anderen Mitglieder wären ausgetreten. „Die wollten meine Meinung nicht akzeptieren", sagt er. Anders formuliert: Seine menschenverachtenden Äußerungen.

Frenck, gerade volljährig geworden, suchte sich Freunde, die sich ebenfalls verfolgt und verstoßen fühlen. Er wurde Mitglied der NPD. Trommelte acht Mann zusammen – Schatzmeister, Schriftführer, Beisitzer, Stellvertreter, einige andere – und gründete einen eigenen Kreisverband der Partei. Unterstützt wurde er von Frank Schwerdt, dem NPD-Landeschef in Thüringen und heutigen stellvertretenden Bundesvorsitzenden. Schnell wuchs der Kreisverband von Tommy Frenck zu einem der größten in Thüringen, mit über 80 Mitgliedern.

Frenck suchte Partner, Örtlichkeiten für Konzerte und Vorträge. Zum Beispiel den rechtsoffenen Deutschen Jugendbund Hildburghausen, der Heranwachsenden Hilfe in allen Lebenslagen bietet. Frenck organisierte Zeltlager am See. Lockte bekannte Rechtsextreme nach Thüringen: den Multifunktionär Jürgen Rieger oder den Liedermacher Frank Rennicke. „Für spezielle Sachen haben wir geschlossene Veranstaltungen", sagt er und grinst. „Leider dürfen wir nicht alle Sachen öffentlich machen." Im Internet kursieren Fotos, auf denen junge Männer mit gehobenem rechten Arm vor der Reichskriegsflagge posieren, angeblich in Frencks Wohnung. Seine Zielgruppe wuchs, in Thüringen, auch in Bayern und Hessen. Frenck zog aus seinem Geburtsort Schleusingen ins 15 Kilo-

„Wenn die Jungs etwas brauchen, Klamotten oder Konzertkarten, helfe ich gern." Tommy Frenck gibt sich als Kümmerer.

meter entfernte Hildburghausen, in eine Wohnung mit Blick auf den Markt. Dort hing er Fahnen aus den Fenstern: NPD-Werbung, Symbole wie die Schwarze Sonne, das Keltenkreuz, eine Freiheitsforderung für den Holocaust-Leugner Ernst Zündel. „Ich hätte ganz andere Sachen rausgehängt", wirft Frenck ein, „wenn sie erlaubt gewesen wären." Die Lokalpresse berichtete, Frenck wurde in der Region bekannt. Als eine Art brauner Rebell.

Vor diesem Hintergrund ist die Sportgemeinschaft Germania Hildburghausen mehr als ein Spaßprojekt, sie hat Frencks lokale Verankerung vorangetrieben. 2007 hatten er und einige Freunde den Klub im Vereinsregister eintragen lassen. Eine Vorlage für die Satzung hatte er sich von Kai-Uwe Trinkaus schicken lassen, dem damaligen NPD-Chef in Erfurt, der angeblich mehr als 20 „nationale Vereine" gegründet haben will, als gesellschaftlich akzeptierte Bühnen für seine weit weniger akzeptierte Ideologie. „Gemeinnützige Nazis" überschrieb der Berliner Journalist Steffen Dobbert am 3. Februar 2009 seine Reportage auf „Zeit Online". Frenck schickte von Woche zu Woche SMS an junge Leute aus Hildburghausen und Umgebung, gemeinsam kickten sie auf holprigen Bolzplätzen, vor allem im Ortsteil Leimrieth. Sie bauten Zelte und einen Bratwurstgrill auf. Hin und wieder näherten sich Kinder und Jugendliche aus den Nachbardörfern, die mitspielen wollten. „Bei uns ist jeder willkommen", sagt Frenck. „Und wenn die Jungs etwas brauchen, Klamotten oder Konzertkarten, helfe ich gern. So war es bei mir ja auch, als ich jünger war."

In der Satzung der SG Germania stand unter Paragraf 12 „Gemeinnützigkeit", dass das Vereinsvermögen nach einer Aufhebung an zwei Organisationen fließen solle, die als rechtsextrem gelten, die „Hilfsgemeinschaft für nationale politische Gefangene" und die „Deutsch-Russische Friedensbewegung europäischen Geistes". Wegen dieser Passage hat das Finanzamt Gemeinnützigkeit, Fördergeld und Steuervorteile der SG Germania bislang verwehrt.

Kicken im Verborgenen

„Dabei soll es bleiben", sagt Steffen Harzer, der Bürgermeister Hildburghausens von der Partei Die Linke, in seinem Büro in der Nähe des Schlossparks. Er ist am Kopfende des Konferenztisches in einem schwarzen Lederstuhl versunken, er wirkt ein wenig erschöpft – das Thema Rechtsextremismus lässt ihn nicht los. Harzer ist Anfang Oktober 2010 in die Kritik geraten, auf dem Theresienfest soll er in Handgreiflichkeiten mit jungen Männern verwickelt gewesen sein. Im Internet kursiert ein Video, auf dem er lautstark immer wieder ruft: „Nazis raus!" Gegen Harzer wurde Anzeige erstattet, wegen des Verdachts auf Körperverletzung, auch er selbst hat Strafanzeige erstellt. „Immer wieder gibt es Drohungen gegen meine Familie und mich", sagt Harzer. Auch von Tommy Frenck? Nach dem Halbfinalsieg der deutschen Nationalmannschaft gegen die Türkei während der EM 2008, sagt Harzer, habe Frenck ihm mit den Worten gedroht: „Dein Haus wird brennen!" Frenck, mehrfach des Verdachts auf Körperverletzung und Volksverhetzung bezichtigt, widerspricht dieser Aussage und verweist auf den Artikel in der Zeitschrift „Zuerst! Deutsches Nachrichtenmagazin". Darin mutmaßt der Autor Harald Kersten: „Harzer scheint psychisch labil und wenig belastbar zu sein." Auf seiner Internetseite berichtet Frenck unter anderem, wann der Bürgermeister vorzeitig Kreistagssitzungen verlässt.

Diese Details verdeutlichen, womit es Harzer seit Jahren in Hildburghausen zu tun hat, in einer Stadt mit knapp 12.000 Einwohnern, die nichts mit den Klischees über die ostdeutsche Provinz gemein hat. Die Stadt ist von einem Naturpark umgeben, hat Burgen, Kirchen, Fachwerkhäuser in ihrer Nähe, ist beliebt bei Touristen. Die Arbeitslosenquote Hildburghausens schwankt zwischen sechs und sieben Prozent, in vergleichbar großen Städten Brandenburgs oder Vorpommerns ist sie mehr als doppelt so hoch. Jeden Morgen pendeln 5.000 Menschen nach Hildburghausen zur Arbeit, sie sind in der Metallbranche, im öffentlichen Dienst oder für eine der beiden Kliniken tätig. In den nächsten Jahren sagt das Statistische Landesamt der Stadt ein Bevölkerungswachstum voraus. Steffen Harzer verweist auf 120 Vereine, auf Bibliothek, Theater, Schwimmhalle, Freibad, Disko, städtischen Jugendtreff, Kreisjugendring. „Wir haben gute Angebote für unsere Jugendlichen, aber rechtsextreme Einstellungen kann man mit diesen Angeboten nicht völlig ausschließen. Die Frage ist, ob es jemanden gibt, der diese Einstellungen für sich nutzt und weiterentwickelt. So eine Person haben wir hier leider." Tommy Frenck.

„Zu DDR-Zeiten wurde das Thema totgeschwiegen. Aber wir dürfen nicht schweigen." Steffen Harzer, seit 1996 Bürgermeister von Hildburghausen.

Ausländerhass ohne Ausländer

Steffen Harzer, Ingenieur, früher Mitglied der SED, seit 1996 Bürgermeister, ist fast zwei Meter groß. Er will es den Rechtsextremen schwer machen. Er leugnet ihren Einfluss nicht, er verharmlost nicht, er geht in die Offensive. Schlägt einen Bogen in die Zeit des Nationalsozialismus, in der Hildburghausen eine braune Stadt gewesen sei. 2005 wurde eine Ausstellung mit Begleitbuch entworfen, „Hildburghausen unterm Hakenkreuz". Harzer: „Zu DDR-Zeiten wurde das Thema totgeschwiegen. Aber wir dürfen nicht schweigen." Er finanziert aus dem Etat der Stadt eine Sozialarbeiterin, weil die Jugendpauschale des Freistaats Thüringen nicht alle Kosten decken kann, er unterstützt das zivilgesellschaftliche „Bündnis gegen Rechtsextremismus". Er versucht rechtsextreme Veranstaltungen zu verbieten oder sie auflösen zu lassen. Er hat für eine Änderung der Nutzungsordnung für kommunale Sportstätten geworben. Seitdem wird Rechtsextremen der Zugang zu Plätzen und Hallen verwehrt. Die SG Germania Hildburghausen muss im Verborgenen kicken – doch bedroht ist ihre Existenz nicht. Viele Vereine des Kreises stehen Germania gleichgültig gegenüber, sie verweigerten eine Aktion des Landessportbundes Thüringen, „Rote Karte gegen Braun". Der Vorstand eines Klubs begründete die Absage mit politischer Neutralität, er wolle sich weder gegen Links noch gegen Rechts positionieren.
Der Berliner Sozialwissenschaftler Gerd Dembowski und der Berliner Politologe Martin Endemann berichten in einem Aufsatz für den Sammelband „Stadt – Land – Rechts. Brauner Alltag in der deutschen Provinz", erschienen

2010 in der Reihe „Texte" der Rosa-Luxemburg-Stiftung: „Neonazis und ihre SympathisantInnen testen Grenzen gesellschaftlicher Akzeptanz aus und präsentieren sich im Falle einer Ablehnung als Opfer der ‚Scheindemokraten', deren Toleranzbegriff sie an den Pranger stellt."

Steffen Harzer ist seit 1997 ehrenamtlicher Präsident des FSV 06 Eintracht Hildburghausen, des größten Fußballklubs der Stadt mit 250 Mitgliedern. Ein Torwart der Eintracht hat lange ein Trikot mit der Rückennummer 88 getragen, einem Code für den Hitlergruß, der achte Buchstabe im Alphabet ist das H. Der Verein hat eine Antirassismus-Passage des Landessportbundes übernommen. Steffen Harzer sagt, er beobachte „Mitläufer, die einen Ersatz für Familie und Freunde suchen". Immer wieder höre er rechte Parolen von Jugendlichen, die sich bequem in die Opferrolle zurückziehen und gegen Migranten hetzen. Der Berliner Journalist Olaf Sundermeyer drückt es in seiner Reportage für die „Frankfurter Allgemeine" am 1. September 2007 so aus: „Die Jugend, die in der DDR geboren wurde, sie aber nicht erlebt hat, eint der unbegründete Hass auf Ausländer, der übertragen wird von Eltern, die in der DDR keine Ausländer erlebt haben. Und selbst heute gibt es sie hier kaum." In Hildburghausen liegt der Anteil von Migranten bei drei Prozent, sie sind integriert, betreiben Geschäfte, Restaurants.

Für Tommy Frenck sind es drei Prozent zu viel. Sundermeyer, der mit dem Karlsruher Journalisten Christoph Ruf 2009 das Buch „In der NPD – Reisen in die National Befreite Zone" veröffentlicht hat, schreibt über Frenck in der „FAZ": „Für die Jugendlichen hier, denen es selbst an Haltung fehlt, ist er fast schon ein Held, der ‚sich nicht verbiegen lässt'. Viele von denen bekommen keine Anerkennung, auch nicht im Elternhaus. Und dann kommt plötzlich einer, der ihnen das Gefühl gibt, wichtig zu sein, sie werden Teil einer Gruppe und fühlen sich stark."

Eine alternative Szene gibt es in Hildburghausen nicht, auch keine Antifa. Zaghaft entwickelt sich in Schulen ein stärkeres Bewusstsein, zum Beispiel mit einem Multikulturellen Tag oder mit Gedenkveranstaltungen für die Opfer des Nationalsozialismus, ohne Druck der Lehrer. Mathias Günther, Stadtratsmitglied der Linken und Aktivist im Bürgerforum, sagt: „Uns fehlte eine Jugendkultur, an der sich Erwachsene reiben können. Auch das hat dazu beigetragen, dass ein beachtliches Potenzial bei Frenck landen konnte. Er ist in ein Vakuum gestoßen und hat Angebote für Jugendliche gemacht." Wer bei Germania auftauchte, kam bald auch zu Vorträgen oder Konzerten. Oder umgekehrt. Wie weit ist es von dort bis zum Gewaltausbruch? Im Büro von Mathias Günther wurden mehrmals die Fenster eingeschmissen, Einwanderer klagen über Drohungen, Täter wurde nicht gefasst.

2009 überwarf sich Tommy Frenck mit führenden Mitgliedern der NPD und trat aus der Partei aus. Er gründete das „Bündnis Zukunft Hildburghausen", das BZH. Neuer Name – altes Verhalten. Im Januar 2011 schloss Frenck seine Ausbildung zum Koch und Barkeeper in einem Hotel im Wintersportort Oberhof als Jahrgangsbester ab, Notendurchschnitt 1,6. Er trainiert jeden Tag im Fitnessstudio und will, sagt er, sich wieder mehr um seine Angebote kümmern. Statt bekannter Neonazis tauchen in der Satzung der SG Germania nun Jugendliche auf, die der Stadtvertretung nicht einschlägig bekannt sind. Auch Paragraf 12 „Gemeinnützigkeit" wurde geändert. Das Vereinsvermögen soll nach einer Abwicklung nicht mehr an als rechtsextrem geltende Organisationen fließen, sondern an die Jugendarbeit der Stadt. „Jetzt muss unser Antrag auf Gemeinnützigkeit genehmigt werden", sagt Frenck und hofft auf staatliche Förderung. „Notfalls klagen wir uns durch." Im regulären Spielbetrieb, in der Kreisklasse, wolle er nicht starten. Er möchte nur spielen, sagt Frenck. Wie auch immer das gemeint ist.

Quelle: Stefan Baltaz

„Neonazis testen Grenzen gesellschaftlicher Akzeptanz aus und präsentieren sich als Opfer der ‚Scheindemokraten', deren Toleranzbegriff sie an den Pranger stellt." Gerd Dembowski, der seit Langem Rechtsextremismus im Fußball erforscht.

„Das System wegschießen"

Neonazis feiern Fußballturniere als wichtigen Teil ihrer Erlebniskultur und nutzen sie zur überregionalen Vernetzung.

Vermutlich ist Maik Baumgärtner der einzige Journalist, der je in die Nähe eines Gedenkturniers für Rudolf Heß gelangt ist. Im Sommer 2009 wurde dem Berliner ein internes Einladungsschreiben zugespielt. Unter der Überschrift „Heil Euch Kameraden!" klärte die sächsisch-thüringische „Rechte Aktionsfront", kurz RAF, ihre Teilnehmer über Details des Turniers auf. Baumgärtner, der für Zeitungen, Radiosender und Onlineportale über Rechtsextremismus berichtet, hörte sich im Vogtland um, wo das Turnier seit fast zehn Jahren ohne großes Aufsehen über die Bühne gehen konnte, anfangs auf öffentlichen Sportplätzen, in den vergangenen Jahren auf wechselnden, entlegenen Privatgrundstücken. Auch mit Hilfe der Kameradschaft „Braune Teufel Vogtland".

Rudolf Heß, einstiger Stellvertreter Hitlers, hatte am 17. August 1987 im Kriegsverbrechergefängnis Berlin-Spandau Selbstmord begangen. Viele Neonazis zweifeln daran, sie vermuten ein Mordkomplott des britischen Geheimdienstes, feiern Heß an seinem Todestag als Märtyrer, der sich ungebrochen zum Nationalsozialismus bekannte.

Maik Baumgärtner wollte sich von diesem Gedenken beim Fußball ein Bild machen, er recherchierte, fuhr mögliche Austragungsorte ab. Am Turniertag fand er die Spielstätte: eine Waldlichtung in der Nähe der Kleinstadt Greiz, im Südosten Thüringens, an der Grenze zu Sachsen, zwischen den Dörfern Tschirma und Lehnamühle. Baumgärtner sagt: „Der provisorische Fußballplatz war von der Straße nicht zu sehen." Er sah Fahrzeuge mit einschlägigen Markierungen, einen Bierausschank, Kampfhunde, junge Männer mit dem Heß-Konterfei auf ihrer Kleidung.

Baumgärtner fuhr mit Mitstreitern ins Polizeirevier von Greiz, die Beamten konnten ihm nicht helfen, er rief eine Abgeordnete des Thüringer Landtags an. Stunden vergingen, bevor eine Polizeistreife am Spielort war. 50 Neonazis kickten ungestört um Urkunden. „Für die überregionale Vernetzung in der rechtsextremen Szene sind solche Turniere von großer Bedeutung", sagt Baumgärtner, der seit Jahren im Vogtland recherchiert. „Dort können junge und erlebnisorientierte Mitläufer an Kameradschaften herangeführt werden. Durch die Geheimhaltung, durch die erzeugte Spannung ist das Heß-Turnier Teil einer speziellen Erlebniskultur." Im Vogtland können Rechtsextreme auf Grundstücke und Immobilien zurückgreifen, das Eingreifen von Behörden und Zivilgesellschaft wird erschwert.

„Fußballturniere als Teil einer neonazistischen Erlebniswelt sind kein neues Phänomen", schreiben der Politologe Martin Endemann und der Sozialwissenschaftler Gerd Dembowski in einem Aufsatz für den Sammelband „Stadt – Land – Rechts. Brauner Alltag in der deutschen Provinz". „Schon in den 1980er und 1990er Jahren gab es in einschlägigen Skinhead- und Nazi-Fanzines wie ‚White Supremacy' und ‚United Skins' Berichte von Turnieren mit Teams aus dem neonazistischen Spektrum." Meist werden die Turniere konspirativ organisiert, als Privatfeier oder Geburtstagsfest angemeldet und erst später unter ein Motto gestellt, zum Beispiel: „Das System wegschießen". Auch die NPD und deren Jugendorganisation JN veranstalten Turniere, um die Bindung zu Kameradschaften oder Autonomen Nationalisten zu stärken. Die Teams heißen dann „Skinheadfront", „Jungsturm", „Jägermeister 88" oder „Legion of Hate". Manchmal laden Spieler, die in einem Verein am Spielbetrieb teilnehmen, auch ihre reguläre Mannschaft ein, so geschehen im Februar 2006 in Zittau, im Südosten Sachsens. Immer wieder haben es Kommunen schwer, auf Turniere angemessen zu reagieren. Die Tageszeitung „Freies Wort" zitierte Ulrich Schubert, den ehrenamtlichen Bürgermeister von Pennewitz, am 11. August 2006: „Ich will in dieser Gemeinde keinen ausgrenzen, dafür gibt es keinen Grund." Er reagierte auf Forderungen, ein Turnier unter Neonazis in der thüringischen Gemeinde zu verbieten.

Im August 2010 wollte Maik Baumgärtner wieder über das Rudolf-Heß-Gedenkturnier berichten. Wieder erhielt er die interne Einladung. Darin enthalten: die Kontaktdaten des Neonazis Thomas M., der in Netzschkau, auf der sächsischen Seite des Vogtlandes, den Szeneladen „Nordlicht" betreibt, wenige Meter von einer Schule entfernt. Als Veranstalter erhöhe M. innerhalb der Kameradschaften seinen Ruf, sagt Baumgärtner. Im August 2010 errichtete die Polizei zwei Straßenkontrollpunkte, sie durchsuchte Autos, das Turnier fand trotzdem statt. 100 Rechtsextreme aus Bayern, Thüringen, Sachsen gedachten zum zehnten Mal Rudolf Heß'. Einige von ihnen trugen noch Wochen und Monate später in Greiz das Teilnehmerhemd mit dem Heß-Schriftzug. Lokale Medien nehmen davon kaum Notiz. Thomas M. dürfte das gefallen, auf eine telefonische Interview-Anfrage sagte er: „Mit Journalisten machen wir gar nichts."

„Das Stadion ist der einzige Ort, wo Abwertungsmuster eine breite Öffentlichkeit erreichen – ohne Sanktionen"

Der Bielefelder Gewaltforscher Wilhelm Heitmeyer beobachtet seit Jahrzehnten den Rechtsextremismus, auch im Fußball. Im Interview spricht er über den schmalen Grat zwischen Party-Patriotismus und Nationalismus während einer WM, über Autonome Nationalisten und falsche Schwerpunkte in der Prävention.

„Eine humane Liberalität der Gesellschaft sieht anders aus." Mit diesen Worten schloss Wilhelm Heitmeyer im Dezember 2010 seinen Vortrag in der Bundespressekonferenz im Berliner Regierungsviertel. Zuvor hatte er „Deutsche Zustände" vorgestellt, die neunte Ausgabe der Langzeituntersuchung zur „Gruppenbezogenen Menschenfeindlichkeit". Seit 2002 untersucht die Studie Entwicklungen und Ursachen von Vorurteilen gegenüber Gruppen der Gesellschaft. Es geht um die Abwertung von Menschen aufgrund von ethnischen, kulturellen oder religiösen Merkmalen, der sexuellen Orientierung, des Geschlechts, einer körperlichen Einschränkung oder aus sozialen Gründen. Die Studie mit zehnjähriger Laufzeit ist das weltweit aufwändigste Vorurteilsprojekt, jährlich werden in einer repräsentativen Auswahl 2.000 Personen aus der deutschen Bevölkerung befragt. Wilhelm Heitmeyer, geboren 1945, ist Professor für Sozialisation an der Universität Bielefeld. Dort leitet er seit 1996 das Institut für interdisziplinäre Konflikt- und Gewaltforschung. Viele Studien hat er zum Thema Rechtsextremismus durchgeführt. Heitmeyer blickt seit den achtziger Jahren auch auf den Fußball, er prägte den Beginn der sozialen Arbeit mit Fußballfans, im April 2009 hielt er in der Zentrale der Deutschen Fußball-Liga (DFL) in Frankfurt einen Gastvortrag.

Herr Professor Heitmeyer, die Stimmung während der WM 2006 wurde von einer breiten Mehrheit als Entdeckung eines entspannten deutschen Patriotismus gedeutet. Doch es gab auch andere Seiten. Der Schutzbund Deutschland hatte sich gegen den schwarzen Stürmer Asamoah gestellt, Zitat: „Nein, Gerald, du bist nicht Deutschland, du bist BRD." Auf einem T-Shirt wurde die Botschaft verbreitet: „1939 wurde Polen in 28 Tagen besiegt, 2006 reichen 90 Minuten." Sie haben den Party-Patriotismus 2006 so beschrieben: „Gefährlicher Unsinn und ein Stück Volksverdummung". Was meinen Sie damit?

Viele Menschen haben sich in die Tasche gelogen. Dass sich Realitäten und Mentalitäten 2006 grundsätzlich verändert haben, war eine Erfindung von Politik, Fußball und Medien. Es war mir klar, dass ein singuläres Ereignis wie eine WM nicht eine so enorme Entwicklung herbeiführen kann, und es war auch klar, dass es nicht plötzlich weniger Fremdenfeindlichkeit oder Homophobie geben würde. Die Veränderung von Einstellungsmustern hat andere Ursachen, dazu braucht es zum Beispiel außergewöhnliche Ereignisse, also Einbrüche in den gesellschaftlichen Alltag.

Zum Beispiel?

Der 11. September war ein solches Schlüsselereignis. Die Anschläge haben Erschütterungen des amerikanischen Nationalgefühls herbeigeführt. Von einem Tag zum anderen haben sich die USA nicht mehr unangreifbar gefühlt – ihr Selbstwertgefühl erlebte einen Einbruch. Mit solchen Erfahrungen ist ein Fußballturnier nicht zu vergleichen, so schön die Stimmung auch sein mag für ein paar Wochen. Ich erinnere an die WM 1998. Nach dem Heimsieg der Franzosen tönte die Presse, die Welt würde nun ein anderes Frankreich kennenlernen, ein buntes, offenes, tolerantes Frankreich. Die Franzosen hatten ja eine farbige Mannschaft, im wahrsten Sinne des Wortes. Aber nach der WM, als der Rausch vorbei war, ging der Rassismus weiter wie zuvor.

Haben Sie deshalb nach der WM 2006 Ihre Forschungen noch einmal intensiviert?

Die fünf WM-Wochen allein haben uns nicht sonderlich interessiert. Uns interessiert der Zustand der Gesellschaft, ihr Verhältnis zu schwachen Gruppen, uns interessieren langfristige Trends. Wir hatten in unserer Langzeitstudie vor der WM planmäßig Erhebungen unternommen. Während des Turniers wurde der Rausch dann immer lauter, und so haben wir uns entschlossen, diesen Rausch zu hinterfragen. Oft ist es so, dass Ereignisse, die plausibel erscheinen, gar nicht plausibel sind und nicht stimmen müssen. Wir haben nach der WM noch einmal Geld in weitere Erhebungen investiert.

Wie sind Sie vorgegangen?

Wir haben nicht explizit Fußballfans gefragt, sondern einen Querschnitt der Gesellschaft, denn es war ja von einem „neuen" Deutschland die Rede. Nach der WM spielte die Fußballstimmung in der Umfrage keine Rolle mehr. Der Rausch aus den Stadien oder aus dem Public Viewing war verflogen, es zählte wieder die allgemeine Lebenssituation, es zählte der nackte Alltag. Es zeigte sich wie erwartet, dass von einem freundlichen Patriotismus nicht mehr viel übrig geblieben war.

Mit welchem Ergebnis genau?

Es gibt immer einen Zusammenhang von Nationalismus beziehungsweise besonderem Nationalstolz mit Fremdenfeindlichkeit. Wenn das alles sich in fröhlichem Party-Patriotismus aufgelöst hätte durch die WM, dann wäre etwas gewonnen. Die nationalistische Variante hatte zugenommen und der Zusammenhang mit Fremdenfeindlichkeit blieb erhalten. Nichts war gewonnen.

Je stärker sich jemand mit seinem Land durch den Fußball verbunden fühlt, desto eher wertet er andere Nationen ab?

Nicht unbedingt. Das hängt mit den sozialen Lebensumständen zusammen. Es gibt keinen Automatismus, aber es gibt Prozesse der Abgrenzung. Überall dort, wo die eigene Position in Gefahr gerät, geht es auch darum, wieder ein positives Selbstbild zu entwerfen. Daran arbeitet jeder. Da geht es um Distinktionen gegenüber anderen Gruppen. Wenn jemand in Gefahr gerät, wertet er andere in ähnlicher Lebenslage eher ab. Dadurch baut er sich selbst auf und gewinnt Abstand. Bei unseren quantitativen Erhebungen 2006 ging es uns aber nicht um Gesetzesaussagen, sondern um Wahrscheinlichkeitsaussagen. Vielleicht wären die Ergebnisse ohne den WM-Rausch dieselben gewesen.

Welche Reaktionen haben Sie auf Ihre Forschungen erhalten?

Ich habe kritische E-Mails erhalten und musste in der Zeitung lesen, dass wir den Deutschen ihre schönen WM-Erinnerungen vermiesen würden. Ich wurde gefragt: Warum untersucht ihr das? Ihr erzeugt doch erst die schwachen Gruppen mit euren Kategorien. Das ist absurd. Sollen wir etwa schweigen? Das können wir uns gar nicht leisten, ich wollte und will die Stimmung der WM nicht wegreden. Alle waren ja begeistert, ich auch. Ein Journalist hatte mich für das Eröffnungsspiel auf die Fanmeile in Berlin eingeladen, das hat mir sehr gefallen. Aber wir haben die öffentliche Kritik dann ausgehalten, wir verstecken uns nicht hinter den Universitätsmauern. Da muss man auch mal dagegenhalten.

Darf eine Sportart mit Begriffen wie Patriotismus aufgeladen werden?

Zunächst einmal wird Patriotismus an den meisten Stellen für weniger problematisch gehalten als Nationalismus. Patriotismus stellt die Parteinahme für etwas dar, Nationalismus eher gegen etwas, also die Abwertung anderer Nationen, anderer Völker und das Hochtreiben der eigenen Nation. Das ist kulturell und politisch in den Gesellschaften verankert, auch durch die Aussagen ihrer Eliten.

Quelle: Ronny Blaschke

„Die Fokussierung auf Rassismus ist viel zu eng, weil man dadurch Opfer erster und zweiter Klasse schafft." Wilhelm Heitmeyer, hier 2010 auf der Bundespressekonferenz in Berlin.

2009 wollte eine Initiative aus Bremen bei einem abgestürzten Traditionsklub einsteigen und sich für einheimische Talente stark machen, ihr Name: „Mein deutscher Fußballverein". Unterscheiden Sie zwischen einem guten und einem schlechten Patriotismus, der Ressentiments gegen Minderheiten stärkt?

Die wissenschaftlichen Untersuchungen gehen auseinander. Es gibt Sozialpsychologen, die gehen auch mit Patriotismus vorsichtig um. Zu sagen, Nationalismus hat in der Geschichte Verheerendes angerichtet und Patriotismus steht für den Stolz der Menschen, das wäre zu kurz gegriffen. Nur die Begriffe helfen uns nicht weiter. Wichtiger ist, was sich hinter ihnen verbirgt: Es gibt zum Beispiel den sogenannten Verfassungspatriotismus. Dazu gehört der Stolz auf die Demokratie, auf den Ausbau des Sozialstaats oder auf Sätze des Grundgesetzes wie: Die Menschenwürde ist unantastbar.

Der Begriff Verfassungspatriotismus hat sich in der Öffentlichkeit nie durchgesetzt.

Vermutlich ist diese Auffassung zu rational. Die Verfassung kann man jederzeit ändern, bei der nationalen Zugehörigkeit ist das schwierig. Die sozialen Verhältnisse können sich ändern, die Familie kann sich auflösen, der Arbeitsplatz kann verloren gehen, der Lieblingsverein kann aus der Bundesliga absteigen, aber die nationale Zugehörigkeit bleibt bestehen. Über diesen

Zugang kommen andere emotionalisierbare Identifikationen zustande als mit rationalen Verfassungsprinzipien. Deshalb kommt es darauf an, welche Indikatoren man für den Patriotismus berücksichtigt.

In der Geschichte lassen sich viele Fußballer-Zitate finden, die eine nationale Wahrnehmung bestärkt haben dürften. Nachdem Franz Beckenbauer das deutsche Team 1990 als Trainer zum WM-Titel geführt hatte, sagte er: „Es tut mir leid für den Rest der Welt, aber wir werden in den nächsten Jahren nicht zu besiegen sein." Der Nationalismus benötigt nur eine Fahne – oder eben eine Nationalmannschaft im Fußball?

Die Zeiten, dass Länderspiele als Ersatzkriege ausgefochten wurden, sind hoffentlich vorbei. Es gibt auch positive Beispiele: Viele Türken haben den Deutschen während der WM 2010 die Daumen gedrückt, weil sich die Türkei nicht qualifiziert hatte. Es ist wichtig, dass Grenzen zwischen Gruppen nicht hart gemacht werden, das war hier der Fall. Sobald es überschneidende Interessenlinien gibt, verändert sich die Lage.

Zum Beispiel wenn Deutschland auf die Türkei trifft wie in der Qualifikation für die EM 2012?

Die Psychologen sprechen von Salienz, dem Sichtbarwerden von Gruppengrenzen. In diesem Beispiel war die Begegnung von Mesut Özil auf deutscher Seite und Nuri Sahin auf türkischer Seite medial von besonderem Interesse. Es wurden zwar wieder Gruppengrenzen gezogen, aber viele Türken sind trotzdem stolz auf Özil, weil sie ihn für einen der Ihren halten.

Gruppenbezogene Menschenfeindlichkeit in den Fußballstadien – welchen Einfluss hat dabei das Phänomen „Masse"?

Eine Masse kann ein Problem werden. Erst recht, wenn es in dieser Masse einen Mobilisierungsexperten gibt. Aber die Masse während der WM 2006 hat sich nicht als homogene Masse verstanden, nicht in den Stadien, nicht auf den Straßen. Von der Anzahl war es eine Masse, aber die Vielgestaltigkeit und Pluralisierung der Werte und Lebensstile verhindert in solchen Momenten, dass ein brachialer Nationalismus ausbrechen kann. Trotzdem kann in dieser Masse auch Fremdenfeindlichkeit, Rassismus oder Homophobie stattfinden. Wichtig ist, alle Erscheinungsformen zu benennen. Die Fokussierung auf Rassismus ist viel zu eng, weil man dadurch Opfer erster und zweiter Klasse schafft. Der gemeinsame Kern ist die Ungleichwertigkeit, also die Frage, wie Menschen in ihrer Würde antastbar werden. Das war der

„Betreten auf eigene Gefahr." Neonazis nutzen die Diskussion über sogenannte
No-Go-Areas für Migranten vor der WM 2006 für ihre Zwecke.

Ausgangspunkt, um das Konzept der Gruppenbezogenen Menschenfeindlichkeit zu entwickeln.

*Ist Fußball für rechtsextreme Einstellungsmuster anfälliger als andere Massen-
phänomene?*

Das Setting des Fußballs ist von besonderer Bedeutung. Im Stadion stehen
sich Fan-Gruppen gegenüber, in überwältigender Mehrheit sind es junge
Männer. Auf dem Rasen spielen zwei Teams gegeneinander. Es ist geregelte
Aggression im Spiel. Dazu kommen Enge und körperliche Nähe. Wir haben
es in den Stehkurven mit homogenen Gruppen zu tun. Wir wissen aus der
Jugendgewaltforschung: Je homogener eine Gruppe ist, desto anfälliger ist sie
für Gewalt und den Ausbruch von Abwertung schwacher Gruppen. Sobald es
dazu kommt, gibt es in homogenen Gruppen kaum oder keine Widerworte
mehr. Da schaukeln sich Aggressionen und Meinungen hoch. Es entsteht eine
gefährliche Generalisierung. Es kommt dann nicht mehr auf das tatsächliche
Verhalten eines Individuums an, sondern auf die generalisierte Abwertung
einer ganzen Gruppe.

Steigt dadurch der Anpassungsdruck der Fans?

Wir haben in den Kurven zwar homogene Gruppen, aber wir haben auch eine Hierarchie. Diese Hierarchie wird formal nicht festgelegt, sondern sie entsteht schleichend. Wer entwickelt sich zum Meinungsführer? Wer zum Sympathieträger? Wer hat die schönste Freundin? Über solche Mechanismen laufen die Hierarchisierungen ab. In diesem Raum können rechtsextreme Einstellungsmuster leicht reproduziert werden, gegenteilige Meinungen werden unterdrückt. Von Vereinen und Verbänden wird das geduldet. Denn das Stadion bietet das einzige Setting, wo die Abwertung schwacher Gruppen massiv und lautstark nach außen in die Öffentlichkeit getragen werden kann, etwa durch Fangesänge und Symbole. Die Abwertung von Homosexuellen oder Obdachlosen ist ein Phänomen, das bei Normalbürgern als Einstellungsmuster im Kopf bleibt oder höchstens vor Verwandten im privaten Rahmen geäußert wird. Das Stadion ist der einzige Ort, wo dieses Einstellungsmuster eine breite Öffentlichkeit erreicht – ohne Sanktionen.

Es entsteht ein Grundkonsens, der Abwertung im Stadion akzeptiert?

Richtig, jede Art von Normalisierung ist gefährlich, denn alles, was als normal gilt und worüber sich niemand mehr aufregt, kann man nicht problematisieren. Wenn ein Normalitätsstandard das Bewusstsein der Fans erreicht hat, dann befinden sie sich schnell in dem Glauben, sie seien mit diesen Einstellungsmustern Teil einer Mehrheit und nicht einer Minderheit. Dann fällt ihnen die Abwertung schwacher Gruppen wesentlich leichter.

Ermöglicht das Setting des Fußballs rechtsextremen Gruppen einen Zugang?

Ein Beispiel bieten die Autonomen Nationalisten. Sie sehen aus wie du und ich. Sie tragen keine Runen, keine Glatzen, keine Springerstiefel, sie kleiden sich wie Linksautonome und sind auch im Internet gut aufgestellt. Die Autonomen Nationalisten bleiben festen Organisationsformen fern. Parteien kann man schwer verbieten, bei Gruppen ist das schon leichter. Aber ab dem Moment, ab dem es keine festen Gruppen mehr gibt, kann man auch die nicht mehr verbieten, es sind fluide Gruppen.

Laut Verfassungsschutz sollen rund 800 Personen den Autonomen Nationalisten zuzurechnen sein. Laut Ihrer Studie soll es unter anderem Überschneidungen zwischen den Autonomen Nationalisten und der Fanszene von Borussia Dortmund geben.

Autonome Nationalisten: Ein Dortmunder Fan während einer Demonstration ganz in Schwarz und mit eindeutiger Botschaft gegen Links.

Durch die gängigen Abwertungsmuster des Fußballs fühlen sich solche Gruppen wie die Autonomen Nationalisten auf gefährliche Weise ermuntert. Im Stadion erhalten sie dann Andockpunkte. Diese Gruppen müssten viel mehr auf die Tagesordnung von Verbänden und Vereinen.

Was entgegnen Sie der weitverbreiteten Meinung, Fußball sei unpolitisch?

Das ist Unsinn. Im Fußball geht es oft um Machtdemonstration – und Machtdemonstrationen sind immer politisch. Schauen Sie auf den wachsenden Rechtspopulismus in Europa, in Ungarn, Österreich, in den Niederlanden, auch in Skandinavien. Das ist die gefährliche Strömung. Wir haben in Deutschland etwa 20 Prozent der Bevölkerung, die bei solchen Parolen auch anfällig wären, aber wir haben keinen Mobilisierungsexperten. Diese Parolen werden in verschärfter Form in Fußballstadien ausgebreitet. Insofern ist das, was dort abläuft, nicht unpolitisch. Wer das abstreitet, hat ein merkwürdiges Verständnis des Politischen. Der denkt vermutlich immer noch daran, dass organisierte Gruppen mit Werbeständen, Sonnenschirmen und Kugelschreibern junge Leute im Stadion anwerben.

Fans in den Stehkurven sind selten älter als 30 Jahre. Verändern sich Einstellungsmuster, sobald sie ihre Zeit in den Kurven hinter sich haben?

Die meisten Menschen glauben, man würde mit zunehmendem Alter vernünftig werden, aber das ist bei Weitem nicht der Fall. In unseren Erhebungen haben wir festgestellt, dass Menschen, die 60 Jahre und älter sind, sehr hohe Abwertungseinstellungen aufweisen. Die Öffentlichkeit ist meist empört, wenn Gewalt im Spiel ist – die geht vor allem von der jüngeren Generation aus –, aber die Einstellungsmuster der Älteren kommen mir in der Diskussion viel zu kurz.

Weil sie negative Vorbilder darstellen?

Das Fatale ist, dass Ältere mit diesen Einstellungsmustern Reproduktionsprozesse in Gang setzen. Sie besitzen für die Jüngeren eine viel höhere Glaubwürdigkeit als etwa Eltern oder Lehrer aus der mittleren Generation. Die ältere Generation ist der Treibriemen der Reproduktion. Das wird leider übersehen. Immer wenn ich in Vorträgen diesen Punkt anspreche, werde ich erschrocken angeschaut. Deshalb halte ich viele Interventionsprojekte, die sich ausschließlich an Jugendliche richten, für strukturell falsch.

Auch die rund 50 sozialpräventiven Fanprojekte in Deutschland richten sich an Jugendliche. In der Hoffnung, unfertige Einstellungsmuster verändern zu können.

Dieses Argument höre ich oft. Aber wenn die Reproduktionsschleifen funktionieren, muss ich auch an die Älteren ran. Die erreicht man im Karnevalsverein, im Schützenverein – und eben im Fußballverein, als Trainer oder Schiedsrichter. Da müsste man die Aufmerksamkeit hinlenken. Dass das nicht geschieht, hat Gründe. Interventionsprogramme sind politische Programme von Regierung und Verbänden. Die Gesellschaft wird immer älter, die Älteren werden immer wichtiger als Wähler, als Stimmenbringer. Es ist politisch naiv und gefährlich, sich nur auf die Jüngeren zu konzentrieren.

Unfreiwillig unpolitisch

Kategorie C besingt Fußball, Freundschaften, Ehre. Die Bremer Rockband erhebt die Wolfsgesellschaft zur Leitkultur und fördert damit rechtsextreme Einstellungen. Sie gibt sich politisch neutral – andernfalls wäre ihr kommerzieller Erfolg in Gefahr. Doch auf ihren Konzerten treffen Jugendliche auf Hooligans, Neonazis und Parteikader.

Ein Blick auf den Personalausweis, auf die Rückbank, den Beifahrersitz, einige Fragen, erst dann kommt das Okay. Die Kontrolle der Polizei dauert Minuten, bevor man auf einem schmalen, sandigen Weg weiter Richtung Acker fahren darf. Das weiße Festzelt steht auf einer Wiese am Ende des Weges, umgeben von einer alten, grauen Baracke und streng duftenden Getreidefeldern. Es ist ein sonniges, warmes Wochenende im Mai 2009, es ist der Tag, an dem die kleine Gemeinde Lambrechtshagen, 2.900 Einwohner, zehn Kilometer westlich von Rostock gelegen, den größten Ansturm ihrer Geschichte erlebt. Am Abend will „Kategorie C – Hungrige Wölfe" in der Idylle Mecklenburgs ein Konzert veranstalten, in ihrer Fangemeinde sind die Grenzen zwischen Fußballfaszination, Hooliganismus, Neonazismus fließend. Die Rockband distanziert sich von Politik und Rechtsextremismus – doch Politik ist an diesem Nachmittag allgegenwärtig.

Langsam schiebt sich ein Auto nach dem anderen den sandigen Weg entlang, sie sind vollbesetzt, meist sitzen darin junge Männer mit kurzgeschorenen Haaren. Springerstiefel sind vereinzelt zu sehen, Besucher haben Tätowierungen auf Armen, Beinen und Schultern, einige sind mit Pflastern abgedeckt. Vor dem Eingangstor, 200 Meter vom Festzelt entfernt, bilden sich Gruppen, sie lachen, diskutieren über Fußball. Polizisten mit Schutzwesten und Schlagstöcken halten Abstand. Auf der anderen Seite des Weges hat sich ein Kamerateam des Norddeutschen Rundfunks postiert, die Reporterin wird von Gästen gemustert, ihr Kollege richtet sein Objektiv auf Beamte in Kampfmontur. Zwei Stunden sind es noch bis zum Konzert von Kategorie C.

Eine Band, ein Politikum, auch in Mecklenburg. Am Vortag wurde im Zentrum Rostocks eine Demonstration veranstaltet, ihr Motto: „Mach den Scheiß aus! Kategorie C das Mikro klauen!" Zuvor waren Plakate mit demselben Spruch in der Umgebung aufgehängt worden. 300 Teilnehmer zogen lautstark durch die Stadt, mit Fahnen, Transparenten, sie hörten einen Beitrag einer Antifaschistischen Jugendinitiative über regionale Neonazi-Strukturen, die bei der Organisation des Konzertes geholfen haben sollen. Sie verwiesen auf die anstehenden Kommunalwahlen und die Stellung der NPD. Sie betonten, warum die Band Kategorie C, deren Texte keine offenen politischen Botschaften enthalten, eben doch eine politische Aussagekraft hat.

Bei den Konzertbesuchern in Lambrechtshagen ist die Demonstration in Rostock Thema. Drei Jugendliche haben sich von der Masse abgesetzt, sie sitzen am Rande des Sandweges auf Baumstümpfen. Sie sind 14, vielleicht 15 Jahre alt, tragen T-Shirts ihres Lieblingsvereins, des FC Hansa Rostock. Sie schimpfen über die Demo, über „stinkende Punks", über „Zecken" und „Scheiß St. Pauli". Sie verstehen nicht, warum so viele etwas gegen dieses Konzert haben, bei dem es doch nur um Fußball, Männerfreundschaften und Ehre gehen soll. Einer der Jugendlichen hat den Lautsprecher seines Handys angeschaltet, er gibt einem Freund eine Wegbeschreibung durch. Dieser Freund versucht über einen kilometerlangen Umweg zum Festzelt zu gelangen. Er läuft in gebückter Haltung durch die Getreidefelder, orientiert sich an Strommasten und Bäumen. Dieser Freund will die Kontrollpunkte der Polizei umgehen, denn sie würde ihn nicht zum Konzert lassen. Er ist vorbestraft und als Hooligan in der Sammeldatei „Gewalttäter Sport" registriert. Die Polizei unterteilt Fans in drei Kategorien: Friedliche Anhänger werden als „Kategorie A", gewaltbereite Anhänger als „Kategorie B" bezeichnet. Er aber zählt zur „Kategorie C", zu den gewaltsuchenden Fans. Darauf sei er stolz, sagt er, deshalb möchte er das Konzert der Band auf keinen Fall verpassen. Ob die Rostocker Jugendlichen Nazis kennen? „Nein", sagt einer. „Wir kennen keine, die sind uns scheißegal. Wir wollen bloß ein wenig Spaß."

Musik, Fußball, Spaß? Oder doch Politik? Der Bielefelder Sozialpädagoge Jan Raabe hat eine klare Antwort: „Bei Kategorie C handelt es sich um ein politisches Projekt, weil die Band aus einem politischen Hintergrund entstanden ist, rechte Texte hat und eine rechte Lebenswelt bedient. Sie war und ist bei Konzerten auf Fans und Organisatoren aus der extremen Rechten angewiesen." Raabe hatte 2002 gemeinsam mit dem Düsseldorfer Soziologen Christian Dornbusch das Standardwerk „RechtsRock – Bestandsaufnahme und Gegenstrategien" herausgebracht. Beide erforschen seit den neunziger Jahren rechte

„Wir werden kriminalisiert und gezwungen, wieder in den Untergrund zu gehen." Hannes Ostendorf (links), Gründer von Kategorie C, während eines Auftritts 2006 in Berlin-Tegel zu Gunsten des inhaftierten Landser-Sängers Michael Regener.

Jugendkulturen, sie sind führende Experten für neonazistische Musik, Jahr für Jahr analysieren sie deren Inhalt. Seit Anfang der achtziger Jahre, sagt Raabe, sei rechtsextreme Musik ein wichtiges Propagandamittel für Neonazis. Geprägt wurde sie zunächst von der britischen Band Skrewdriver, deren Sänger Ian Stuart Donaldson sich für die Partei National Front engagierte und das Netzwerk „Blood & Honour" gründete, von ihm stammt der Satz: „Musik ist das ideale Mittel, Jugendlichen den Nationalsozialismus näherzubringen."

Ende der neunziger Jahre erlebte rechtsextreme Musik einen Boom, die millionenschweren Erlöse von Platten, Kleidung und Devotionalien flossen zu einem großen Teil zurück in die Szene. Zuletzt kamen in Deutschland jährlich um die hundert Tonträger auf den Markt. In den Liedtexten stilisieren sich Rechtsextreme als Verfolgte und vermitteln unter Emotionen politische Inhalte. Die NPD will ihre Botschaften mit der so genannten Schulhof-CD unter Jugendliche bringen: Der 2005 von ihr produzierte und mehrfach neu aufgelegte Sampler „Hier kommt der Schrecken aller linken Spießer und Pauker" soll über 200.000 Mal gepresst worden sein. Der Verfassungsschutz geht hierzulande von etwa 150 rechtsextremen Bands aus, viele von ihnen wählen Metaphern des Fußballs. Kategorie C gehört nicht zu diesen 150 Bands, die Gruppe taucht in Verfassungsschutzberichten nicht auf, ihre Musik ist im freien Verkauf erhältlich. Trotzdem stelle die Band laut dem Pädagogen Jan Raabe eine Gefahr dar.

„Da gab's noch echte Deutsche"

Kategorie C wurde 1997 gegründet, mit Blick auf die Fußball-WM 1998 in Frankreich. Zuvor hatten Mitglieder unter anderem bei Rechtsrock-Gruppen wie „Nahkampf" und „Boots Brothers" gespielt. Hannes Ostendorf, Sänger von Kategorie C, hatte seine Sympathien für den SV Werder Bremen im Fanklub „Standarte Bremen" geschärft, der ältesten Hooligangruppe der Stadt. Die Band erhöhte ihre Bekanntheit, ihre Lieder handelten von Schlägereien, Freundschaften, Alkoholexzessen. 1999 beteiligte sie sich an der Liedsammlung „Die Deutschen kommen II", darauf waren ebenfalls zu hören: die Gruppen „Stahlgewitter", „Kraftschlag" oder die 2005 als kriminelle Vereinigung verbotene Band Landser. 2001 trat sie bei einer Feier der rechtsextremen Dortmunder Hooligangruppe Borussenfront um Siegfried Borchardt auf.

Hannes Ostendorf ist der Bruder des rechtsextremen Aktivisten Henrik Ostendorf, der im Dezember 2009 Geschäftsführer des Deutsche Stimme Verlages wurde, in dem das NPD-Parteiorgan „Deutsche Stimme" erscheint. Hannes Ostendorf war auf dem 2006 veröffentlichten Sampler „Zu Gast bei uns" vertreten. In seinem Lied „Deutschland dein Trikot" heißt es unter anderem: „Deutschland dein Trikot. Das ist schwarz und weiß. Doch leider auch die Farbe deiner Spieler. In München, Rom und Bern, da gab's noch echte Deutsche. Solche Jungs und diese Siege hätten wir jetzt gerne wieder. Deutschland ist der Schlachtruf. Für Deutschland stehen wir alle ein. Doch Deutschland ist nicht die BRD." Das Lied wurde auf der Internet-Videoplattform YouTube bis Anfang April 2011 rund 760.000 Mal abgerufen. Die CD, auf der es erschienen ist, wurde bereits 2006 eingezogen wegen „Verdachts der öffentlichen Aufforderung zu Straftaten sowie Gewaltdarstellungen". Im Oktober desselben Jahres trat Ostendorf bei einer von der NPD begleiteten Demonstration vor der Justizvollzugsanstalt in Berlin-Tegel auf, aus Solidarität mit dem damals inhaftierten Landser-Sänger Michael Regener, genannt Lunikoff, nach einer Wodkamarke der DDR.

Kategorie C wehrt sich dagegen, als rechtsextrem bezeichnet zu werden, ihre Mitglieder distanzieren sich von früheren Engagements. Diese Haltung spiegelt sich in ihren Liedern wider, mal direkt, mal indirekt, vorwurfsvoll oder angriffslustig, oder schlicht wie in ihrem Lied „Ha Ho He", in dem es heißt: „Wir scheißen drauf, was andere sagen, wir bleiben, wie wir sind, denn Fußball ist Fußball und Politik bleibt Politik – wo der Bessere gewinnt". Das Verwaltungsgericht Magdeburg entschied im Mai 2010 zu Gunsten von Kategorie C, danach dürfen Verbote ihrer Konzerte nicht mit der Vergangen-

Blut und Schläge: Die Lieder von Kategorie C sind gewaltverherrlichend.

heit der Band oder im Zusammenhang mit Rechtsextremismus begründet werden. Jan Raabe vermutet bei den Musikern von Kategorie C eine Strategie der Verharmlosung aus kommerziellen Gründen: „Der Band geht es nicht um rechtsextreme Unterwanderung und Rekrutierung. Sie möchte erfolgreich sein und setzt deshalb auf die Karte Fußball. Aber ihre extrem rechte Einstellung schimmert bei den Texten immer wieder durch."

Diese Strategie ist teilweise aufgegangen. Ihre CD-Auflagen sind überdurchschnittlich hoch, ihr Lied „Ha Ho He" wurde auf YouTube bis Anfang April 2011 bereits 1,9 Millionen Mal abgerufen. Das „Antifaschistische Infoblatt" untersucht im März 2008 das wachsende Geschäftsfeld, das sich um Kategorie C gebildet hat, und wirft dabei ein Licht auf Timo Schubert, den Vermarkter der Band aus dem niedersächsischen Bovenden. Schubert trommelte als Schlagzeuger unter anderem für die Band „Agitator", deren Liedtexte unter anderem so lauten: „Ich bin mit Leib und Seele Nazi und ich weiß mit Sicherheit: Für mich kann's nix Schöneres geben, ich bleib Nazi für alle Zeit!" Die antifaschistische Zeitschrift „Lotta" schreibt im Juni 2010, dass Schubert sich bis zu jenem Zeitpunkt 13 Marken beim Deutschen Patent- und Markenamt gesichert habe, die sich zumeist an Fans und Hooligans richten.

Diese vertreibt er in seinem Unternehmen „Der Versand". Insgesamt sollen zu dieser Zeit 21 Marken aus dem Umfeld von Kategorie C angemeldet sein. Die Band ist, was Konsum und Wahrnehmung betrifft, in den Mainstream gelangt. Manche Neonazis kritisieren diese Wandlung laut Jan Raabe als Leugnung von Prinzipien. Ihnen seien die Liedtexte zu harmlos, die Tickets zu teuer.

McDonald's statt Musik

Auf Konzerten sieht das anders aus, zum Beispiel in Lambrechtshagen, Mecklenburg. In der Baracke neben dem Festzelt geht es am Nachmittag hektisch zu, Gerüchte kursieren, wonach das Konzert in letzter Minute verboten werden soll. Vor Ort sind Neonazis aus der Region, auch Mitarbeiter der NPD. Sie telefonieren, wollen ihren Einfluss geltend machen, um eine Absage zu verhindern. Hat ihre Motivation einen politischen Hintergrund? Die Konzertbesucher warten am Einlass 200 Meter weiter, sie werden allmählich unruhig. Viele sind gar nicht so weit gekommen, sie mussten umkehren, schon an der nahe gelegenen Bundesstraße 105. Wegen Vorstrafen, wegen des Tragens verfassungsfeindlicher Zeichen, wegen des Verstoßes gegen das Waffengesetz. Polizeistreifen umfahren das Gelände, um zu sehen, ob sich Personen über die Getreidefelder dem Zelt nähern. „Auf Konzertebene ist Kategorie C der Imagewechsel nicht gelungen", sagt Jan Raabe. „Die Band bewirbt ihre Konzerte zwar mit Datum und Region rechtzeitig und offensiv, trotzdem werden diese noch immer konspirativ organisiert, der Veranstaltungsort ist geheim, es gibt Schleusungspunkte oder Shuttle-Dienste. Dadurch wird die Besucherzahl limitiert." Jugendliche Fußballfans fühlen sich oft abgeschreckt von einer kurzfristigen Ortsangabe, einem Infotelefon und einer Anreise, die begleitet wird von Polizeihundertschaften und Gegen-Demonstrationen. Ähnlich werden Konzerte von bekennenden rechtextremen Bands organisiert, auch sie sind abhängig von Kameradschaftsstrukturen.

Gegen 20 Uhr ist das Konzertverbot in Lambrechtshagen Gewissheit. Die Polizei teilt den Besuchern über Lautsprecher mit, dass ihnen ein Platzverbot auferlegt wurde. Das Verwaltungsgericht Schwerin hatte zwei Eilentscheidungen zugestellt: Laut Richter Uwe Schmidt sei die Veranstaltung von einer „großen Anzahl gewaltbereiter Störer" aufgesucht worden. 61 einschlägig bekannte Personen wurden festgestellt. Uwe Schmidt befürchtete eine „erhebliche Gefahr für die öffentliche Ordnung und Sicherheit", Ausschreitungen seien „nur durch eine hohe Polizeipräsenz verhindert" worden. In einer Pressemitteilung wird Lorenz Caffier, CDU-Innenminister Mecklenburg-Vorpommerns, am Tag danach verkünden: „Wer den Rechtsfrieden in unserem Land stört, kann nicht mit der Nachsicht des Staates rechnen. Sollten Konzertveranstaltungen nur als Deckmantel dienen, um Zusammenrottungen von extremistischen Kräften zu legitimieren, ist die Landespolizei gesetzlich verpflichtet, konsequent einzuschreiten und diese Veranstaltungen zu unterbinden."

Eine Band, ein Politikum: Proteste begleiten die Konzerte von Kategorie C, die oft von Rechtsextremen organisiert werden.

Rund 800 Tonträger hat die Bundesprüfstelle für jugendgefährdende Medien (BPjM) indiziert, diese Tonträger dürfen nicht beworben und verkauft werden. Die in Bonn sitzende Behörde, die dem Bundesfamilienministerium angegliedert ist, prüft nur auf Antrag. Alben von Kategorie C wurden bislang nicht indiziert. Es scheint im Föderalismus vom politischen Willen und der Durchsetzungskraft einer Landesregierung abhängig zu sein, ob Demonstrationen in einem Konzertverbot gipfeln.

Mehrfach ruft die Polizei die Besucher in Lambrechtshagen auf, das Gelände zu verlassen. Angetrunkene Gäste brüllen ihren Frust heraus, schimpfen gegen den Staat, gegen die Antifa, gegen das „System BRD", zu einer Eskalation kommt es nicht. In weniger als 30 Minuten hat sich die Menge aufgelöst, viele fahren zum nahe gelegenen McDonald's an der Bundesstraße 105, Polizeikräfte folgen ihnen und bitten unbeteiligte Gäste, das Restaurant nicht zu betreten. Die Band Kategorie C und die Organisatoren bleiben erst einmal zurück. Der Sänger Hannes Ostendorf wirkt gelassen, ihm scheint es egal zu sein, dass ihm ein Journalist in diesem Moment Fragen stellt und die Entwicklung aus der Nähe beobachtet. „Da kannst du mal sehen, wie hier mit uns umgegangen wird", sagt er mit ruhiger Stimme, die Hände in die Hüften gestemmt. „Hier ist nichts passiert, gar nichts, und trotzdem dürfen wir nicht spielen."

Hannes Ostendorf, massige Statur, geschorene Haare, raue Stimme, braucht nicht viele Fragen, um ausführliche Antworten zu geben. Er wiederholt, was er dutzende Male gesagt hat: „Wir haben auf keinem Konzert politische Lieder gespielt. Zu uns kommen Jugendliche, die feiern wollen. Es gibt keine Ausschreitungen, alles läuft friedlich ab." Er spricht von Felsbrocken, die seiner Band in den Weg gelegt würden, von Kommunen, Ordnungsamt, Antifa. „Auf Leute, die uns vor Ort helfen, wird großer Druck ausgeübt, es wird teilweise mit Enteignung gedroht. So werden wir kriminalisiert und gezwungen, wieder in den Untergrund zu gehen." Hannes Ostendorf erneuert seine Kritik in einer Videobotschaft für YouTube, die bis Mitte März 2011 rund 25.000 Mal abgerufen wird. Er sitzt dort auf einer Wiese, trägt ein blaues T-Shirt der Marke „Erik and Sons", beliebt bei Rechtsextremen, und sagt: „Der Staat lässt da nicht locker, vielleicht auch jetzt, weil Wahlen sind." Und: „Wenn natürlich dann ein Fan, der vielleicht drei oder vier Bier getrunken hat, dann noch mal ausfallend wird und vielleicht die Polizei beschimpft, zu Unrecht oder zu Recht, das lassen wir mal hingestellt, und dann mit einer massiven Gewalt dagegen vorgegangen wird: mit fünf Polizisten auf einzelne Menschen drauf einschlagen, da kann man sich wirklich nur wundern, ob wir hier nicht der falsche Gegner sind. Weil am 1. Mai waren wir nicht in Berlin und haben die Polizisten verprügelt, sondern das waren ganz andere. Die durften aber friedlich in Rostock demonstrieren gegen dieses Konzert." Ostendorf, angeblich ganz unpolitisch, spricht über Politik. Ostendorf, der sich gegen Stigmatisierung wehrt, verurteilt linksalternative Demonstranten pauschal als Prügelknaben gegen die Polizei. Am Ende kündigt er mit anschwellender Stimme einen Ersatztermin an: „Wir lassen uns nicht verbieten."

Was bringen Verbote?

In Lambrechtshagen wird das Festzelt abgebaut, zwei Polizisten gehen über das Gelände, machen sich davon ein Bild. „Ihr seid die Ersten, die aufgeknöpft werden, wenn wir an der Macht sind", sagt ein Neonazi aus Sachsen, nicht laut, aber hörbar. Einer der Polizisten dreht sich um und entgegnet: „Wegen solcher Äußerungen findet hier heute kein Konzert statt." Sie gehen weiter. Verbot oder Duldung? Wie muss man mit Kategorie C umgehen? Der Pädagoge Jan Raabe: „Rechte Erlebniswelten zu verbieten, sind hilflose Versuche und zum Scheitern verurteilt. Es ist richtig, gegen Kategorie C zu demonstrieren, es ist wichtig, ihre Herkunft und ihr Umfeld zu thematisieren. Fußballfans müssen sich darüber klar sein, mit wem sie es zu tun haben."

Raabe leitet Fortbildungen für Lehrer, Betreuer, Beamten oder Polizisten. Es geht ihm um die Auseinandersetzung mit Inhalten, am Beispiel des Liedes „Deutschland dein Trikot" kann er Schülern zeigen, dass Kategorie C Mitglieder der Gesellschaft aus der Wertegemeinschaft ausgrenzt. Raabe setzt die

Lukrative Marke: Was den Verkauf von Tonträgern und Fanartikeln betrifft, ist Kategorie C im Mainstream angelangt.

Liedzeilen „Deutschland dein Trikot. Das ist schwarz und weiß. Doch leider auch die Farbe deiner Spieler" in Verbindung zur multikulturellen Nationalmannschaft, die während der WM 2010 begeistert hat. Jan Raabe: „Die Art, mit der Kategorie C in ihren Liedern eine Gesellschaft konstruiert, ist gefährlich für die Gesellschaft. Ihre Texte sind geprägt von Kampf, Gewalt und Durchsetzung. Die Stärkeren setzen sich durch, die Schwachen bleiben zurück, so funktioniert eine demokratische Gesellschaft nicht. Wer die Wolfsgesellschaft zur Leitkultur erhebt, fördert rechtsextreme Einstellungen – auch ohne Hitlergruß."

Im März 2011 wirbt Hannes Ostendorf auf seiner Internetseite für die neue CD der Band, Titel: „Deutsche Jungs". Darauf heißt es unter anderem: „Wir sind alles deutsche Jungs, und wer uns schlagen will, der soll ruhig kommen. Euer Alptraum, der wird wahr: die Deutschen sind wieder da!" Gemeint ist der Fußball, doch die Zeilen lassen viele Interpretationen zu.

Das Konzert-Verbot in Lambrechtshagen mobilisiert die Neonazi-Szene, am 1. Juni 2009 kommentiert das Internetportal „Altermedia": „Ungeachtet dessen dürften Repressivmaßnahmen dieser Art eher das Gegenteil von dem bewirken, was ihre Urheber damit eigentlich bezwecken. Wenn sie etwas

Einstiegsdroge: Der Verfassungsschutz geht in Deutschland von 150 rechtsextremen Bands aus. Sie veröffentlichen pro Jahr rund 100 Tonträger.

Quelle: Boff-Archiv

damit bewirken, dann allenfalls, dass bei politisch noch ungefestigten jungen Leuten latent vorhandene Antipathien gegen den Staat in wirkliche Ablehnung umschlagen."

Auch moderate Kräfte melden sich zu Wort, in einem am 8. Juni 2009 veröffentlichten Leserbrief an das Infoportal „MVregio" schreibt Sven Rau aus Tutow, im Osten Vorpommerns gelegen: „Ich gehöre weder dem rechten noch linken Spektrum an. Mit meinem Alter von 29 Jahren habe ich sowas noch nie erlebt. Anscheinend wird versucht Wählerstimmen zu fangen und sich als großer Held darzustellen. Wäre in diesem Jahr kein Wahljahr angesagt, hätte es wohl niemanden gestört. Dieses Verhalten hat mich jetzt nur bestrebt sich für die BAND einzusetzen und auch eine Veranstaltung mit KC zu planen."

Rau hält Wort. Am 18. Juli 2009 treten Kategorie C auf einem Acker in Siebeneichen auf, Landkreis Demmin, vor 150 Gästen. Der Veranstalter Sven Rau sagt der Regionalzeitung „Nordkurier", dass er der Band eine Chance geben wollte, „zu zeigen, dass sie nicht rechtsextrem ist und nicht zur Gewalt aufruft". Rau sei zufällig auf diesen Musikgeschmack gekommen, sagt er. Mit Fußball kennt er sich aus, er hat zu diesem Zeitpunkt viel zu tun: als Schiedsrichter, Vorsitzender des Sportvereins Blau-Weiß Tutow und als Mitglied der Kreissportjugend Demmin.

Verschlüsselte Lebenswelt

Kleidermarken, Symbole und Codierungen von Rechtsextremen wandeln sich ständig. Ihr Lifestyle dient als Erkennungszeichen und soll Gruppenidentität stiften. Der Fußball wird dabei systematisch als Marketing- und Geschäftsfeld erschlossen, meist mit Hilfe von gewaltverherrlichenden Motiven und dumpfen Parolen.

Rote Flaggen, darauf jeweils ein weißer Kreis, groß und sichtbar, auch für Zuschauer auf der Gegentribüne. Mit dieser Botschaft machten Chemnitzer Fans am 1. April 2006 ein durchschnittliches Spiel der Regionalliga Nord zu einem bemerkenswerten Spiel. Die Gruppe zeigte im Stadion des FC St. Pauli die Fahne des NS-Regimes, verzichtete aber auf das Hakenkreuz im weißen Kreis, das amtliche Symbol des Nationalsozialismus. Auch in veränderter Form ist die Darstellung des Hakenkreuzes hierzulande verboten. Neonazis behelfen sich mit Retuschierung oder der Verwendung anderer Symbole anstelle des Hakenkreuzes. Die Chemnitzer Fans erzeugten einen Wiedererkennungswert, wurden bundesweit bekannt – eine solche Selbststilisierung war in deutschen Stadien noch nicht dokumentiert worden.

„Codes sind mehr als Erkennungsmerkmale für Gleichgesinnte. Sie vermitteln ein Gruppengefühl und transportieren eine politische Botschaft", sagt Michael Weiss. „Diese Identitätsherstellung funktioniert auch mit harmloser Symbolik und ohne brachiale Motive." Weiss ist Bildungsreferent des Apabiz, des Antifaschistischen Pressearchivs und Bildungszentrums in Berlin-Kreuzberg. Das 1994 gegründete Archiv mit seinen zehn Mitarbeitern hat den bundesweit größten Bestand rechtsextremer Primärliteratur, es ist ein wichtiger Anlaufpunkt für antifaschistische Initiativen, Wissenschaftler, Pädagogen, Studierende und Journalisten. Seit Mitte der neunziger Jahre forscht Michael Weiss, geboren 1966, zu rechten Jugendkulturen, seit Anfang des Jahrtausends mit Schwerpunkt auf deren Lifestyle, Codes, Symbolen. Mehr als 150 dieser Versatzstücke werden seit 2001 in der Broschüre „Versteckspiel" entschlüsselt und erklärt, die zwölfte Auflage erschien Anfang 2011. Die hohe Dynamik erfordere auch auf der Internetseite www.dasversteckspiel.de regelmäßige Aktualisierungen, sagt Michael Weiss: „Der erste Schritt zur Bekämpfung ist das Erkennen der Protagonisten. Das gilt auch für Innenraum und Umfeld des Stadions, denn der Fußball wird von der extremen Rechten systematisch als Marketing- und Geschäftsfeld erschlossen."

Rechtsextreme Codes existieren seit der NS-Zeit, seit Funker sich mit der Zahl 88 begrüßt und verabschiedet haben. Die steht für „Heil Hitler", denn der achte Buchstabe im Alphabet ist das „H". Ein deutlicher Anstieg rechter Symbole war Anfang der neunziger Jahre zu beobachten, seit eine verschärfte Gesetzeslage den Druck auf Neonazis erhöht hatte. Trotzdem verherrlichen noch immer viele Symbole offen den Nationalsozialismus. Weil das öffentliche Zeigen von Erkennungszeichen nationalsozialistischer Organisationen in Deutschland verboten ist, werden solche Symbole oft verfremdet dargestellt. Vielfach dargestellte Motive: der Reichsadler; das Eiserne Kreuz (bekanntester Orden im Dritten Reich); die schwarz-weiß-rote Reichskriegsfahne; der Landser (umgangssprachliche Bezeichnung für den Infanteristen im Zweiten Weltkrieg) oder die Triskele, die einem dreiarmigen Hakenkreuz ähnelt. Oft kokettieren Symbole auch mit der Vergangenheit von NS-Organisationen wie der Schutzstaffel SS, der Sturmabteilung SA, der Hitler-Jugend HJ. Solche Motive werden zumindest in den Bundesligastadien kaum noch gesichtet, da sich Vereine und Sicherheitsordner darauf eingestellt haben. Das gilt auch für Anlehnungen an rechtsextreme Organisationen wie Blood & Honour, Combat 18, Hammerskins oder der in den USA gegründeten Bewegung Ku Klux Klan.

Von den 150 verschlüsselten oder offen rechtsextremen Symbolen, Kleidermarken oder Musikbands, die das Apabiz in der Broschüre „Versteckspiel" beleuchtet, sind ein knappes Dutzend verboten, nach Paragraph 86a des Strafgesetzbuches, in dem es um das Verwenden von Kennzeichen verfassungswidriger Organisationen geht. Bei 20 Fällen ist die Rechtslage undurchsichtig. „Vereine sollten sich intensiv mit Symbolen auseinandersetzen", sagt Michael Weiss. „Die Inhalte der Symbole und die damit verbundenen Wertvorstellungen sind von großer Bedeutung." Nicht immer verfügen die Jugendlichen über ein geschlossenes Weltbild, nicht immer wollen sie mit Codes und Kleidermarken eine politische Botschaft senden. Michael Weiss: „Der Lifestyle drückt oft ein Lebensgefühl aus. Dieses Gefühl kann sich in Selbstaufwertung und in der Diskriminierung von anderen erschöpfen. Dieses Gefühl jedoch als vollkommen unpolitisch zu bezeichnen, wäre ein Fehler. Auch Stadien sind nie unpolitische Räume."

Botschaft auf den zweiten Blick: Chemnitzer Fans zeigen 2006 im Stadion des FC St. Pauli Haken- kreuzfahnen ohne Hakenkreuz.

Zwischen Thor und Odin

Einen größeren Interpretationsspielraum als Symbole mit NS-Bezug bieten Elemente des germanischen Heidentums und der nordischen Mythologie. Für völkisch orientierte Rechtsextreme gehören solche Motive zur Identitäts- stiftung. „Rechtsextreme konstruieren eine historische Kontinuitätslinie des arischen, völkischen Kämpfers", berichtet Weiss. „Diese romantische Selbst- erhöhung spiegelt eine Sehnsucht nach Antimoderne wider. Mit religiösen Bekenntnissen hat das wenig zu tun." Helden und Mythen werden wahllos für Symbole, Marken, Musikbands genutzt. Immer wieder zu beobachten sind Motive mit Bezug auf Göttervater Odin, den Mythos Walhalla, die Wikinger, die altnordischen Runen, den Donnergott Thor. Rechtsextreme bezeichnen Thor als reinigende Kraft, der Thorshammer gehört zu ihren beliebtesten Symbolen. Doch auch in anderen Jugendkulturen ist der Thorshammer ver- breitet, zum Beispiel als Halsketten-Anhänger in der Heavy-Metal-Szene.

Ist es Zufall, dass die Bekleidungsmarke Thor Steinar sich in vielen Motiven und Logos an der germanischen und nordischen Mythologie orientiert? Für die Vereine Hertha BSC, Werder Bremen, Borussia Dortmund, Dynamo Dresden oder den FC St. Pauli anscheinend nicht – sie haben das Tragen von Thor-Steinar-Kleidung in ihren Stadien verboten. „Wir haben uns intensiv damit auseinandergesetzt, wie wir Rechtsextreme erkennen können", sagt Till Schüssler aus der Fan- und Mitgliederbetreuung des SV Werder Bremen. Auch zwei Sicherheitsordner, die mit Kleidung der Marke Thor Steinar gesehen worden waren, wurden laut Schüssler nicht mehr im Weserstadion eingesetzt. Ausgelöst worden war die Debatte durch einen Überfall im Januar 2007: 30 Hooligans und Neonazis hatten eine Feier von antirassistischen Bremer Ultras im Ostkurvensaal der Arena gestürmt.

Die 2002 registrierte Marke Thor Steinar gehört zur Mediatex GmbH im brandenburgischen Mittenwalde und erzielt Millionenumsätze. Zeitweilig hatte das Unternehmen um die 80 Marken angemeldet. Der Verfassungsschutz Brandenburg bezeichnete Thor Steinar als Erkennungszeichen in der Szene, sah in ihr aber keine pauschale Neonazi-Kleidung. Im Logo der Marke, einer Kombination von Runen, die an Symbole des Nationalsozialismus erinnert haben sollen, sahen Staatsanwaltschaften einen Straftatbestand. Daraufhin entwarf Thor Steinar ein neues Logo, das bis heute genutzt wird. Ein Sprecher des Unternehmens bat nach einem Hintergrundgespräch, nicht in diesem Buch zitiert zu werden. Mediatex unterstützte einen Kläger bis vor das Bundesverfassungsgericht: Ein Familienvater hatte im Mai 2007 im Berliner Olympiastadion ein T-Shirt von Thor Steinar ausziehen müssen. Er sieht darin ein Grundrecht verletzt. Das endgültige Urteil stand im April 2011 aus. Thor Steinar bleibt Mittelpunkt vieler Diskussionen. Insbesondere die Recherchegruppe „Investigate Thor Steinar" setzt sich kritisch mit der Marke auseinander. Die Jusos in Mecklenburg-Vorpommern parodieren die Firma mit einem eigenen Modelabel: „Storch Heinar". Die Erlöse fließen an das Internetportal „Endstation Rechts".

„Neonazis nehmen Kleidermarken gern in ihren Lifestyle auf, wenn sie ihre Inhalte in diese hineininterpretieren können", sagt Michael Weiss vom Apabiz. „Oder wenn das Image der Marken zu ihrer Lebenswelt zu passen scheint." Motive künden von Aggression, Stärke, Opferbereitschaft, Verfolgung. Früher waren die martialisch aussehenden Bomberjacken unter Rechtsextremen beliebt, inzwischen sind es Marken wie Pitbull, Alpha-Industries, Troublemaker oder Masterrace Europe. Die Marken Fred Perry, benannt nach einem englischen Tennisspieler aus einfachen Verhältnissen; Lonsdale, in deren Mitte sich NSDA verbirgt; oder New Balance distanzieren sich ausdrücklich von der Vereinnahmung durch Neonazis – beliebt sind sie in der Szene trotzdem. Das Deutsche Patent- und Markenamt prüft jede Anmeldung, der Marke Consdaple verweigerte es wegen der Buchstabenfolge NSDAP die Schutzwürdigkeit. Michael Weiss schätzt die Zahl der Modemarken in Deutschland, die Rechtsextremen zugeordnet werden können, auf mehr als 200. Sie sind in unteren Fußballligen zu beobachten – oder bei Zusammenkünften von Bundesliga-Fans außerhalb der modernen Arenen.

Die Anzahl der Versandhäuser, die sich an ein rechtes Fußballpublikum richten, beziffert Weiss in Deutschland auf

Numerischer Hitlergruß? Die 88 ist der bekannteste rechtsextreme Code, der achte Buchstabe im Alphabet ist das H.

etwa ein Dutzend. Ihre Motive und Slogans sind martialisch und gewaltverherrlichend, Begriffe wie „Letzter Kick", „Dritte Halbzeit", „Adrenalin", „Sport frei", „Vollkontakt", „kontaktfreudig" und „erlebnisorientiert" wurden seit der WM 2006 häufiger aufgegriffen und finden in anderen Szenen Anklang. Michael Weiss: „Die extreme Rechte zerfasert sich immer mehr in eine Mischszene aus Hooligans, Straßenschlägern und Rockern." Die Grenzen sind in den Stadien und in deren Umfeld fließend. Einige Versande nutzen das Geschäftsfeld Fußball auch, um sich unpolitisch zu geben – sie hoffen auf kommerziellen Erfolg. Das macht die Erkennung für Initiativen wie das Apabiz schwerer.

Sarkasmus in Zahlen

Noch schwerer wird die Erkennung für Außenstehende bei Szenecodes und Zahlenkombinationen. Die Broschüre „Versteckspiel" markiert die Anfänge dieser „Verschlüsselungstechnik" in den Anfängen der achtziger Jahre, als die Rockergruppe Hell's Angels in Hamburg nach einem Vereinsverbot als „81er" auftraten. Immer wieder verdecken Zahlencodes strafrechtlich relevante Begriffe, Formeln, Organisationszeichen. Vor diesem Hintergrund sind „88" oder „18" als Synonym für Adolf Hitler weitgehend bekannt. Bei der Zahl „28", die für das 2000 verbotene Netzwerk Blood & Honour steht, nimmt die Bekanntheit schon ab. Aber wie verhält es sich mit dem Code 168:1? Kaum einem ehrenamtlichen Fußballvertreter dürfte bewusst sein, dass sich dahinter der Sprengstoffanschlag im US-amerikanischen Oklahoma verbirgt: Am 19. April 1995 waren dort 168 Menschen ums Leben gekommen, der rechtsextreme Attentäter Timothy McVeigh wurde zum Tode verurteilt und am 11. Juni 2001 durch eine Giftspritze hingerichtet. Die Kombination 168:1 stellt in sarkastischer Weise das Verhältnis von Opfern zu Täter da – als handele es sich um ein Sportergebnis.

Ebenfalls verbreitet: die Kombination von Zahlencodes. So hielten Fans aus Aue am 11. April 2004 in Mainz einmal die Ziffern 1488 hoch. Die 88 ist bekannt, mit der 14 ist die Phrase des amerikanischen Rechtsterroristen David Eden Lane gemeint, die aus 14 Worten besteht: „We must secure the existence of our people and a future for white children". Zu deutsch: „Wir müssen die Existenz unseres Volkes und weißen Kindern eine Zukunft sichern." Die 192 wiederum steht für die Buchstaben AIB: „Adolf is back", „Adolf ist zurück".

Auch werden Buchstabenkürzel genutzt: In den siebziger Jahren entstand unter Fußballfans „ACAB", was für „All Cops are Bastards" steht, zu Deutsch: „Alle Bullen sind Schweine". Das Kürzel wurde vielfach übernommen, auch von Rechtsextremen. Weniger bekannt sind „WAR" oder „ZOG". WAR steht für „White Aryan Resistance" („Weißer Arischer Widerstand"). ZOG fasst „Zionist Occupied Government" zusammen: „Zionistisch besetzte Regierung". Michael Weiss betont die Modernisierung des Erscheinungsbildes: „Die extreme Rechte eignet sich Modefragmente anderer Szenen an und interpretiert diese neu. Die brachiale Ästhetik weicht einem modisch-athletischen Bild." Dazu gehört eine Übernahme vermeintlich linker Symbole, des Palästinensertuchs oder des Konterfeis von Che Guevara. „Die Szene will sich eine sozialrevolutionäre Stellung verschaffen und bringt zum Teil absurde Argumente in einen völkischen Kontext. Selbst der Irokese ist kein Tabu." Damit wird der Wandel der extremen Rechten äußerlich dokumentiert, in der Hierarchie und Uniformität an Bedeutung verlieren, gerade bei den Autonomen Nationalisten.

Michael Weiss hat 2007 vor Managern, Sicherheitskräften, Fan-Beauftragten in der Zentrale der Deutschen Fußball-Liga in Frankfurt einen Vortrag gehalten. Er hat mit Sozialarbeitern aus Fanprojekten gesprochen. Hat ihnen empfohlen, was er auf Konferenzen Lehrern, Pädagogen, Erziehern empfohlen hatte: das frühe Hinsehen, die rechtzeitige Analyse. „Bevor

Versteckspiel auf der Tribüne: 2004 verknüpfen Fans aus Aue in Mainz zwei Zahlencodes und werden in der Szene gefeiert.

Jugendliche gefestigt als Rechtsextreme auftreten, ist Monate zuvor eine Veränderung ihres Lifestyles zu beobachten. Eine Früherkennung erleichtert das Gegensteuern." Doch auch bei der Beobachtung der Jugendkulturen sollte differenziert werden. „Ein Fan, der einen Thorshammer trägt, muss nicht automatisch der extremen Rechten angehören. Wenn aber zum Thorshammer vier oder fünf uneindeutige Merkmale hinzukommen, ergibt sich ein eindeutiges Bild." Ein geschlossener Lifestyle.

Je umfassender das Wissen über Symboliken und Einstellungsmuster ist, desto flexibler kann gegen diesen Lifestyle argumentiert werden. Dabei können Symbole und Codes regional, von Stadtteil zu Stadtteil eine andere Bedeutung haben. Ebenso wichtig sind Kenntnisse über die Betroffenen. Ein Mitläufer, der sich seiner Stellung in der Hierarchie vergewissern will, müsse anders bewertet werden als der gefestigte Neonazi, der selbstbewusst sein Revier absteckt, sagt Weiss: „Ein Verbot von Kleidermarken ist kein Allheilmittel. Ein Verbot kann zur Solidarisierung von Leuten führen, die diese Marken ohne Hintergrund tragen." Daher sollte jedes Verbot im Fanprojekt oder in der Vereinskneipe ausreichend begründet werden. Auf der anderen Seite sehen einige Klubs bewusst von Verboten ab, um Rechte im Stadion erkennen und isolieren zu können.

Das Apabiz bietet in Vorträgen und Seminaren Aufklärungsarbeit an, eine begleitende Ausstellung setzt sich kreativ mit Symbolen auseinander. Michael Weiss wird weiter auf rechtsextremen Demonstrationen recherchieren und im Internet in Sozialen Netzwerken Ausschau halten. Er hatte geglaubt, dass

alle Felder erschlossen seien, doch immer wieder wird er von neuen Szenecodes und Zahlenkombinationen überrascht: „Es gibt die 88 in allen mögli-
chen Schreibweisen. Vielleicht wird es sie bald in chinesischen Schriftzeichen
geben. Auch dafür würden sich Abnehmer finden."

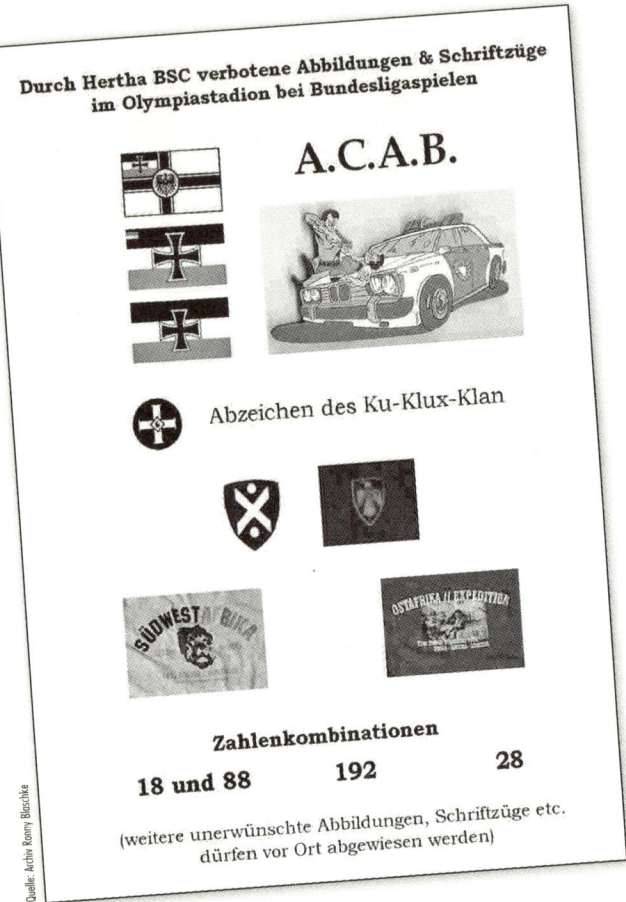

Das ABC der Codierungen: Hertha BSC informiert seine Ordner
im Olympiastadion mit einem Handzettel.

Bilder vom rechten Rand

Comics bedienen Stereotype und pflegen Feindbilder auf einprägsame Art – auch in Fußball-Fanzines.

Verzerrte Gesichter, grimmige Blicke, Fäuste und Stiefel, die gegen Köpfe und Polizeihelme treten, der Schlachtruf „Ho..Ho..Hooligan", am Ende der Dialog zwischen zwei Verwundeten: „Das Spiel war ja ganz nett...", „...aber die Stimmung war ein bischen (sic) schlapp!", rechts daneben die White-Power-Faust, ein von vielen Neonazis genutztes Erkennungssymbol. Frank Palandt hat diesen Comic im Fanzine „Die Klolektüre" gefunden, erschienen in der zweiten Ausgabe 1998. „Martialische Szenen mit rechter Symbolik können sich im Gedächtnis einprägen", sagt Palandt. Der Kommunikationswissenschaftler aus München erforscht die Comic-Kultur seit Mitte der achtziger Jahre, er hat Festivals, Seminare, Ausstellungen organisiert. „Comics findet man in allen rechtsextremen Printmedien: auf Flugblättern, in Zeitungen oder in CD-Booklets."

Motive spielen auch auf den Fußball an. Im Internet-Auktionshaus Ebay ist man wenige Klicks von einschlägigen Motiven entfernt, die sich an den Nationalsozialismus anlehnen: zum Beispiel den Aufnäher eines Fans von Borussia Mönchengladbach, darauf zu sehen ein Reichsadler, mit der Zeile: „Unsere Ehre heisst Treue." Das Eiserne Kreuz oder Teile der Reichskriegsflagge finden sich in anderen Motiven. Wie beim Rechtsrock, sagt Ralf Palandt, tritt die Gesinnung in solchen Bildern mehr oder weniger offen zu Tage, allerdings kommen ihm Comics in der öffentlichen Debatte zu kurz. So löse die Verbreitung der sogenannten Schulhof-CD der NPD stets ein breites Medienecho aus, der Comic im Begleitheft fände kaum Erwähnung: „Im medialen Überangebot werden Comics unterschätzt. Sie wirken in die Gesellschaft hinein und spiegeln die Gesellschaft. Bei der Lektüre sehen, hören, fühlen und riechen wir mit den Protagonisten. Diese Vermittlung entsteht unmittelbarer als bei abstrakten Texten." Auch durch das Freund-Feind-Schema des Fußballs lassen sich visuell Stereotype bedienen. Palandt: „Wenn Rechtsrock die Einstiegsdroge in rechtsextremes Gedankengut ist, dann wird dieses Gedankengut durch rechte Comics erheblich bestärkt."

Zeichner und Autoren bedienen sich bekannter Zeichentrick-Schöpfungen, zum Beispiel Disney-Figuren, Asterix oder Bart Simpson. Aus Superman beispielsweise wird Superskin. Ausführlich beschreibt Palandt dies in einem Aufsatz für das „Comic! Jahrbuch 2009", Titel seines Textes: „Braune Comics?! Bilder vom rechten Rand der Gesellschaft". Darin vermutet er als stilistischen Wegbereiter das Magazin „Gäck", das von der 1952 gegründeten Wiking-Jugend herausgegeben worden war. Die älteste rechtsextreme Jugendorganisation betreute Jugendliche nach dem Vorbild der Hitler-Jugend und wurde 1994 von Bundesinnenminister Manfred Kanther (CDU) verboten. Jahre später ließ die NPD in ihrer Zeitung „Deutsche Stimme" die fiktive Figur Willy Widerstand gegen den Staat wettern.

Nicht immer werden politische Ziele klar markiert, Comics in Fußball-Fanzines künden von Gewaltverherrlichung, Chauvinismus, Homophobie. „Anhand von Stereotypen werden Feindbilder aufgebaut, die Hass schüren und zu Gewalt aufrufen", erzählt Ralf Palandt. Die Feindbilder sind dieselben: linke Opposition, Kommunisten, Autonome, Antifaschisten. Vorurteile werden ins Extreme überzogen. Juden sind mit Davidstern gekennzeichnet, Punks werden als betrunkene, bettelnde Prügelknaben mit langen Haaren und zerrissener Kleidung dargestellt. Vergleichbare Motive hat Palandt auf Stickern und Aufnähern entdeckt, die vor Fußballstadien an mobilen Ständen verkauft wurden, zum Beispiel Schwarzafrikaner, die von herrischen Anhängern des Lieblingsvereins bestraft werden.

Auf der anderen Seite nutzen Aktivisten Comics, um rechte Einstellungsmuster zu entlarven. Schlagzeilen machte die antifaschistische Gruppe 5 aus Marburg, die während der WM 2010 mit ihrer Bildergeschichte „Mandi" auf die fließenden Grenzen zwischen Party-Patriotismus, Sexismus und Nationalismus aufmerksam machen wollte: Die Figuren Mandi und Büsra müssen sich darin vor beleidigenden Fans rechtfertigen, warum sie nicht in Schwarz-Rot-Gold gekleidet sind. Als sie die Fanmeile verlassen, wird ihnen hinterhergerufen: „Seid wohl Spaghettifresser!" Und: „Frauen haben beim Fussball eh nix verloren." Pädagogen regen die Verwendung von Comics auch im Schulunterricht an, sagt Ralf Palandt. Mit Motiven des Fußballs umso mehr.

Quelle: Die Kolektive, Ausgabe 2, 1998

Unterwanderung 2.0

Fans nutzen das Internet zum Informationsaustausch, zur Selbstdarstellung oder zur Abgrenzung von anderen Gruppen. Die offenen Strukturen der Foren und die Anonymität der Nutzer begünstigen den Einfluss von Rechtsextremen. Vereine und Fanprojekte sind darauf nicht ausreichend vorbereitet.

Franciska Wölki-Schumacher und ihre Kollegen mussten nicht lange suchen, bis sie im Netz der unbegrenzten Möglichkeiten rassistische und gewaltverherrlichende Botschaften fanden. Im Februar 2003 hatte ein Team von Sportwissenschaftlern der Universität Hannover von der Deutschen Fußball-Liga und dem Deutschen Fußball-Bund den Auftrag erhalten, Internetseiten von Fußballfans zu sichten und auszuwerten. Im Dezember 2003 stellten sie ihre Ergebnisse vor: Von den 339 untersuchten Fanseiten, deren Anhänger zu Klubs der ersten drei Ligen gehören, hatten 126 Seiten latent rassistische Inhalte. 139 Seiten waren latent sexistisch, 88 Seiten latent gewaltverherrlichend. 36 Seiten enthielten stark rassistische oder rechtsextreme Tendenzen, also elf Prozent aller analysierten Seiten.

„Die größte Gefahr geht von den offenen Strukturen der Seiten aus, von Foren und Gästebüchern", schildert Franciska Wölki-Schumacher in einem schriftlichen Interview. „Diese Strukturen können unterwandert werden, so kommt es zur unkontrollierten Verbreitung von problematischen Inhalten." In der Prävention stellt das Internet den Fußball vor eine seiner größten Herausforderungen.

Die Studie des Hannoveraner Teams ist die tiefgründigste Forschungsarbeit zum Thema. Angesichts des rasenden Wachstums des Internets sind ihre Zahlen veraltet, doch ihre Kernaussage bleibt aktuell: Das Internet ist eines der wichtigsten Verbreitungsmedien – auch für Rechtsextreme. Auf keinem anderen Weg erreichen sie so schnell so viele Jugendliche. Das verdeutlicht die Langzeitstudie des Medienpädagogischen Forschungsverbunds Südwest: 1998 hatten 35 Prozent der rund tausend befragten 12- bis 19-Jährigen in Deutschland angegeben, einen eigenen Computer zu besitzen, 2010

Versteckte Botschaft? Das Logo der Frankfurter Hooligangruppe Adlerfront erinnert an das Logo der Nationalistischen Front.

Adlerfront Frankfurt/M.
since 1982

Quelle: Screenshot Internet

waren es 79 Prozent. Neun von zehn Jugendlichen nutzen das Internet regelmäßig, 63 Prozent täglich. Sie haben theoretisch Zugang zu den 1.872 rechtsextremen Webseiten, die der Verfassungsschutz bis August 2010 dokumentiert hat; dazu gehören Seiten der NPD oder von Kameradschaften. Viele dieser Seiten werden von Anbietern in Amerika bereitgestellt, um einer Strafverfolgung aus dem Weg zu gehen. Nicht berücksichtigt sind Inhalte in sozialen Netzwerken wie Facebook oder auf der Videoplattform YouTube. „Eine genaue Analyse aller Inhalte ist unmöglich, das Internet wächst zu schnell", sagt Sebastian Binder, Mitarbeiter der Friedrich-Ebert-Stiftung in München, der Rechtsextremismus im Netz untersucht. Auf YouTube wird in jeder Minute Material von mehr als 20 Stunden hochgeladen.

Das Internet hat die Fankultur auf eine neue Entwicklungsstufe gehoben, wie die Sportwissenschaftler Jürgen Schwier und Oliver Fritsch in ihrem 2003 erschienenen Buch „Fußball, Fans und das Internet" skizzieren: Neben dem schnellen Informationsaustausch, der Organisation und der Vernetzung mit anderen Szenen, auch außerhalb Deutschlands, biete das Netz virtuelle Bühnen zur Selbstdarstellung und zur Auseinandersetzung mit dem Geschäft Fußball. Für viele Fans sei das Internet ein „Motor für Wandlungstendenzen der Fankultur". Zugleich diene es Gruppen, um sich von anderen abzugrenzen. Sie tragen ihre Rivalität laut Franciska Wölki-Schumacher aus den Stadien ins Netz: „Um die Gegner zu provozieren, abzuwerten und die eigene Gruppe aufzuwerten, nutzen einige Fans sexistische, rassistische und gewaltverherrlichende Parolen als stilistisches Element – in Form von Sprüchen, Bildern, Videos, Musik oder Links zu anderen Webseiten." In „virtuellen Kontakthöfen" wie Foren oder Chaträumen kann sich jeder Benutzer unter

Bühne Internet: Fans des 1. FC Kaiserslautern präsentieren sich im sozialen Netzwerk „Wer kennt wen".

einem Pseudonym und ohne Angabe persönlicher Daten zu Wort melden. „Die Hemmschwelle, sich in heikle Diskussionen wie zur Ausländer-Debatte in der Bundesliga einzumischen, ist extrem niedrig."

Franciska Wölki-Schumacher, geboren 1977, hat als Assistentin des Sportsoziologen Gunter A. Pilz an Studien über Fans, Ultras, Medien und Feindbilder im Fußball mitgewirkt, für das Bundesinstitut für Sportwissenschaft oder den Europarat. Im Internet unterscheidet sie zwischen der Mehrheit der Fans, die kein parteipolitisches Ziel verfolgt, und den wenigen Anhängern, die rechtsextreme Einstellungen und Verhaltensweisen darstellen und vermitteln wollen: „Im Gegensatz zu den klassischen Massenmedien wirkt das Internet nicht einseitig auf den Empfänger. Vielmehr können sich Menschen unbegrenzt miteinander austauschen. Die Grenzen zwischen Individual- und Massenkommunikation sind fließend. Zudem können Botschaften multimedial in Form von Texten, Bildern, Filmen und Musik attraktiv und spannend dargestellt werden."

„Adis Ehrentag"

In der achtmonatigen Forschungszeit 2003 ist Wölki-Schumacher im Internet auf Beispiele gestoßen, die sich in ähnlicher Form noch immer finden lassen. Das Spektrum reicht von Homepage-Gestaltungen, deren Urheber sich als

„Die Hemmschwelle, sich in heikle Diskussionen wie zur Ausländer-Debatte in der Bundesliga einzumischen, ist niedrig." Franciska Wölki-Schumacher, Sportwissenschaftlerin und Autorin einer Internet-Studie.

Quelle: privat

patriotisch bezeichnen. Dazu gehören altdeutsche Schrift, die konsequente Großschreibung von doppelten S-Lauten oder die Vermeidung von Anglizismen: Statt der Bezeichnung Internet ist die Rede von „Weltnetz", statt einer E-Mail schickt man sich eine „Epost". Darüber hinaus ist Wölki-Schumacher auf Codierungen und Zahlenkombinationen gestoßen, auf pauschale Beleidigungen wie „Zecken", „Zigeuner", „Schwule", auf Werbung für Demonstrationen oder die Webseitengestaltung in Schwarz-Weiß-Rot, den Farben der Reichskriegsflagge.

Auch verbotene NS-Symbole wie Hakenkreuz-Tätowierungen oder der Hitlergruß sowie Texte von indizierter Musik wurden von Fans auf Internetseiten platziert, zum Beispiel das Lied „Adis Ehrentag" des rechtsextremen Sängers Frank Rennicke, der 2009 und 2010 von der NPD als Kandidat für die Wahl des Bundespräsidenten vorgeschlagen wurde. In ihrer Studie dokumentieren die Wissenschaftler das Zeichen der früheren Homepage der Frankfurter Hooligangruppe „Adlerfront", das an das verbotene Zeichen der Nationalistischen Front erinnert. Das ehemalige Logo der Dresdener Fangruppe „Schlesische Front" wies Ähnlichkeiten zum Reichsadler mit Hakenkreuz auf, dem einstigen Hoheitszeichen der NSDAP. Die Dresdener hatten anstelle des Hakenkreuzes ein Logo ihres Klubs Dynamo platziert. Eine andere deutsche Fangruppe veröffentlichte auf ihrer Seite Fotocollagen italienischer Gruppen, verknüpft durch ein Totenkopf-Symbol, das an die Totenkopfverbände der Schutzstaffel SS erinnerte. Auf einer anderen Seite hieß es über den schwarzen Stürmer Gerald Asamoah: „Triumph der Rassistischen Correctness – endlich spielt wieder ein Neger in der Deutschen Nationalmannschaft, und noch dazu der Schwärzeste, den wir jemals gehabt haben."

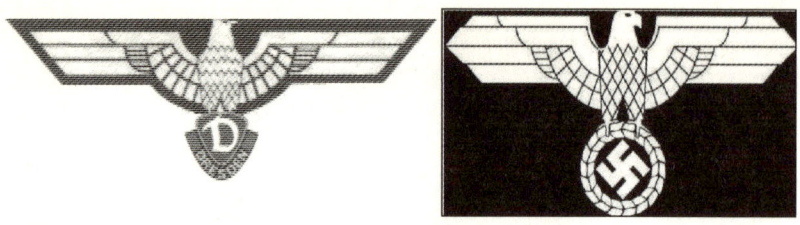

Zufällige Ähnlichkeit? Das ehemalige Internet-Werbelogo der Dresdner Fangruppe Schlesische Front zeigte deutliche Parallelen zum Reichsadler, dem Hoheitszeichen der NSDAP.

Die Anonymität des Internets spielt laut Wölki-Schumacher eine besondere Rolle, um Hemmungen zu überwinden: „Zum einen, um direkt Kontakt mit extremistischen Personen oder Parteien aufzunehmen, zum anderen, um im vermeintlich straffreien virtuellen Raum Diskriminierungen zu veröffentlichen und Interessenten zu rekrutieren. Die Anonymität kann externe Personen ermutigen, unter falschen Namen ein problematisches Image aufzubauen." Ein wachsendes Betätigungsfeld für Rechtsextreme sind neben Kommentarspalten unter Artikeln auch die sozialen Netzwerke wie Facebook oder StudiVZ. Die Gästebücher der Fußball-Internetforen haben eine vergleichbare Funktion: den schnellen Austausch. Jugendschutz.net, eine Initiative der Bundeszentrale für politische Bildung, beobachtete 2009 rund 2.000 Diskussionsbeiträge mit rechtsextremem Inhalt, 2010 waren es bis August bereits 6000.

Der Autor Joachim Wolf veröffentlicht am 13. Oktober 2010 im Internetportal „Netz gegen Nazis": „Neonazis verbreiten ihre menschenverachtende Propaganda zunehmend auch im Web 2.0. Aber nicht jeder Nutzer trägt seine Ideologie so offen zur Schau wie nsdap88. Vermehrt findet sich im Netz auch eine Art Off-Topic-Strategie, deren Ziel es ist, eine bereits bestehende Diskussion zu (zer)stören, sie in eine andere Richtung zu lenken und somit die eigenen Themen zu setzen. Ebenso wie in der realen Welt verfolgen Neonazis also auch im Internet ihre ‚Wortergreifungsstrategie'." Um ihre Ideologie als Normalität erscheinen zu lassen, würden sie sich über akzeptierte Begriffe nähern. Geschichtsrevisionismus würden sie laut Wolf mit „Demokratie" oder „Meinungsfreiheit" einleiten, das Thema Integration mit „Ausländerkriminalität" oder „Terrorismus". Eine weitere Ablenkungsstrategie seien Fragen wie: „Was ist rechtsextrem?" So tasten sich Neonazis voran, zwischen gerade noch akzeptierter Meinungsäußerung und Hetze. Im Fußball bewegen sie sich in unverfänglicher Umgebung zwischen Stadion-Fotos, Service für Fans oder der Abstimmung über den Spieler des Monats. So können latent rassistische, antisemitische oder homophobe Einstellungen bestärkt werden.

Quelle: Ronny Blaschke

Abgeschaltet: das Niedersachsenlied

Sind Fußballvereine, Verbände und Fanprojekte auf solche Unterwanderungsversuche vorbereitet? „Nein, die Gegenmaßnahmen sind ausbaufähig", sagt Gunter A. Pilz, Sportsoziologe in Hannover und seit Langem Berater des DFB. „Insbesondere die Fanprojekte sollten das Internet als Chance verstehen." Die Studie seines Teams aus dem Jahr 2003 wurde jedem Profiverein auf einer CD-Rom zur Verfügung gestellt, mit Beispielen, juristischen Hinweisen und pädagogischen Gegenstrategien. „Es ging uns nicht darum, einzelne Fangruppen als Rechtsradikale, Sexisten oder Gewalttäter zu stigmatisieren", ergänzt Pilz. „Sondern es ging uns viel mehr darum, einen bewussteren und sensibleren Umgang anzuregen."

Die Internetforen werden bis heute unterschiedlich kontrolliert. In vielen Fällen werden Beiträge vor ihrer Veröffentlichung von Webmastern geprüft, in anderen Fällen gelangen Einträge ungefiltert ins Netz. Sobald rassistische Stereotype unwidersprochen bleiben, setze eine Normalisierung ein – sie würden zunehmend als legitim angesehen, kommentiert Franciska Wölki-Schumacher. Die Löschung der Kommentare geht schnell, die eines Videos bei YouTube dauert schon länger. Wölki-Schumacher hat für die Daniel-Nivel-Stiftung und das Innenministerium Niedersachsens Zukunftswerkstätten zum Abbau von Feindbildern im Fußball und für die Stadt Hannover eine Tagungsreihe zum Thema „Soziale Integration im Fußball" organisiert. Zum

Quelle: Archiv Ronny Blaschke

Gegenoffensive: Eine Leipziger Initiative solidarisiert sich auch im Internet mit dem Spieler Adebowale Ogungbure, der 2006 in Halle tätlich angegriffen wurde.

Thema Internet plädiert sie für die Entwicklung von medienpädagogischen Konzepten im Fußball: „Jugendliche haben dem geschlossenen Weltbild von Rechtsextremen oft nichts entgegenzusetzen. Doch sie sollten Provokateure zu argumentativen Auseinandersetzungen zwingen. Jedem Nutzer stehen die Foren für antirassistische oder antisexistische Beiträge offen." So kann auch außerhalb des Stadions und der Fankneipe ein Diskussionsprozess entstehen. Wölki-Schumacher: „Die Tatsache, dass fast alle Spieler über eine eigene Homepage verfügen, sollte Anlass sein, darüber nachzudenken, inwieweit sie sich nicht noch stärker gegen Rassismus wenden können."

In ihrer Studie verweist sie auf den Spieler Mirko Baschetti, der von 1998 bis 2002 in Hannover unter Vertrag stand. Während des Niedersachsen- liedes, das vor den Heimspielen von Hannover 96 gespielt wurde, hatten viele Fans während der Liedzeile „Heil Herzog Widukinds Stamm" den rechten Arm gehoben. Baschetti wandte sich über seine Homepage an die Anhänger seines Vereins und löste damit eine Diskussion aus, die aus einem Forum aufs nächste überging. Die Mannschaft bat den Manager daraufhin, das Lied im Stadion nicht mehr zu spielen. Er musste nicht lange überzeugt werden.

Sheriffs fürs Grobe

Die privaten Sicherheitsdienste in Stadien sind seit der WM 2006 professioneller geworden, doch noch immer diskutieren Fans mögliche Verbindungen zur rechtsextremen Szene. In den unteren Ligen beauftragen Vereine meist externe Firmen für wenig Geld – und wissen oft nicht, woher ihre Ordner stammen.

Torsten Rudolph wägt seine Worte ab, er weiß, wie sensibel Fans reagieren können. Seit 2002 leitet er das Fanprojekt in Dresden, er begann seine Aufgabe in einer Zeit, in der das Image des Traditionsklubs Dynamo nicht schlechter hätte sein können. Misserfolg und Missmanagement prägten das Bild des achtmaligen DDR-Meisters, die Vereinsführung musste täglich Löcher stopfen. Für eines ihrer größten Probleme glaubte sie kaum Energie aufbringen zu können: gewaltbereite und rechtsextreme Fans, wobei die Grenzen dazwischen schwer zu ziehen waren – und heute noch sind.

Rudolph baute eine sozialpädagogische Betreuung auf. Immer wieder hörte er Beschwerden über Sicherheitskräfte im Rudolf-Harbig-Stadion. Einige Ordner sahen martialischer aus als viele Hooligans, sie trugen Kleidermarken, die bei Neonazis beliebt sind. Gerüchte kursierten, wonach es Überschneidungen zwischen Security und Freien Kameradschaften aus der Sächsischen Schweiz gegeben haben soll. „In der Szene wurde intensiv darüber diskutiert", sagt Rudolph. „Viele alternative Anhänger haben sich zusammengeschlossen und protestiert." Auch gegen eine fragwürdige Personalunion: Der Sicherheitsbeauftragte des Klubs leitete zugleich den privaten Sicherheitsdienst, eine angemessene Kontrolle fand nicht statt. Nach und nach veränderte Dynamo seine Strukturen, wechselte die Verantwortlichen aus. „Das Klima hat sich verbessert", sagt Rudolph über den Drittligisten. „Das latente Gefühl der Beklemmung ist verschwunden."

Der Wandel von Dynamo Dresden steht stellvertretend für die Sicherheitspolitik in Profivereinen: Sie ist professioneller geworden, folgt klaren Regeln, bemüht sich um Transparenz – aber rundum zufriedenstellend ist sie noch nicht. „Private Dienstleistungen sind ein wichtiger Teil unserer Sicher-

„Das latente Gefühl der Beklemmung ist verschwunden." Torsten Rudolph, seit 2002 Leiter
des Fanprojekts Dresden.

heitsarchitektur, aber es gibt noch viele offene Fragen", sagt Sascha Braun, der in der Gewerkschaft der Polizei (GdP) als Abteilungsleiter für Kriminalpolitik, Recht und Internationales tätig ist. Braun befasst sich seit 1990 mit Sicherheitsdiensten und ihren Berührungspunkten mit der Polizei. Er beobachtet ein sich veränderndes Kräfteverhältnis: Sicherheitsfragen werden zunehmend kommunal entschieden, die Polizei muss aus Rationalisierungsgründen Stellen streichen und einen Teil ihrer Aufgaben an private Sicherheitsdienste auslagern. Nicht nur bei Konzerten, in Supermärkten oder auf Flughäfen, sondern auch in Fußballstadien ist das seit

Langem gang und gäbe. Mancherorts wurde diskutiert, die Datenaufnahme von Autounfällen oder Geschwindigkeitskontrollen aus der Polizei-Verantwortung in private Obhut zu geben. „Neben der Staatsgewalt, die vom Volke ausgehen soll, wie es das Grundgesetz fordert, hat sich eine weitere Gewalt etabliert, die von privaten Firmen ausgeht und privaten Interessen dient", bemerkt der Journalist Michael Weisfeld in einem Radiofeature, das am 20. April 2010 im Deutschlandfunk gesendet wurde, mit dem Titel: „Wachleute, Türsteher, Neonazis". Wenn das Gewaltmonopol nicht mehr ausschließlich beim Staat liegt – welche Folgen hat das für den Fußball?

„...weil wir sehr nachtragend sind"

Michael Weisfeld bezeichnet in seiner Sendung die Firma „Ziviler Sicherheitsdienst" in München als den „Vorreiter der privaten Sicherheitswirtschaft". Mitte der siebziger Jahre wurde sie mit der Bewachung der Münchner U-Bahn beauftragt. Der Gründer des Unternehmens hat Angestellte in seiner eigenen Kampfsportschule ausbilden lassen. „Dieses Modell hat seitdem viele Nachahmer gefunden", berichtet Weisfeld. Kräfte der Firma, auch schwarze Sheriffs genannt, gerieten wegen ihres brutalen Vorgehens in die Kritik, es formte sich Protest, eine bundesweite Debatte entstand – sie ist bis heute einmalig geblieben. Weisfeld skizziert das Wachstum der Sicherheitsbranche:

Reichsadler auf der Brust: Im Amateurfußball fehlen oft Zeit und Geld, um qualifiziertes Personal zu finden.

1980 existierten 542 Firmen mit 62.000 Beschäftigten, 1990 waren es 835 Firmen mit 105.000 Beschäftigten, 2008 arbeiteten 3.500 Firmen mit 173.000 Beschäftigten. Das jährliche Wachstum liegt bei fünf Prozent. Tausende von ihnen arbeiten in Stadien. In der ersten Liga werden im Schnitt 480 Kräfte eingesetzt, bei brisanten Partien können es weit mehr sein. Sie arbeiten im Stadioninnenraum, die Polizei außerhalb, auf öffentlichem Grund. In der Regel werden die Beamten nur zur Strafverfolgung in den Innenraum gerufen.

Klingt nach einem Modell der Klarheit – aber nur auf den ersten Blick. Das weiß auch Sascha Braun von der Gewerkschaft der Polizei. Die Bundesrepublik hat als eines von wenigen Ländern der EU keine Gesetzgebung, die das private Wach- und Sicherheitsgewerbe reguliert. Braun stößt auf Kongressen Diskussionen an: Warum fehlt bislang eine bundesweit einheitliche Ausbildung im Sicherheitsgewerbe? Wer darf wann und wo eine Waffe tragen? Wie lässt sich die Rekrutierung von Personal effektiver gestalten und prüfen? Wie lässt sich die Profitorientierung der privaten Firmen mit einer angemessenen Vergütung ihrer Mitarbeiter in Einklang bringen? „Die Ausbildung zum Polizisten dauert in der Regel drei Jahre", sagt Sascha Braun. „Ein guter Polizist wird man mit zunehmender Berufserfahrung. Gemessen daran gibt es noch keinen Sicherheitsgewerbeberuf, der ausreichend festgeschrieben ist."

Es sind Lücken, die in der Bewachung von Fußballspielen dazu geführt haben, dass Sicherheitsdienste oft ihre eigenen Regeln aufgestellt haben und die Qualität bundesweit unterschiedlich ist. Das inzwischen eingestellte Magazin „Rund" erschien im Februar 2007 mit dem Titelthema „Nazis vergiften den Fußball". Darin kam der Gründer der Chemnitzer Hooligangruppe Hoonara in einem Interview zu Wort. Hoonara steht für „Hooligans – Nazis – Rassisten". Der Gründer schilderte unter dem Pseudonym Thomas von Mühlstedt, wie seine Gruppe in den neunziger Jahren Gewalt als eine Art Extremsport betrachtet haben soll. Zudem schilderte er seine Arbeit als private Sicherheitsleistung im Stadion des Chemnitzer FC. „Rund" zitierte von Mühlstedt: „Es gibt eine Firma, die das Offizielle für den DFB macht, und uns. Beide Firmen haben einen Vertrag mit dem Verein. Die sind mit 30 oder 40 Leuten da, ich nur mit fünf. Aber durch meinen Namen und meine Firma wissen sich alle zu benehmen, weil wir sehr nachtragend sind. Wir machen das Grobe, die anderen verdienen nur Geld."

Gewaltbereite Rechtsextreme, die im Stadion für Ordnung sorgen? Der Gründer der Gruppe Hoonara, die auch im Verfassungsschutzbericht Sachsens mehrfach Erwähnung findet, distanzierte sich im Interview mit „Rund" von der NPD und von Kameradschaften, trotzdem beendete der Chemnitzer FC nach der Veröffentlichung die Zusammenarbeit. Nachfragen für dieses Buch will von Mühlstedt im Februar 2011 nicht beantworten, am Telefon sagt er: „Ich gebe keine Interviews mehr. Davon bin ich geheilt."

„Schwarze Division" als Ordnungshüter?

Ein Beispiel, von denen wenige an die Öffentlichkeit dringen. Diskussionen über Aussehen, politische Ausrichtung und Gewaltaffinität von Sicherheitskräften finden jedoch in jeder Fanszene statt, vor allem auf Amateurebene, obwohl ein pauschales Urteil unangebracht ist. In derselben Ausgabe des Magazins „Rund" sagte der Neonazi-Aussteiger Gabriel Landgraf, dass einige Ordner des BFC Dynamo Berlin dem rechten Spektrum nahegestanden haben sollen. In Leipzig forderte Oberbürgermeister Burkhard Jung 2007 Zertifikate für die Ordner im Stadion des 1. FC Lokomotive, in Bremen wunderten sich Fans des SV Werder, dass Sicherheitskräfte im Innenraum Kleidung der Marke Thor Steinar trugen. In Mainz wurde darüber spekuliert, ob sich Mitglieder der „Schwarzen Division Germania" als Ordner des FSV Mainz 05 ihr Gehalt aufbessern würden. Als Reaktion darauf gründete der Verein 2008 einen eigenen Sicherheitsdienst. „Unser damaliger Partner hatte Fremdfirmen mit der Rekrutierung beauftragt. Wir wussten nicht wirklich, woher die Ordner kamen", sagt Tobias Sparwasser, Pressesprecher des FSV. Von den 400 Kräften, die während der Mainzer Heimspiele im Einsatz sind, werden 50 von einem externen Partner an den Ticketschaltern platziert, alle anderen gehören zum FSV und verantworten die „sensiblen Bereiche im Stadion", wie es Tobias Sparwasser ausdrückt: „Mitarbeiter eines vereinseigenen Dienstes identifizieren sich mehr mit den Interessen des Klubs." Auch deshalb sei die Atmosphäre im Stadion so ausgelassen.

„Es gibt keinen Sicherheitsgewerbeberuf, der ausreichend festgeschrieben ist." Sascha Braun, Justiziar der Gewerkschaft der Polizei.

Quelle: Gewerkschaft der Polizei

„Wir erwarten von den Vereinen, sich selbst um die Sicherheit zu kümmern und diese Verantwortung nicht an Subunternehmen weiterzugeben", sagt Helmut Spahn, der 2006 zum Sicherheitsbeauftragten des DFB ernannt wurde und zuvor das Ressort Sicherheit im Organisationskomitee der WM 2006 geleitet hatte. Spahn hat mit Kollegen der Deutschen Fußball-Liga Fortbildungsmaßnahmen für Ordner angeregt. „Dabei haben wir von den Vorbereitungen für die WM im eigenen Land profitiert", sagt der ehemalige Leiter des Spezialeinsatzkommandos der Polizei Frankfurt. 16.000 Mitarbeiter waren 2006 im Einsatz, fast 1.400 Ordner pro Spiel. „In den vergangenen Jahren hat es kaum Beschwerden in den oberen Ligen gegeben", sagt Spahn, der 2011 als Sicherheitschef nach Katar wechselt, zum Gastgeber der WM 2022. Regelmäßig sollen Ordner auf Tagungen geschult werden, später mit Hilfe einer DVD und eines Schulungsmoduls im Internet. „Wir haben ein gutes Lagebild durch unsere vielen Kontrollen vor Ort." Außerdem könne sich der DFB durch Länderspiele in den Stadien ein Bild machen. In den unteren Ligen, ab der vierten Liga abwärts, aber tappt auch der DFB häufig im Dunkeln.

Die Schlichterin

Was ist zu tun, wenn ein zuverlässiger und freundlicher Jugendtrainer als Funktionär in der NPD tätig ist? Rausschmiss oder Duldung? Die Sportmediatorin Angelika Ribler hat einen solchen Fall im hessischen Wetzlar erlebt. In ihren Projekten plädiert sie für eine kritische und differenzierte Auseinandersetzung.

Angelika Ribler ist Beraterin, doch bevor sie überhaupt beraten darf, können Wochen vergehen, manchmal Monate. „Die Vereine rufen mich in der Regel nicht", sagt sie, „das Problembewusstsein für Rechtsextremismus ist nicht überall vorhanden." Ribler, Referentin für Jugend- und Sportpolitik in der Sportjugend Hessen, leitet zwei Projekte, die Maßstäbe setzen: seit 1998 „Interkulturelles Konfliktmanagement im Fußball" und seit 2007 die „Mobilen Interventionsteams gegen Rechtsextremismus im Sport". Wenn sie einen Auftrag erhält, bedeutet das nicht zwangsläufig, dass sie als Vermittlerin im Verein oder im Verband auch gern gesehen ist. So war es bei einer ihrer schwierigsten Aufgaben. Es war ein Fall, der sich in jeder Gemeinde ereignen könnte, ein Fall, der symbolisch steht für die gefühlte Ausweglosigkeit im Amateurfußball, ein Fall, der einen Klub an die Existenzgrenze drängen kann. „Ich beginne als Beraterin nie mit einer fertigen Lösung", sagt Ribler. „Lösungen müssen gemeinsam entstehen." So war es in Wetzlar, Mittelhessen, dort dauerte ihre Beratung länger als ein Jahr.

Im Mittelpunkt standen der Rasensportverein Büblingshausen und Thomas Hantusch, Funktionär der NPD. Wetzlar hat rund 51.000 Einwohner, der RSV Büblingshausen, gegründet 1929, gehört zu den wichtigsten gesellschaftlichen Anziehungspunkten der Stadt und des Lahn-Dill-Kreises, er hat rund 1.300 Mitglieder in fünf Sportarten und betrachtet sich als große Familie. Thomas Hantusch war fünf Jahre Jugendtrainer beim RSV, über seinen fußballspielenden Sohn war der Kontakt entstanden. Hantusch hatte selbst nie Fußball gespielt, doch weil kaum andere Trainer zur Verfügung standen, wurde er zum Bleiben im Verein überredet. In einer Saison betreute er vier Mannschaften gleichzeitig. Hantusch war anerkannt für sein Engagement, seine Zuverlässigkeit. Der Verein zeichnete ihn sogar aus, stellte ein Foto von ihm und seiner Jugendmannschaft auf die eigene Internetseite.

Sein Beruf rückte in den Hintergrund: Hantusch, geboren 1966, gelernter Kaufmann für Grundstücks- und Wohnungswirtschaft, wurde 2000 für drei Jahre Landesvorsitzender der NPD in Hessen, zuvor stand er den Jungen Nationaldemokraten für vier Jahre vor. Von 1997 bis 2001 war er Beigeordneter in der Gemeinde Ehringshausen, einem Zentrum der NPD in Hessen. Hantusch trat im Kreis Gießen zu Wahlen an. Im Archiv der Internetplattform „Wen wählen?" zur Bun-

„Wenn wir jemanden in seinen Ansichten positiv irritieren, ist viel erreicht." Angelika Ribler, seit 1994 in der Sportjugend Hessen.

destagswahl 2005 beschrieb Hantusch seine „wichtigsten politischen Ziele". Unter Punkt drei führte er auf: „Lebensraumerhaltung – unser Volk muß seinen Lebensraum ökologisch und ethnologisch erhalten. Wenn Fremde überhandnehmen, ist mir mein Lebensraum nicht mehr gegönnt, wird mir der Lebensraum entwurzelt. Dies ist Naturgesetz." Unter Punkt sechs ergänzte er: „Geschichtliche Wahrheit – diese ist Voraussetzung für völkerrechtliche Gerechtigkeit für das Deutsche Volk. Diese ist Voraussetzung für den Lebenswillen unserer Kinder. Wir sind keine Verbrecher!" Unter Punkt zehn: „Dafür, daß nur vom Volk gewählte Deutsche über Deutsche regieren."

Die Tätigkeit von Thomas Hantusch beim RSV Büblingshausen wurde im Frühjahr 2008 öffentlich, die antifaschistische Gruppe Antifa-R4 forderte am 22. April desselben Jahres die Distanzierung des Vereins: „Die Tatsache, dass Thomas Hantusch als Angehöriger sowie Protagonist der rechtsextremen NPD Jugendarbeit leistet, ist nicht zu dulden. Denn gerade Hantusch, zu dessen Wahlsprüchen ‚Kinder sind unsere Zukunft' gehört, ist sich der Bedeutung von Jugendarbeit bewusst." Über Nacht wurde der RSV überregional bekannt, Zeitungen druckten Artikel, der Hessische Rundfunk drehte Berichte. Was kaum bekannt war: Die Sportmediatorin Angelika Ribler hatte den RSV Büblingshausen zu diesem Zeitpunkt seit Wochen beraten. In Telefonaten und Treffen wollte sie im Vereinsumfeld Sensibilität für Rechtsextremismus schaffen.

„Ich habe zum Vorstand des RSV und zu vielen Eltern der Spieler noch immer ein gutes Verhältnis. Ich werde mich weiter engagieren." Im Internet hat Trainer Thomas Hantusch eine seiner Jugendmannschaften präsentiert.

„Auf dem Fußballplatz unpolitisch"

Der Reihe nach: Die türkische Mutter eines RSV-Mitgliedes macht 2007 den Hessischen Fußball-Verband in einem Telefonat auf die NPD-Funktion des Jugendtrainers Hantusch aufmerksam. Der Verband wendet sich an die Sportjugend Hessen. Dort hat Angelika Ribler, geboren 1962, die in Hamburg Sportwissenschaften und Psychologie studiert hatte, seit 1994 das Themenfeld „Jugend und Sportpolitik" entwickelt. Sie hat ein Netzwerk zu Ministerien aufgebaut, zum Landeskriminalamt, zum Jugendring, zu Kirchen, Gewerkschaften, Städtebund. Die Beratungsarbeit wird finanziert durch das Bundesministerium für Familie, Senioren, Frauen und Jugend und von der Sportjugend Hessen. Wenn es in Hessen auf einem Fußballplatz kracht, wenn Einwanderer diskriminiert, geschlagen, bespuckt werden, wenn die Polizei einschreiten muss, dann können die Sportgerichte die Verfahren aussetzen und eine Mediation anordnen, unter Leitung von Angelika Ribler oder ihren Kollegen. Diese Auflage hat sich bewährt, Ribler schlichtet, erlebt viele Probleme. Aber einen Verein davon zu überzeugen, dass ein NPD-Funktionär nicht in seine Reihen gehört, wie engagiert er auch sein mag, diese Herausforderung kennt sie noch nicht. Thomas Hantusch stellt eine heikle Premiere dar.

Nachdem der Hessische Fußball-Verband sie informiert hat, meldet sich Angelika Ribler beim Vorstand des RSV Büblingshausen, wirklich willkommen scheint ihr Angebot nicht zu sein. Die Funktionäre distanzieren sich von rechts-

Verantwortung weiterreichen: Angelika Ribler versucht, ihre Konzepte auch in den östlichen Bundesländern zu etablieren.

extremer Ideologie, trotzdem loben sie die Trainertätigkeit Hantuschs. Sie wählen Formulierungen, die Ribler oft hört: Hantusch sei auf dem Fußballplatz unpolitisch, für ihn würden ausschließlich Kinder und Fußball zählen. Was er privat unternehme, sei für den Verein Nebensache. Vermutlich spielt die Angst vor Imageverlust und Mitgliederschwund eine Rolle. „Es wird in Vereinen deutlich getrennt zwischen politischem Amt und ehrenamtlicher Funktion", sagt Ribler. Die NPD ist eine politisch legitimierte Partei, sie ist wählbar, das erschwert ihre Argumentation. „Sofort zu fordern, der Trainer muss weg, geht nicht. Das würde Widerstand erzeugen."

Entgegen der vorherrschenden Meinung haben Vereine keine Pflicht, Mitglieder aufzunehmen, das bestätigt ein Urteil des Landgerichts Gießen vom 28. November 2007. Mitglieder auszuschließen, ist schwerer. So geht Ribler in Wetzlar mit Einfühlungsvermögen und Geduld vor. „Gerade weil Sportvereine politisch neutral sind, dürfen sie rechtsextreme Funktionäre nicht dulden." Wichtig ist ihr die Auseinandersetzung mit politischen Inhalten und Forderungen der NPD, mit Codes, Kleidungen, Rekrutierungsversuchen von Rechtsextremen. Und mit dem politischen Wirken von Thomas Hantusch.

Angelika Ribler hat Protokolle und Zeitungsartikel archiviert, ihr kleines Büro in Frankfurt ist gefüllt mit Büchern, Broschüren, Materialien. Aus Wetzlar lässt sie sich 2007 die Satzung des Vereins schicken. Der RSV unterstützt auf seiner Internetseite eine Erklärung von Verbänden: „Gerade rechtsextremistische, fremdenfeindliche, rassistische und antisemitische Aktivitäten und Einstellungen sind keine vernachlässigbaren Randprobleme unserer Gesellschaft. Wahlerfolge rechtsextremistischer Parteien, das erhebliche Gewaltpotential, die zunehmende Anziehungskraft der Szene für Jugendliche, rechtsextremistische Musikveranstaltungen und rechtsextremistische Propagandaaktivitäten sind trauriger Bestandteil unserer gesellschaftlichen Realität. Diesen Entwicklungen wollen auch wir, der RSV Büblingshausen, entgegentreten und einen aktiven Beitrag zu Prävention und Bekämpfung des Rechtsextremismus leisten."

Dank dieser Passage hat Ribler eine Diskussionsgrundlage. Sie betont in Gesprächen mit dem RSV-Vorstand, dass die NPD eben nicht für Demokratie und Toleranz stehe. Sie formuliert einen Kodex, der den Trainern vorgelegt wird. Die Debatte wird vertieft, Mitglieder informieren sich über die NPD, über ihre subtilen und langfristigen Strategien, auch im Amateursport. Thomas Hantusch ist zu diesem Zeitpunkt noch immer Trainer beim RSV Büblingshausen, obwohl dessen Vorstand von seiner NPD-Arbeit seit Monaten Kenntnis hat. Hantusch sagt in einem telefonischen Interview für dieses Buch: „Ich habe nie politischen Einfluss im Verein genommen. Entweder wäre ich Trainer geworden, oder mein Sohn hätte nicht weiter Fußball spielen können." Wie war sein Verhältnis zu Migranten? „Dieses Problem hatte ich nicht. Ich habe in meiner Zeit zwei türkische Jungen trainiert. Bei mir ging es nur nach Leistung."

Hilfe von Kant

Angelika Ribler hat selbst Fußball gespielt. Während ihrer Studienzeit an der Universität Hamburg half sie, das erste Schwerpunktfach für Frauenfußball zu etablieren, auch in der Leichtathletik, im Turnen, im Volleyball ist sie aktiv gewesen. Sie weiß, dass Sportvereine zu verschworenen Gemeinschaften werden können, aus denen niemand ausgestoßen werden darf. Ihr Wissen gibt sie als Projektleiterin an 30 Referenten weiter, die für die Sportjugend Hessen und den Hessischen Fußball-Verband als Mediatoren tätig sind, es sind in der Regel Pädagogen, Sozialwissenschaftler, Kommunikationstrainer, die sich in weiteren Seminaren qualifiziert haben. Insgesamt haben die Referenten mehr als 14.000 Spieler, Trainer, Schiedsrichter oder Funktionäre beraten. Die Mediation nach einem Konflikt, zum Beispiel bei Gewalt oder Rassismus zwischen zwei Teams, läuft meist so ab: Vorgespräch mit Mannschaft A, Vorgespräch mit Mannschaft B, gemeinsames Gespräch an einem

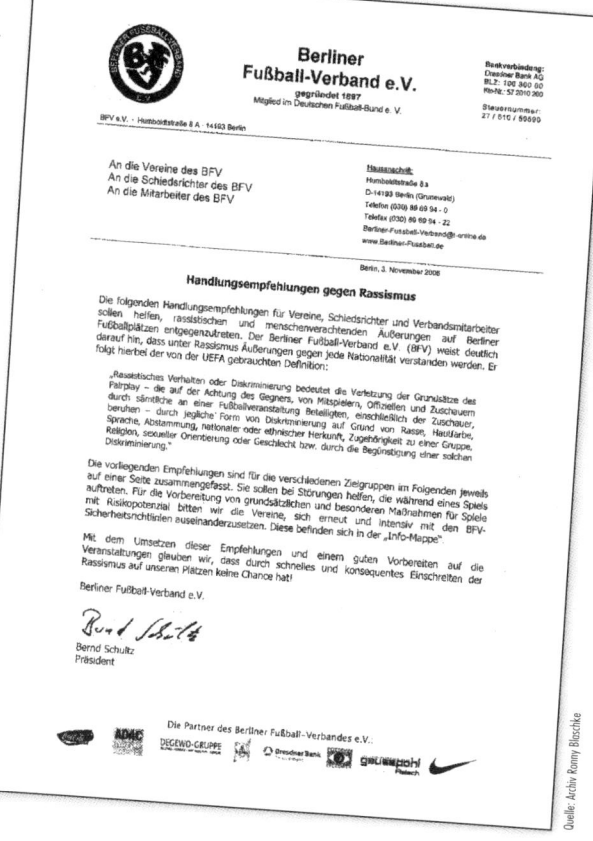

Ratschläge für Referees: Der Berliner Fußball-Verband betreibt Aufklärung, nicht alle Verbände folgen diesem Modell.

neutralen Ort. Die Referenten klären auf, differenzieren, stellen weiterführende Fragen. Sie aktivieren Motivation, geben Verantwortung zurück in die Gruppe, leiten einen Perspektivwechsel an: Die Beteiligten sollen sich in die Rolle der anderen Partei hineinversetzen. Frei nach dem kategorischen Imperativ Immanuel Kants: „Handle nur nach derjenigen Maxime, durch die du zugleich wollen kannst, dass sie ein allgemeines Gesetz werde." Wichtig ist den Mediatoren die Kommunikation miteinander, nicht übereinander. Angelika Ribler: „Mediation hat Grenzen. Oft haben wir nur zwei Stunden Zeit. Wenn wir jemanden in seinen Ansichten positiv irritieren, ist viel erreicht."

In Wetzlar, beim RSV Büblingshausen, nimmt die Irritation mehr Zeit in Anspruch. Der Verein ordnet ein Treffen für Jugendbetreuer an, das Ribler vorgeschlagen hat. 27 Personen erscheinen zur Versammlung, Thomas Hantusch lässt sich entschuldigen. Angelika Ribler spürt in der Runde Ablehnung und Gleichgültigkeit, Mitglieder stellen sich erneut vor Hantusch und loben dessen Engagement. Von Politik, Agitation, Rekrutierung habe keine

Rede sein können. Doch auch die Anwesenden wissen keine klare Antwort darauf, ab wann unterschwellige Einflussnahme beginnt. Jene Jugendbetreuer, die sich gegen Hantusch aussprechen, kommen erst nach der Versammlung auf Ribler zu. Schon öfter hat sie bei Vermittlungen Sätze gehört wie: „Frau Ribler, jetzt sagen Sie doch mal als Privatperson, ganz unter uns: Finden Sie die Positionen der NPD wirklich so schlimm?" Oder: „Frau Ribler, haben Sie etwas gegen Deutsche?"

Der Streit dauert etwa ein Jahr, bevor der RSV Büblingshausen und Thomas Hantusch getrennte Wege gehen. Der Verein hat in dieser Zeit bundesweit Schlagzeilen gemacht, nun befürchten sie, dass Jugendspiele von Protestaktionen gegen die NPD begleitet werden. Thomas Hantusch sagt im Rückblick: „Ich habe an meinen Jahrgängen gehangen. Dem Vorstand mache ich keinen Vorwurf, der Druck wurde irgendwann zu groß. Aber diejenigen, die mich rausgedrängt haben, verstoßen gegen das Grundgesetz. Für mich ist das ein Beleg, dass wir keine Demokratie haben. Denn in einer Demokratie gibt es kein Berufsverbot." Bittet man Hantusch um eine Präzisierung seines Demokratie-Verständnisses, so beginnt er mit einem Kurzvortrag. Irgendwann sagt er: „Unsere Regierung ist Befehlsempfänger der Alliierten und des internationalen Finanzkapitals." Auch ist er der Meinung, dass John F. Kennedy vom amerikanischen Geheimdienst ermordet und die Zwillingstürme am 11. September von innen gesprengt worden seien. Kann jemand, der solche abstrusen Thesen formuliert und behauptet, Politik und Fußball trennen zu können, tatsächlich Kinder beim Heranwachsen begleiten?

„Pass auf den Bimbo auf!"

Angelika Ribler schlussfolgert, dass Debatten in Bezug auf eine konkrete Person wie Hantusch schwieriger sind als vorbeugende Gespräche. Deshalb hat die Sportjugend Hessen ihre Prävention ausgeweitet. Fallbeispiele, Empfehlungen, Studienergebnisse, Konzepte hat Ribler als Herausgeberin mit Astrid Pulter zusammengetragen, die seit 2009 Vorstandsreferentin des Bundesverbandes Mediation ist, der Titel ihres Buches: „Konfliktmanagement im Fußball". Ebenfalls zu empfehlen: Die Broschüre „11 Fragen nach 90 Minuten", herausgegeben vom Bündnis für Demokratie und Toleranz, der Deutschen Sportjugend und der Koordinationsstelle Fanprojekte. Oder die Broschüre „Vereine und Verbände stark machen" von der Deutschen Sportjugend.

Diese Publikationen leisten Orientierungshilfe: Was ist zu tun vor einer brisanten Partie, währenddessen und danach? Was ist zu tun, wenn der Mittel-

stürmer mit der Rückennummer 88 aufläuft? Wenn sich ein NPD-Funktionär als Sponsor eines klammen Vereins anbietet? Wenn Spieler oder Trainer sich in Rassismus flüchten, um ihre Gegner zu verunsichern? Mit wem kann man Netzwerke für Prävention bilden? „Eine allgemeine Formel gibt es nicht", sagt Angelika Ribler. „Jeder Fall muss für sich beurteilt werten. Wichtig sind die Ursachen, denn Konflikte beginnen nicht erst auf dem Platz."

Ein Beispiel aus dem August 2008: Im Nordosten Hessens, nahe Bad Hersfeld, wird das Kreisligaspiel zwischen dem SSV Eichhof und dem TSV Baumbach nach einer Massenschlägerei abgebrochen. „Bimbo war das Reizwort", wird die „Hersfelder Zeitung" später titeln. Auslöser für die Schlägerei: Ein Spieler Baumbachs, der aus Kamerun stammt, greift einen Zuschauer Eichhofs körperlich an. Der Zuschauer soll provoziert haben mit den Worten: „Pass auf den Bimbo auf!" Spieler und Zuschauer gehen aufeinander los, die Polizei muss eingreifen. Vier Personen werden verletzt, die Beamten leiten Ermittlungen wegen Körperverletzung und Beleidigung mit fremdenfeindlichem Hintergrund ein. In der folgenden Mediation kommt heraus, dass der Kameruner Spieler seit Langem diskriminiert wird, vor allem im Beruf. So kann in den Gesprächen zwar nicht sein Kontrollverlust auf dem Rasen legitimiert werden, aber es entsteht ein wichtiger Gedankenaustausch über Alltagsrassismus.

Reflexion ist das zentrale Anliegen der Sportjugend-Referenten. Dabei hilft ihnen eine Studie des Instituts für interdisziplinäre Konflikt- und Gewaltforschung der Universität Bielefeld. Die Pädagogen Judith Scherer und

Die Schlichterin | 121

Martin Winands haben Urteile der hessischen Sportgerichte analysiert und herausgefunden, dass Spieler mit Migrationshintergrund überproportional häufig verurteilt und für das gleiche Vergehen härter bestraft werden als herkunftsdeutsche Spieler. Anhand dieser Erkenntnisse will Angelika Ribler den ehrenamtlichen Sportrichtern, die meist ohne juristisches Studium sind, keine Fremdenfeindlichkeit unterstellen, auch die Spieler dürften nicht als notorisch gewaltbereit bezeichnet werden. Dennoch lässt Ribler die Studien von Verantwortlichen interpretieren, um in der Behandlung von Migrantenvereinen voranzukommen, ihnen wird oft Abschottung und Integrationsverweigerung unterstellt. 80 Veranstaltungen finden jährlich statt, um Vereinsvertreter fortzubilden. Ribler: „Der Migrationshintergrund sollte eine Diskussion nie bestimmen."

Für ihre Arbeit wurde Ribler 2010 mit dem Julius-Hirsch-Preis des DFB geehrt. Im Historischen Rathaus von Köln würdigte Laudator Thomas Bach, Präsident des Deutschen Olympischen Sportbundes, ihre Beharrlichkeit. „Zum Glück bekommt Angelika Ribler nun eine Plattform", kommentierte Martin Gropp in der „Frankfurter Allgemeinen Zeitung". Ribler wird es einfacher haben, wenn sie Förderanträge für ihre Initiativen stellt. Immer wieder wird sie in Bundesländer eingeladen, um beim Aufbau ähnlicher Projekte zu helfen, gerade im Osten. Als sie 1994 ihre Diplomarbeit über antirassistische Arbeit im Sport schrieb, existierte eine plakative Kampagne des DFB: „Mein Freund ist Ausländer". Inzwischen ist ein Netzwerk von Experten gewachsen, die sich tiefgründig mit den Herausforderungen des Amateurfußballs befassen. Trotzdem kann auch Riblers Beharrlichkeit an Grenzen stoßen.

Der RSV Büblingshausen ist ein Beispiel: Dieter Schulz, der Erste Vorsitzende des Vereins, macht im Dezember 2010 nicht den Eindruck, als habe er aus dem Streit um NPD-Funktionär Hantusch wichtige Kenntnisse gewonnen. Auf eine telefonische Anfrage für dieses Buch sagt er mit genervtem Unterton, das Thema sei für ihn erledigt. Auf die Nachfrage, wie er bei einem vergleichbaren Fall künftig reagieren würde, sagt er: „Wir haben uns nichts vorzuwerfen, wir gehören nicht der rechten Szene an, es wurde eine Person zum Problem gemacht." Eine Person, ein Problem? Weitere Fragen will Dieter Schulz nicht beantworten, er zeigt einen gängigen Reflex, er scheint den Ruf seines Vereins schützen zu wollen. Thomas Hantusch geht in die Offensive, seit Anfang 2011 bereitet er die NPD des Lahn-Dill-Kreises auf die Kommunalwahlen vor. Er sagt: „Ich habe zum Vorstand des RSV und zu vielen Eltern der Spieler noch immer ein gutes Verhältnis. Ich werde mich weiter engagieren."

„Wir können Minderheiten helfen, ein Stück mediale Gerechtigkeit zu erlangen"

Theo Zwanziger ist seit 2006 alleiniger Präsident des DFB, er hat den größten Sportverband der Welt auch als politisches Diskussionsforum etabliert. Im Interview spricht er über das Nationalteam als Projektionsfläche, über historische Aufarbeitung, Rücktrittsgedanken und die Ignoranz von Kollegen.

Der letzte von vier Terminen für dieses Interview findet in einem Hotel in Hamburg statt. Theo Zwanziger eilt an diesem Tag von Sitzung zu Sitzung, nun hat er gegen Mittag eine Stunde Zeit – doch gehetzt wirkt er nicht. Zwanziger, geboren 1945 in Altendiez, ist seit dem 8. September 2006 alleiniger Präsident des DFB, zuvor war er drei Jahrzehnte in anderen Funktionen des Fußballs tätig, auf regionaler und überregionaler Ebene. Zwanziger war Mitte der achtziger Jahre Landtagsabgeordneter für die CDU in Rheinland-Pfalz, später arbeitete er als Verwaltungsrichter in Koblenz. Wer ihn über Jahre beobachtet, sein Auftreten, seine Rhetorik, der kann in ihm einen Wandel des Funktionärswesens im deutschen Sport erkennen. Zwanziger hat die Tradition des Tunnelblicks gebrochen und stößt Diskussionen über politische Themen an.

Herr Zwanziger, lassen Sie uns annehmen, Ihr Wirken als DFB-Präsident würde in einigen Jahren mit folgendem Satz beschrieben werden: „Theo Zwanziger hat den Fußball politisiert." Wäre das für Sie Lob oder Kritik?
Ich würde diesen Satz nicht als Vorwurf ansehen, im Gegenteil: Ich würde mich darüber freuen.

Was verstehen Sie unter der Politisierung des Fußballs?
Der Fußball ist ein wichtiger Teil der Zivilgesellschaft, und die Zivilgesellschaft muss politisch sein. Damit meine ich, dass wir an Werten orientiert

sein sollten, die uns unsere Verfassung vorgibt. Da spielt die Würde des Menschen eine große Rolle. Manche Menschen sehen unter Politik etwas Negatives, das ist falsch. Politik in unserem Gemeinwesen geht jeden an, auch den Fußball. Der DFB kann auf Ursachen von schlimmen gesellschaftlichen Entwicklungen aufmerksam machen. Wichtig sind zwei Fragen: Wie konnte es dazu kommen? Und was können wir daraus lernen?

Lassen Sie uns das am Beispiel des Anti-Ziganismus skizzieren, der rassistischen Abwertung von Sinti und Roma, einer europaweit vernachlässigten Minderheit. Sie sind 2006 mit dem Zentralrat Deutscher Sinti und Roma eine Kooperation eingegangen. 2010 fand ein Länderspiel des DFB-Teams in Ungarn statt, wo mehrere Roma ermordet wurden. Wie kam es zu dem Länderspiel?

Es ging uns darum, mehr über Sinti und Roma zu erfahren. Erst muss man sich mit einer Minderheit befassen, um ihr Hilfe anbieten zu können. Romani Rose, der Vorsitzende des Zentralrats, hatte mich nach Heidelberg eingeladen, in das Dokumentationszentrum der Sinti und Roma. Das habe ich vorher nicht gekannt. Ich habe dieses Zentrum auf mich wirken lassen, ich habe diese Eindrücke in mir arbeiten lassen, diese grausamen Verbrechen der Nazis. Ähnliche Erfahrungen habe ich während der Besuche in Yad Vashem in Israel gemacht. Wir sollten immer wieder innehalten und solche Erfahrungen suchen, um uns unserer Verantwortung bewusst zu werden, privat oder in meiner Rolle beim DFB.

Was kann der DFB tatsächlich bewirken?

Wir dürfen nicht so tun, als ob uns das nichts angehen würde. Wir haben Hilfe angeboten. Auf dieser Basis ist der Gesprächsfaden mit dem Zentralrat der Sinti und Roma positiv entwickelt worden. Dann haben Freunde in Ungarn mir von Morden an Roma erzählt. Ich habe Romani Rose einen Brief geschrieben und gefragt: Was können wir gemeinsam unternehmen? Daraus wurde das Freundschaftsspiel vor der WM 2010 in Budapest. Dieses Spiel sollte eine Geste sein, es wäre vermessen zu glauben, wir könnten da viel mehr leisten. Ich glaube, Minderheiten empfinden es als positiv, wenn man an sie denkt. Sie dürfen nicht das Gefühl haben, dass es nur Gewalt gegen sie gibt, sondern dass es auch Freunde gibt. Wir können die Geschichte nicht ungeschehen machen, aber wir können sagen: Ihr seid nicht allein.

Wie gewinnen Sie die sportliche Leitung des Nationalteams für Ihre politischen Anliegen?

„Egal, wer irgendwann auf meinem Platz sitzen wird, niemand wird die politische Seite des Fußballs mehr wegreden können." DFB-Chef Theo Zwanziger, beobachtet von Tanja Walther-Ahrens, seiner Beraterin im Kampf gegen Homophobie.

Sportliche Termine sollten den Kern unseres Kalenders ausmachen, aber manchmal lassen sich diese Termine mit gesellschaftlichen Gesten verbinden, das weiß ich als Delegationsleiter der Nationalmannschaft. Ich hatte Joachim Löw lange vorher gefragt, ob ihm Ungarn als Gegner in der WM-Vorbereitung recht käme. Der Bundestrainer hat ein Gespür für die gesellschaftliche Rolle des Fußballs, er hat zugestimmt, das hat auch die Bundesregierung gefreut. Aber in der Regel bin ich mit Vorschlägen für Länderspiele zurückhaltend, ich mische mich selten ein.

Niemand in Deutschland erreicht eine solche Öffentlichkeit wie die National-mannschaft während eines Turniers. Das Team wird zur Projektionsfläche für politische und kulturelle Debatten. Welche Chancen sehen Sie darin?

Fußball kann Orientierung geben. Wenn wir Positionen deutlich kommunizieren, können wir Aufmerksamkeit für Themen erwecken, die sonst nicht auf die Tagesordnung kommen. Das ist ein Privileg, das wir nutzen müssen. Wir dürfen nicht sagen: Für alles ist die Politik verantwortlich, und wir spielen nur ein bisschen Fußball – das wird einer demokratischen Gesellschaft nicht gerecht. Eine demokratische Gesellschaft lebt von der Einsatzkraft eines jeden Individuums, auch von einem starken Verband wie dem DFB.

Laut der Langzeitstudie „Deutsche Zustände" des Bielefelder Gewaltforschers Wilhelm Heitmeyer hielten es 2010 fast die Hälfte der Deutschen für sinnlos, sich politisch zu engagieren. Wird das gesellschaftliche Engagement der Volksbewegung Fußball umso wichtiger in einer Zeit, in der sich viele Menschen von politischen Prozessen abwenden und sich nicht mehr repräsentiert fühlen?

Wir dürfen Fußball nicht mit Bedeutung überfrachten, aber wir sollten klar herausstellen, dass wir die Gesellschaft nicht benutzen, indem wir sagen: Wunderbar, wir machen ein paar Spielchen, dann kommt der Bundespräsident, und wir erhalten Anerkennung. Nein, wir müssen etwas zurückgeben. Dazu gehört, Diskriminierung jeglicher Art abzulehnen oder auf die Unterwanderung durch Neonazis kritisch aufmerksam zu machen, immer und immer wieder. Dazu gehört auch, die Rolle der Sinti und Roma zu beschreiben, ihre Kulturgeschichte. Wissen Sie, wie viele fantastische Menschen zu dieser Volksgruppe gehören? Das über das Medium Fußball mitzuteilen, ist doch fantastisch. Wir können Minderheiten helfen, ein Stück mediale Gerechtigkeit zu erlangen. Vielleicht ändern sich bei manchen Menschen dadurch die Einstellungen im Kopf, und sie sehen Sinti und Roma mit anderen Augen.

Politische Debatten werden im Fußball ausgetragen. Auf der anderen Seite sind Auswirkungen von politischen Konflikten auf den Plätzen zu beobachten. Wenn Klischees über Muslime geschürt werden oder die Verteidigungspolitik Israels kritisiert wird, bekommen türkische Teams in Berlin oder jüdische Mannschaften in Frankfurt das sofort zu spüren. Wie können Sie dem entgegenwirken?

Ich bin für Differenzierung. Jeder, der sich in der Öffentlichkeit bewegt, muss wissen, dass er zu einem politischen Klima beiträgt, positiv oder negativ. Wer über einen langen Zeitraum Vorurteile bedient, kann in der Gesellschaft das erreichen, was er gerade nicht erreichen wollte. Schauen Sie nach Amerika, wo Andersdenkenden zum Teil die demokratische Legitimation abgesprochen wird. Ich habe etwas gegen jegliche Pauschalisierung. Ich halte den Begriff Ausländerkriminalität für falsch. Es gibt kriminelle Deutsche und kriminelle Ausländer, es gibt kriminelle Christen und kriminelle Juden. Eine Volksgruppe, eine Nationalität oder ein Geschlecht mit einem bestimmten Merkmal zu belegen, ist gefährlich. Wenn man schon irgendwelchen Kriminalitäts-Statistiken folgt, sind doch andere Fragen viel wichtiger: Wie konnte es dazu kommen? Wie sehen die Milieus aus? Wie sehen die Bildungsumstände aus? Leider spiegeln sich pauschale, einseitige Diskussionen, wie wir sie zum Thema Integration zuletzt in Deutschland hatten, auch in der Kreisliga wider.

Schleichendes Gift: Das Magazin „Rund" stößt im
Februar 2007 eine wichtige Debatte an.

*Felix Linnemann, der vierte DFB-Präsident, hatte während der NS-Zeit dafür
gesorgt, dass Sinti und Roma deportiert wurden. Wächst daraus Verantwortung,
sich dieser Geschichte zu stellen?*

Es ist für einen Verband, der eine gesellschaftliche Rolle beansprucht,
unverzichtbar, sich mit dem dunkelsten Kapitel unserer jüngeren Geschichte
zu beschäftigen und die Frage zu stellen: Wie konnte es dazu kommen? Vor
der WM 2006 in Deutschland haben wir gesagt: Wir müssen alles beleuchten,
mit Hilfe einer Studie eines unabhängigen Wissenschaftlers. Wir gehen mit
unserer Geschichte verantwortungsbewusst um. Wir wollen nichts unter den
Teppich kehren, denn wenn wir unter den Teppich kehren, übernehmen wir
Verantwortung für negative Entwicklungen in der Zukunft.

Hätte diese Einsicht im DFB nicht Jahrzehnte früher reifen müssen?

Ich habe nie einem Kritiker aus Überzeugung entgegenhalten können:
Früher wäre eine Aufarbeitung nicht möglich gewesen. Wichtig an der Studie
von Nils Havemann (über die Rolle des DFB im Nationalsozialismus, Anm.
d. Verf.) sind mir die Passagen, aus denen sich Projekte und Botschaften entwickeln lassen. Ich weiß, dass Mädchen und Jungen nicht wegen dieser Studie
zum Fußball gehen. Sie wollen Tore schießen. Aber wenn sie schon bei uns
sind, können wir mit ihnen auch über die Vergangenheit sprechen, das funktioniert manchmal leichter als im Schulunterricht. Wir übernehmen Verantwortung für die Zukunft, das geht nur, indem wir uns erinnern.

Geschichtsbewusstsein ist nicht überall im Spitzensport verbreitet.

Ich kann nicht für andere sprechen, aber unsere Studie soll nicht in der Bücherwand anstauben. Ihre Inhalte sollen in Bildungsbereiche hinein. Manchmal wird auch mir entgegengehalten: Ach, der Nationalsozialismus ist doch lange her, das kann heute nicht mehr passieren. Da rege ich mich auf, denn das ist genau die falsche Botschaft: Es kann heute genauso passieren, wie es damals passiert ist. Die Menschen sind auch heute manipulierbar. Wir wollen jungen Menschen zeigen, wie es zu dieser Katastrophe kommen konnte, dadurch können wir sie ein Stück widerstandsfähiger machen gegen neue Versuchungen. So wurde ich schließlich auch erzogen.

Wie meinen Sie das?

Ich habe vor 20 Jahren Briefe gefunden, die einen Schriftwechsel zwischen meinem Vater und meiner Mutter dokumentieren. Mein Vater war während des Zweiten Weltkrieges im Osten an der Front, er hatte offenbar bis zum Schluss daran geglaubt, dass er für eine gerechte Sache kämpfen würde. Meine Mutter hat ihm in den Briefen behutsam nahezulegen versucht, dass das keine gerechte Sache sein kann. Mein Vater ist in den letzten Kriegstagen gefallen, ich habe nie mit ihm darüber sprechen können. Danach war die gesamte Erziehung meiner Mutter, meines Stiefvaters und meiner Großmutter auch von der Frage geprägt, wie man eine Wiederholung dieses unfassbaren Unheils verhindern kann. Das versuche ich an meine Kinder weiterzugeben.

Wie genau?

Ich habe zum Beispiel eine Einladung aus Seelow erhalten, aus einer Gemeinde, die im Osten Brandenburgs liegt. Engagierte Leute haben dort ein Interview gelesen, das ich dem Volksbund der Kriegsgräberfürsorge gegeben hatte. Sie haben in Seelow ein umfangreiches Archiv geschaffen, in dem auch Dokumente meines Vaters auftauchen. Für mich war das bewegend und lehrreich. Ich habe das Archiv dann mit meinen beiden Söhnen besucht. Solche Erfahrungen prägen sich ein und sind wichtig für das Geschichtsbewusstsein.

Im Dezember 2010 sind Sie wieder in Israel gewesen. Gemeinsam mit Steffi Jones, der Organisationschefin der Frauen-WM 2011, und Spielerinnen und Spielern aus dem Nachwuchs haben Sie die Gedenkstätte Yad Vashem besucht. Welchen Wert haben solche Reisen für Talente?

Nach meinen persönlichen Erfahrungen in Israel weiß ich: Dieses Land atmet Geschichte, in diesem Land können Jugendliche in wenigen Tagen viel lernen, auch für ihr Leben in Deutschland. So sind wir vor Jahren auf den Gedanken gekommen, unsere Beziehungen zu Israel über einen Austausch von Nachwuchs-teams neu zu definieren. Es ist wichtig, dass junge Leute, die einmal Führungsspieler werden wollen, Israel besuchen, dass sie sich dort sportlich betätigen, aber auch Yad Vashem sehen. Meistens erlebe ich sie dann nachdenklicher als auf Reisen nach England oder Frankreich.

Patriotismus oder Nationalismus? Ein Aufnäher, aufgenommen während der WM 2006.

Sind Sie auf solchen Reisen noch Präsident des DFB oder schon Mitarbeiter des Auswärtigen Amtes?

Ich weiß, dass das Auswärtige Amt unsere Arbeit schätzt. Wir haben im Sommer 2010 auf einer gemeinsamen Pressekonferenz in Berlin sichtbar gemacht, was eigentlich zur Diplomatie gehört. Auch mit Fußball können wir zeigen, wie aufgeschlossen und weltoffen wir sind. Alle Nationalspieler sind Botschafter und Vorbilder unseres Landes. Das schätzt auch die Bundeskanzlerin.

Nicht überall kommt der Trend des Fußballs zu politischen Aufgaben gut an. Spüren Sie das persönlich?

Ich erhalte Briefe, darin wird mir vorgeworfen, ich würde den Fußball zu stark politisieren. Auch in anderen Bereichen der Gesellschaft gibt es die Tendenz, Themen klein zu halten, nach dem Motto: Nichts rauslassen, alles bleibt, wie es ist. Aber ich kann mit Widerständen leben. Mit Befehl und Gehorsam kommt man nicht weit, Überzeugungsarbeit ist gefragt. Da merke ich, dass immer mehr den Weg der Öffnung verfolgen. Wenn ich zum Beispiel eine Auszeichnung von einem Schwulen-Verband erhalte, fragen nur noch wenige: Musst du diese Auszeichnung unbedingt annehmen? Ich sage dann, was ich auch früher gesagt habe: Klar, das ist eine Frage der Glaubwürdigkeit. Damit zeigen wir: Wir sind so weit.

Sie haben als erster DFB-Funktionär das Thema Homophobie ins Blickfeld gerückt, jene Diskriminierungsform, die von weiten Teilen der Bevölkerung akzeptiert wird.

Ich habe in meiner Arbeit viel dazugelernt. Als wir die Satzung im Jahr 2000 veränderten, haben wir vor allem Rassismus, Antisemitismus und Fremdenfeindlichkeit berücksichtigt. Wir haben Homophobie nicht im Blickfeld gehabt, das räume ich ein. Erst auf dem bundesweiten Fankongress 2007 in Leipzig bin ich richtig auf das Thema gestoßen, damals ist es in meiner Rede zu kurz gekommen. Als dann ein Fanvertreter aus Stuttgart auf mich zukam, habe ich gemerkt, dass wir hier Nachholbedarf haben und uns intensiver aufstellen müssen.

Was ist seitdem geschehen?

Ich habe das Gespräch zu der ehemaligen Bundesligaspielerin Tanja Walther-Ahrens gesucht, eine tolle und kluge Frau, und sie hat mir seitdem enorm geholfen. Es ist wichtig, eine Gesprächsbasis zu Menschen zu haben, die Probleme besser kennen oder sich besonders dagegen einsetzen. Von diesem Wissen profitieren wir. Zu meiner aktiven Zeit, das ist fast 40 Jahre her, war Homosexualität strafbar. Hätte sich jemand in der Mannschaft dazu bekannt, hätte er sicherlich einigen Druck aushalten müssen. Wenn heute jemand käme und mich um Rat fragen würde, dann würde ich sagen: Hab doch den Mut. Dann hängt es vom Gespräch ab. Wenn er Argumente nennt, die dagegen sprechen, würde ich versuchen, diese Argumente zu reduzieren. Ich werde aber nie sagen: Du musst ein Vorzeigesportler sein. Eine öffentliche Aufforderung halte ich für respektlos. Aber meine Pflicht ist es, ein Bewusstsein zu schaffen, damit das Ganze nicht zu einem Spießrutenlauf wird.

Welche Konsequenzen halten Sie nach einem Coming-out im Fußball für möglich?

Wenn wir in meinem Heimatverein einen Fußballer hätten, der homosexuell ist, dann würde keiner daran Anstoß nehmen. Vielleicht bin ich ein unverbesserlicher Optimist: Ich glaube, dass es Frotzeln und Bemerkungen geben könnte, aber die würden von der Masse heruntergedrückt werden. Es hat einen gesellschaftlichen Konsens gegeben. Warum soll es den nicht im Fußball geben? Ich glaube, dass viele Menschen, die heute in führenden Funktionen beim Fußball arbeiten, eingreifen würden, sobald die Situation entgleiten würde. Wir würden unsere Hilfe anbieten.

Die Liberalisierung des Fußballs hat Ihre Beliebtheitswerte steigen lassen. Bis zum Frühjahr 2010, bis der Schiedsrichterstreit zwischen dem einstigen DFB-Funktionär Manfred Amerell und seinem früheren Schüler Michael Kempter eskalierte. Kempter bezichtigte Amerell, ihn sexuell belästigt zu haben. Weite Teile der Öffentlichkeit bewerteten Ihre Aufarbeitung dieses Streits als einseitig und populistisch. Haben Sie an Glaubwürdigkeit verloren?

Diese Geschichte hat mir keine Freude gemacht. Ein Journalist, mit dem ich lange sehr gut zusammengearbeitet habe, schrieb, dass ich diesen Fall mit dem Missbrauch in der katholischen Kirche verglichen hätte. Dieser Journalist hat Interpretationen getroffen, die keinesfalls stimmen, und das ohne persönliche Rücksprache mit mir. Er hätte mich doch zumindest anrufen können. Auf dieser falschen Grundlage fühlten sich viele Journalisten bemüßigt, kritische Kommentare über mich zu schreiben. Um das klarzustellen: Gegen ein Verhältnis unter Männern ist überhaupt nichts einzuwenden, solange es nicht um Lehrer und Schüler geht. Es bestand ein Abhängigkeitsverhältnis.

Welche Konsequenzen ziehen Sie daraus?

Diese Geschichte hat mich verschlossener gemacht, sie hat mich ein Stück weit verletzt. Ich habe mir die Frage gestellt, ob ich in einem solchen Kommunikationsprozess noch arbeiten möchte. Wenn Sätze aus dem Zusammenhang gerissen oder verdreht werden, entsteht ein Bild, das nicht meinem Charakter entspricht. Es entsteht ein Bild, in dem ich mich überhaupt nicht wiederfinde. Ich würde nie einen Menschen bewusst verletzen wollen. Ich habe mich genügend eingesetzt, beruflich und privat, gegen alle Fälle der Diskriminierung. Unabhängig davon: Ich habe nie gesagt, dass ich immer alles richtig machen würde.

Hat sich seitdem etwas geändert an Ihrer Arbeit?

Es bleibt dabei: Wir lassen nicht zu, dass man Fußball und den gesellschaftlichen Auftrag voneinander trennt. Das war vielleicht der Fehler, der früher gemacht wurde. Damals wurde gesagt, na gut, die wollen Fußball spielen, die sind nicht haftbar für Leute, die „Juden raus" oder „schwule Sau" rufen. Das machen wir nicht mehr. Wenn sich jemand wiederholt nicht daran hält, dann spielt er bei uns eben nicht mehr Fußball. Und wenn nach einem Outing eines Spielers negative Reaktionen kommen, dann würden wir genauso konsequent handeln. Die Menschen sollen Vertrauen spüren.

Sie begreifen Fußball und Politik als Themenfelder mit fließenden Grenzen. Wenn es zu Rassismus oder Gewalt in den Stadien oder im Umfeld der Stadien kommt, wird die Schuld von Politikern jedoch oft im Fußball gesucht. Ist das für Sie nachvollziehbar?

Wenn Sport von Rassisten missbraucht wird, kann der Fußball von der Politik nicht an den Pranger gestellt werden. Wir nehmen unsere Verantwortung wahr, aber gerade nach Härtefällen ist es wichtig zu betonen, dass der Fußball nicht alle Probleme lösen kann. Das wäre anmaßend. Aber schauen Sie auf die Fanprojekte, die gute Arbeit leisten. Es war traurig zu sehen, wie lange es manchmal gedauert hat, bis Landesregierungen bereit waren, sich an den Förderungen der Fanprojekte zu beteiligen. Da muss die Frage erlaubt sein, wo dort Prioritäten gesetzt werden. Oder blicken Sie in die Schulen. Wo sind die drei Stunden Schulsport, die seit Langem gefordert werden? Wir wollen eine faire Partnerschaft mit der Politik. Und ich denke, diese Partnerschaft wird immer besser.

Sie haben in jüdischen Gemeinden, vor schwulen Unternehmern oder am Welt-Aidstag in der Frankfurter Paulskirche Reden gehalten. Nach welchen Kriterien nehmen Sie Einladungen an?

Ich erhalte täglich Briefe oder Einladungen, aus Politik, Wirtschaft, Kultur. In dieser Häufigkeit werde ich solche Einladungen nicht dauerhaft annehmen können, wir müssen da genau abwägen. Aber wo ich auch war: Ich merke, dass Menschen mit Hilfe des Fußballs auch ein wenig Mut erhalten, sich selbst sichtbarer zu machen.

Der DFB-Präsident wird zu allen Themen der Gesellschaft befragt. Bleiben Ihre Recherche und Auseinandersetzung damit nicht zwangsläufig oberflächlich?

Das sehe ich anders. Ich bekomme vor Terminen viel Material, das ich genau lese. Ich bin evangelischer Christ, ich lese viel Literatur aus der Kirche, interessante Aufsätze und Berichte. Ich glaube auch nicht, dass ich für alle gesellschaftlichen Facetten eine Tiefe entwickeln muss. Dann würde ich unseren Verband auf den Kopf stellen, das will ich nicht. Wichtig ist doch eher die Grundhaltung, die Auseinandersetzung mit Minderheiten, mit Religionen. Ich muss nicht jede historische Episode der Sinti und Roma kennen, aber ich sollte ein Bewusstsein dafür entwickeln, dass dieser Volksgruppe zum Himmel schreiendes Unheil widerfahren ist.

Fühlen Sie sich manchmal auf den politischen Türöffner reduziert?

Quelle: picture alliance

„Als Privatmann darf ich eine Meinung haben, aber als DFB-Präsident muss ich mich aus Parteipolitik heraushalten." Theo Zwanziger (links) begrüßt den ehemaligen französischen Polizisten Daniel Nivel und dessen Frau. Mit dabei: DFB-Ehrenpräsident Egidius Braun und der langjährige Generalsekretär Horst R. Schmidt (rechts).

Das würde ich anders formulieren. Mit Hilfe des Fußballs eine gewisse Öffentlichkeit herzustellen, ist in Ordnung. Öffentlichkeit ist oft mit einer Person verbunden. Das ist für solche Anliegen nichts Negatives. Das muss ich bis zu einem gewissen Grade akzeptieren.

Wo ziehen Sie eine Grenze?

Ich habe Anfragen erhalten, die ich abgelehnt habe. Zum Beispiel von Initiativen gegen Kernkraft oder den Bundeswehr-Einsatz in Afghanistan. Da darf ich mich nicht einbringen, das sind Sachfragen eines Meinungsstreits unserer Demokratie. Als Privatmann darf ich eine Meinung haben, aber als DFB-Präsident muss ich mich aus Parteipolitik heraushalten. Diese Fragen haben mit unserer Verbandssatzung nichts zu tun, der Kampf gegen Diskriminierung sehr wohl.

Wie politisch wird der DFB nach Ihrem Ausscheiden sein?

Der Fußball verhindert ein Stück, dass Rivalität und Überheblichkeit gegenüber Minderheiten einsetzt. Mein Nachfolger wird an dieser Entwicklung nicht ohne Weiteres vorbeikommen. Wir werden es so organisieren: Egal, wer irgendwann auf meinem Platz sitzen wird, niemand wird die politische Seite des Fußball mehr wegreden können.

Hürdenläufer durch die Bürokratie

Islamfeindlichkeit nimmt zu und wird oft zwischen zwei Toren ausgetragen. Mehmet Matur, geboren in der Türkei, aufgewachsen in Deutschland, informiert und schlichtet als Integrationsbeauftragter im Berliner Fußball. Dabei stößt er auf Frust, Unwissenheit, soziale Spannungen – aber auch auf große Chancen.

Das Gespräch mit Mehmet Matur dauert keine zehn Minuten, schon lässt sich erahnen, warum Freunde und Kollegen ihn als Schlichter bezeichnen. Matur lächelt fast immer, auch wenn seine Geschichten nicht erfreulich sind. Seine Stimme ist nicht sonderlich laut, er argumentiert und, was für seine Tätigkeit unverzichtbar ist: Er kann zuhören. Manchmal lässt sein Ehrenamt keine Zeit für das Frühstück mit der Familie. Dann steuert Mehmet Matur sein Auto schon am frühen Morgen durch den dichten Verkehr Berlins. Dann begibt er sich auf die Suche nach Lösungen, bevor sein eigentlicher Job beginnt. Fährt nach Neukölln, Kreuzberg, in den Wedding – dorthin, wo in der Hauptstadt auch der Fußball seine Problemzonen hat.

Mehr als 110.000 Berliner spielen organisiert Fußball, ein Drittel hat ausländische Wurzeln, 20.000 stammen aus der Türkei. Viele Zuwanderer sind in einem der 40 ethnischen Vereine aktiv, 24 Klubs haben einen türkischen Hintergrund. Um ihre Sorgen kümmert sich Mehmet Matur. Seit 2004 ist er Integrationsbeauftragter des Berliner Fußball-Verbandes, manche behaupten, er sei der wichtigste Mann des Präsidiums. Die Stadt ist nicht arm an kulturellen Konflikten, zwischen Türken und Kurden, Israelis und Iranern, Deutschen und Afrikanern. Streit, Frust, Ressentiments, deren Ursprünge fernab Europas liegen, werden zwischen zwei Toren ausgetragen. Nicht nur in Berlin, in ganz Deutschland, vor allem in Ballungsgebieten. Die Bielefelder Konfliktforscher Andreas Zick, Judith Scherer und Martin Winands formulieren es im Sammelband „Der Ball ist bunt" so: „Die gesellschaftlich weit verbreitete und anscheinend hochgradig identitätsstiftende Differenzierung ‚Wir gegen die anderen' findet auf dem Platz statt. Vorurteile und Konflikte bahnen sich so ihren Weg aus der Gesellschaft in den Fußball hinein, und von dort gelangen

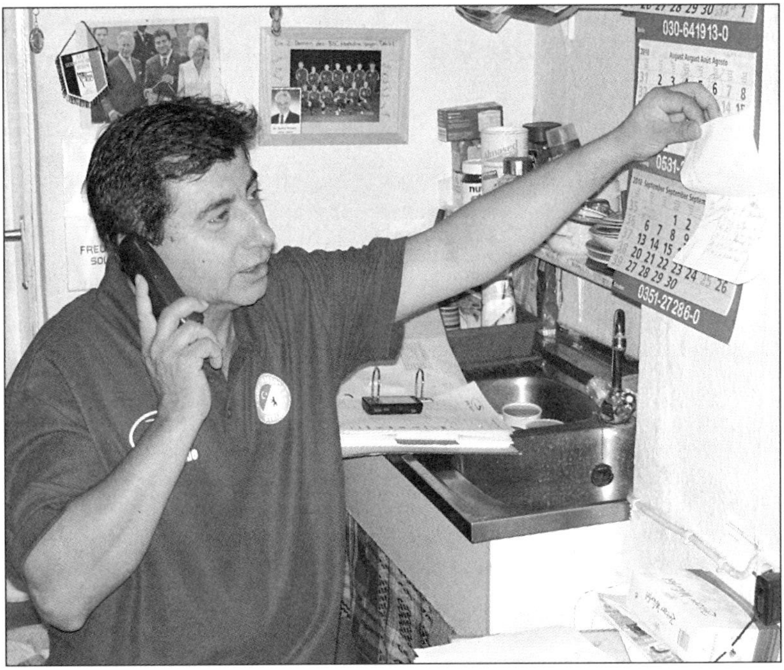

Quelle: Ronny Blaschke

Ehrenamt ohne Pause: Mehmet Matur lebt seit bald 40 Jahren in Deutschland.

sie wieder in die Gesellschaft." Mehmet Matur, ein Mann von kräftiger Statur, schlussfolgert: „Es ist wichtig, dass Migranten einen Ansprechpartner haben, der sich in ihre Lage versetzen kann. Nur so entsteht Respekt, nur so können wir Vorurteile abbauen."

Sarrazins Einfluss auf den Fußball

Was bedeutet Integration im Fußball? Der Sportsoziologe Gunter A. Pilz von der Universität Hannover unterscheidet drei Varianten: „Die Assimilation, wobei Migranten ihre Kultur ablegen und in der Mehrheitskultur aufgehen. Dann gibt es Parallel-Welten, wo zwei Kulturen nebeneinander ohne Probleme, aber auch ohne gegenseitigen Nutzen existieren. Beide sind nicht erstrebenswert. Die einzig wirklich integrative Variante nenne ich die interaktive Integration. Dabei ist die Mehrheit offen für die Eigenheiten der anderen und nimmt diese in sich auf. Konkret hieße das: Sportvereine, die Integration wollen, müssen sich in ihren Regeln auch den neu Hinzugekommenen anpassen."

Mehmet Matur glaubt, auf einem guten Weg gewesen zu sein. Bis Sommer 2010, bis Thilo Sarrazin sein Buch „Deutschland schafft sich ab" veröffentlichte. Darin beschreibt der ehemalige Finanzsenator Berlins Konsequenzen, die sich aus sozialen Problemen, Integrationsunwilligkeit und erblicher Intelligenz ergeben sollen. Im Fokus: Einwanderer aus muslimischen Ländern. In den folgenden Monaten wurde sein Buch mehr als eine Million Mal verkauft, in Umfragen erhielt er überwältigende Zustimmung, seine Thesen entfachten eine politische und kulturelle Debatte. Als hätten in Deutschland alle 15 Millionen Menschen mit Migrationshintergrund einen Kollektiv-Charakter. Mehmet Matur spürt die Folgen nun im Fußball: „Mir läuft es kalt über den Rücken, das macht mir Angst. Wir bemühen uns seit Jahren um Integration, wir gehen viele kleine Schritte, und Herr Sarrazin macht diese Arbeit mit einem Buch zunichte. Bei vielen muslimischen Spielern und Trainern wächst die Sorge, die sagen sich erst recht: Wir haben es immer gewusst, in Deutschland wollte man uns sowieso nie haben."

Bernd Ulrich, Ressortleiter Politik der Wochenzeitung „Die Zeit", kommentiert die Hysterie nach der Veröffentlichung Sarrazins: „Die hat ohnehin nicht deswegen eine solche Wucht bekommen, weil der Bundesbanker so brillant argumentieren würde, sondern weil die Gesellschaft kein richtiges Verhältnis zu ihren Einwanderern findet." Wie sonst sind die Ergebnisse der größten repräsentativen Umfrage zur religiösen Vielfalt in Europa zu interpretieren, die der Exzellenzcluster Religion und Politik der Universität Münster mit dem Forschungsinstitut Emnid in fünf Ländern durchgeführt hatte – vor der Sarrazin-Debatte wohlgemerkt. Danach ist die Bevölkerung Deutschlands viel intoleranter gegenüber dem Islam als ihre westeuropäischen Nachbarn. So verbinden mit dem Islam etwa 80 Prozent die Benachteiligung der Frau, 70 Prozent assoziieren Fanatismus, 60 Prozent Gewaltbereitschaft. Während Niederländer, Franzosen, Dänen mehrheitlich positiv über Muslime denken, gilt das in Deutschland für eine Minderheit von 34 Prozent im Westen und 26 im Osten. Der wichtigste Grund dafür seien Kontakte, sagt der Leiter der Studie, Religionssoziologe Detlef Pollack: „Je öfter man Muslime trifft, desto eher sieht man sie positiv." So geben im Westen etwa 40 Prozent an, Kontakte zu Muslimen zu haben, im Osten 16 Prozent. Bernd Ulrich schreibt in der „Zeit": „Die meisten haben eine abstrakte Angst, sie versuchen die eigene Scham abzuwehren, darüber, dass sie so wenig wissen über die Türkei und den Islam, darüber, dass sie unfähig sind, die Muslime als ganze Personen zu betrachten. "

Symbol für kulturelle Wurzeln: Seit 1978 bietet Türkiyemspor türkischen Einwanderern Vertrautheit und Kontakte.

Symbolverein Türkiyemspor

Mehmet Matur, geboren 1960, kennt diese abstrakte Angst seit Jahrzehnten. Vor bald 40 Jahren ist er aus dem Süden der Türkei nach Deutschland gekommen. Er war 17, als sein Vater, ein Gastarbeiter aus der ersten Zuwanderer-Generation, zurück wollte. Matur machte in der Türkei sein Abitur, auf eigene Faust kehrte er in die Bundesrepublik zurück. Er hat oft um seine Aufenthaltserlaubnis kämpfen müssen, er hat am eigenen Leib gespürt, wie es ist, unerwünscht zu sein. Zwölf Jahre hatte er bei der Berliner Verkehrsgesellschaft als Weichensteller und Schaffner gearbeitet, er wurde beleidigt, bedroht, von Fahrgästen und Kollegen, manchmal mit Messern, einmal wurde ein Schäferhund auf ihn gehetzt. Er betont, wie ihm der Fußball in der Fremde geholfen hatte. Sein Vater meldete ihn in einem Verein an, der junge Mehmet lernte Deutsch, knüpfte Kontakte, gewann Selbstsicherheit. Er lernte. Andere lernten über ihn.

Auf seiner morgendlichen Tour als Integrationsbeauftragter des Berliner Fußball-Verbandes ist Matur am Kottbusser Tor angekommen, im Herzen von Kreuzberg. Die Admiralstraße ist in der Nähe, hier liegt das Vereinsheim von Türkiyemspor. An den Wänden hängen Plakate und Wimpel. Senioren spielen Karten, an der Bar wird Tee serviert. Türkiyemspor ist der bekannteste Migrantenverein Deutschlands. Seit 1978 bietet er Einwanderern Vertrautheit und Kontakte. Viele Nationalitäten sind in den Jugendteams vertreten, der Klubs wurde für seine Bildungsangebote geehrt. Er unterstützt Mädchenfußball, positioniert sich gegen Rassismus und Homophobie. Trotzdem muss er um Akzeptanz kämpfen, berichtet Vereinsmitglied Mehmet Matur. Im Herbst 2010 wäre der Klub fast pleite gegangen, die Insolvenz konnte vermieden werden, weil Gläubiger auf ihr Geld verzichteten.

Warum Türkiyemspor ein Symbol für Integration ist, aber auch für Isolation und Islamfeindlichkeit, das kann Celal Bingöl erzählen, sechs Jahre war der Unternehmer Chef des Vereins, er sagt: „Politiker sonnen sich gern in unserem Licht, aber Unterstützung bekommen wir nicht. Vielleicht will man Türkiyemspor nicht, vielleicht passen wir als Migrantenverein nicht ins System." Eine verbreitete Meinung unter Migranten im Fußball. Belege dafür gibt es nicht. Aber Indizien: Studien der Universität Hannover von 2000, der Universität Potsdam von 2009 oder der Universität Bielefeld von 2010 skizzieren, dass zwar die Mehrheit der Spielabbrüche im Amateurfußball auf Migranten zurückgehen, dass sie aber bei gleichen Vergehen vor Sportgerichten härter bestraft werden als Herkunftsdeutsche.

„Kanaken", „Bastarde", „Schmarotzer"

Es war Anfang der siebziger Jahre, als die Familie von Celal Bingöl aus einem Dorf in Anatolien nach Berlin übersiedelte. Mit sieben Jahren fing er bei Anadoluspor an, einem Verein aus der Nachbarschaft mit türkischen Wurzeln. Im eingemauerten Westberlin verschrieben sich Gastarbeiter dem Fußball. Vor allem Türkiyemspor. Im Zuge des sportlichen Aufstiegs strömten immer mehr Anhänger ins Katzbachstadion nach Kreuzberg. Ende der achtziger Jahre hatte sich Türkiyem, was so viel bedeutet wie „meine Türkei", hinter Hertha BSC und Tennis Borussia zur dritten sportlichen Kraft Berlins entwickelt. Tausende Zuschauer verfolgten die Heimspiele, sie mussten mit ansehen, wie ihre Mannschaft 1991 den Aufstieg in die zweite Bundesliga knapp verpasste.

Am liebsten würde Celal Bingöl über die mehr als 40 Spieler sprechen, die Türkiyemspor in türkische Profivereine entsandt hat. Doch haften geblieben sind Anfeindungen. „Kanaken", „Bastarde", „Schmarotzer". Unmittelbar nach dem Mauerfall ist es am schlimmsten gewesen. Als sich in Cottbus die Spieler Türkiyemspors aus dem Bus Richtung Kabine aufmachten, standen Jugendliche Spalier, ausgestattet mit Baseballschlägern. Auf dem Rückweg wurde die Mannschaft von der Polizei bis zur Autobahn begleitet. Ein anderes Mal, im Norden Brandenburgs, bat Türkiyemspor um eine Schweigeminute für zwei Spieler, die bei einem Unfall ums Leben gekommen waren. Der Gastgeber erfüllte den Wunsch, die Zuschauer zerrissen die Trauer: „Zwei Alis weniger. Jawohl!" Die rechtsextreme Musikband Landser widmete Türkiyemspor ein Schmählied. Spieler wurden bespuckt, mit Bier begossen, mit Fladenbrot beworfen.

Matthias Wolf beschreibt Türkiyemspor in der „Berliner Zeitung" am 8. Oktober 2010 als Fremdkörper: „Die Spieler ziehen oft wie Vagabunden durch die Stadt – und fühlen sich mancherorts nur geduldet." Woche für Woche muss der Klub bei Behörden nachfragen, ob sein Training gesichert ist. Türkiyemspor hat keine feste Sportstätte. Ihre Heimspiele finden nicht in Kreuzberg statt, sondern im viel zu großen Jahnsportpark in Prenzlauer Berg, 20 Autominuten von Kreuzberg entfernt. Oft verfolgen nicht mehr als

Quelle: Ronny Blaschke

„Politiker sonnen sich gern in unserem Licht, aber Unterstützung bekommen wir nicht." Der Unternehmer Celal Bingöl war sechs Jahre lang Präsident von Türkiyemspor.

300 Zuschauer die Partien. „Deutsche Sponsoren haben kein Interesse", sagt Bingöl. Türkiyemspor ist auf die Gemeinschaft angewiesen, den Gemüsehändler, den Dönerverkäufer um die Ecke. „Das ist die Wirklichkeit – nicht irgendwelche Länderspiele."

Bingöl spricht die Vielfalt des deutschen Nationalteams an, die als Ausgangspunkt für Integrationsdebatten genutzt wird: 1996, als die deutsche Mannschaft Europameister wurde, hatten zwei von 23 Spielern einen Migrationshintergrund: Fredi Bobic einen kroatischen, Mehmet Scholl einen türkischen. Während der WM 2010 in Südafrika waren es elf Spieler, die Hälfte des Kaders, die prominentesten: Mesut Özil, Türkei; Lukas Podolski und Miroslav Klose, Polen. Die DFB-Führung predigt Integration, indem sie Kicker zu Wort kommen lässt, für die „Generation Multikulti" nichts Besonderes mehr ist. „Das ist für uns kein Thema", hat Dennis Aogo gesagt, dessen Vater aus Nigeria stammt. „Wir kennen es nicht anders." Sie spielen früh in Talentschulen oder Juniorennationalteams. Die Auswahl der unter 21-Jährigen gewann 2009 die Europameisterschaft in Schweden, neun der elf Stammspieler haben ausländische Vorfahren. „Spieler, die einen anderen kulturellen Hintergrund und eine andere Lebensphilosophie haben, bereichern uns", hat Oliver Bierhoff gesagt, Manager der Nationalmannschaft. Das sieht im Amateurfußball, wo es weniger um Spitzenleistungen und Botschafterrollen geht, anders aus.

Eine falscher Blick – und die Lage eskaliert

In der Nähe des Neuköllner Rathauses betreiben Mehmet Matur und sein Bruder ein Sportgeschäft. Matur hat die ersten Termine erledigt, nun tauscht er Sakko und Hemd gegen ein blaues T-Shirt. Er muss seinen Lebensunterhalt verdienen. Im Sommer 2010, während der WM, hat er Trikot und Schuhe von Özil öfter verkauft als die des portugiesischen Superstars Cristiano Ronaldo. Trikots der deutschen Spieler, Schweinsteiger oder Lahm, waren ausverkauft, obwohl 90 Prozent seiner Kunden einen Migrationshintergrund haben und sich sonst für Artikel der Istanbuler Vereine interessieren. Matur macht sich keine Illusionen: Die WM kann eine Botschaft senden, Integration kann sie nicht ersetzen.

Hinter dem Verkaufsraum seines Ladens hat Matur ein kleines Büro. Auf dem Schreibtisch liegt ein Papierstapel, Verbandsarbeit. Er muss Urteile des Sportgerichts studieren. Matur ist ein Hürdenläufer durch die Bürokratie – andere profitieren von seiner Ausdauer. Manchmal sind es Kleinigkeiten, die sich zu einem Berg auftürmen, einen Migrantenverein in Bedrängnis bringen: ungeöffnete Briefe, nicht bezahlte Strafen, fehlende Schiedsrichter. Versäumnisse können dazu führen, dass die Gemeinnützigkeit entzogen wird und das Benutzen von Sportanlagen nicht mehr kostenfrei ist. „Viele Funktionäre sind die deutschen Regeln nicht gewohnt", sagt Matur. „In der Türkei gibt es keinen Breitensport mit Ehrenämtern." In islamischen Ländern sind Vereine Männerdomäne. In Deutschland schrecken Sprachbarrieren und Anmeldebürokratie ab. „Zum Beispiel versuchen Moscheen, Mitglieder, die nicht mehr regelmäßig zum Freitagsgebet kommen, durch Sport an sich zu binden", sagt Silvester Stahl. Der Sportsoziologe der Universität Göttingen hat die „Selbstorganisation von Migranten im deutschen Vereinssport" untersucht. „Das Verbandswesen spielt dabei für sie kaum eine Rolle."

Mehmet Matur hört von Arbeitslosigkeit, Sprachbarrieren, Frust, Gewaltbereitschaft. Auf dem Platz reicht ein Funke, ein falscher Blick, eine Provokation – und die Lage eskaliert. Wenn er seinen Sohn zum Training von Türkiyemspor fährt, nimmt er auch Freunde mit, die von ihren Eltern vernachlässigt werden. Einmal wurde Mehmet Matur von der Polizei gestoppt, weil sich sechs Kinder in sein Auto gequetscht hatten. Wenn er seinen Sohn wieder abholt, bleibt ihm nichts anderes übrig, als die Kinder wieder mitzunehmen. Ihre Eltern hatten sie vergessen. „Der Einfluss eines Fußballverbandes ist begrenzt", sagt Matur. Doch er kann dafür sorgen, dass muslimische Fußballer nicht pauschal auf soziale Probleme reduziert werden. Er

Begegnung Fußball: Beim Bolzen im Hinterhof können sich deutschstämmige
und Immigrantenkinder näherkommen.

möchte Bekannte überzeugen, ihre Söhne und Töchter zum Fußball zu schicken. Oft ist sein Wirken vergeblich, vor allem, was die Töchter betrifft. Dabei
ist Matur auf Hilfe angewiesen. Zum Beispiel auf jemanden wie Sportlehrerin
Gabriele Kremkow. Kremkow ist seit mehr als 20 Jahren Sportlehrerin. Sie hat
ein Gespür für Talente, manchmal hilft ihr das wenig. Sie wollte ein muslimi-
sches Mädchen an einen Fußballverein empfehlen – bei einem Verein landete
es nicht. Die Eltern hatten etwas dagegen, wieder blieb ein Talent unentdeckt.

Selbstbewusstsein durch Sportunterricht

Kreuzberg, nahe Südstern. Die Carl-von-Ossietzky-Oberschule ist eine der
größten Schulen Berlins, 120 Lehrer, 1.300 Schüler, 90 Prozent von ihnen aus
Einwandererfamilien. Die Schule liegt in einer Umgebung, die als sozialer
Brennpunkt umschrieben wird. Gabriele Kremkow könnte über Sorgen reden;
über Kinder, die allein aufstehen, ohne Frühstück, weil ihre Eltern nicht aus
dem Bett kommen. Aber sie nähert sich den Problemen von der anderen Seite,
spricht über Lösungen. „Der Sport ist für unsere Arbeit von großer Bedeutung",
sagt sie. Wenn sie bei den Berliner Politikern einen Wunsch frei hätte, würde sie
die Zahl der wöchentlichen Sportstunden auf fünf erhöhen. Für tägliche Aus-
lastung. Studien haben nachgewiesen, dass körperliche Betätigung in Gruppen
die Kommunikation und den Gemeinschaftssinn fördert – unabhängig von
der Herkunft. Das Selbstbewusstsein, das Schüler im Turnen oder Fußball
gewinnen, übertragen sie auf den Mathematik- oder Geografieunterricht.

Im Schnitt sind es fünf muslimische Mädchen pro Klasse, die mit 13 oder 14 ein Kopftuch anlegen, auch im Sport. „Wir können eine Meinung haben, aber es steht uns nicht zu, über Religion zu urteilen", sagt Kremkow. Sie achtet auf die Kopfbedeckungen, wegen der Verletzungsgefahr. Die Tücher müssen speziell gewickelt und im Nacken gebunden sein, der Hals muss frei bleiben. Deshalb springen und sprinten die Mädchen im Sommer mit Rollkragen-pullover, um den Körper zu bedecken. Rund 400.000 muslimische Mäd-chen leben in Deutschland, die meisten stammen aus der Türkei. Gabriele Kremkow spricht mit Eltern, um für Sportunterricht zu werben. Bei einer Sportart hat sie Probleme: Immer wieder kommt es vor, dass Muslime ihren Töchtern das Schwimmen verbieten. Sie fürchten, dass Bewegungen und Klei-dung der Mädchen aufreizend sein könnten und ihre Jungfräulichkeit unter-graben werde.

Die Mädchen stürzt dies in einen Gewissenskonflikt. Einerseits respek-tieren sie ihre Eltern, andererseits wollen sie von Mitschülern nicht ausge-schlossen werden. Notfalls schwimmen sie in Radlerhosen und Hemden. Kremkow sieht sich als Vermittlerin. In Kreuzberg hat nur jedes vierte Kind zu Hause schwimmen gelernt, im Berliner Schnitt jedes zweite. An den Schulen in Kreuzberg bleibt ein Viertel Nichtschwimmer, im bürgerlichen Bezirk Zehlendorf sind es lediglich fünf Prozent. „Wir dürfen niemanden mit Leistungsdruck abschrecken.» An vielen Schulen schicken Lehrer muslimi-sche Schülerinnen zum Frauenschwimmen in Schwimmbädern. In der Carl-von-Ossietzky-Oberschule wurden Arbeitsgemeinschaften im Basketball, Badminton, Volleyball gegründet, besonders beliebt ist Mädchenfußball. Die Schülerinnen reißen sich um einen Platz beim jährlichen Antigewalt-Turnier.

Der Sportdidaktiker Ulf Gebken von der Universität Oldenburg kennt dieses Prinzip. Mit Hilfe des DFB hat er 2.000 Mädchen mit Migrationshin-tergrund an den Fußball herangeführt, seine Projekte zwischen Schulen und Vereinen sind in ganz Deutschland anerkannt. „Wir fördern das Selbsthilfe-potenzial", sagt Gebken. „Mädchen können Übungsleiterinnen oder Schieds-richterinnen werden und Verantwortung in unserer Gesellschaft über-nehmen." Schulen haben es nicht immer leicht, Musliminnen für Sport zu begeistern – Vereine haben es richtig schwer. Laut einer Studie der Universität Frankfurt am Main von 2002 sind weniger als fünf Prozent der erwachsenen Einwanderer in Sportklubs aktiv, bei ihren Töchtern ist die Zahl noch nied-riger. In der Regel kommen die Kinder in der Grundschule erstmals mit Sport in Berührung. Gebken sagt: „Wenn wir muslimische Mädchen für den Sport gewinnen möchten, müssen wir die ganze Familie ansprechen. Da reichen keine Infoblätter." Vereinsvertreter führen besorgte Väter durch Duschkabinen oder Umkleidetrakte, verweisen auf den freundlichen Hausmeister, die gute Straßenbeleuchtung des Heimweges oder fahren die Mädchen selbst nach Hause. Vor Auswärtsreisen werden Regeln besprochen: Alkoholverbot, getrennte Schlafräume, vegetarisches Essen.

Streitpunkt Kopftuch

„Wir dürfen nicht alle Menschen mit unserer mitteleuropäischen Brille beurteilen." Gül Keskinler, seit 2006 Integrationsbeauftragte des DFB.

2007 schickte ein Schiedsrichter in Bremen eine muslimische Nachwuchsspielerin des KSV Vatan Spor vom Platz. Wegen ihres Kopftuches. Der Schiedsrichter berief sich auf die Regeln des Weltfußballverbandes FIFA, der religiöse Botschaften verbietet. Hatte der Unparteiische recht? War er unwissend? Intolerant? Legt man den demografischen Wandel zu Grunde, werden Sportverbände auch im Leistungssport auf Migrantinnen angewiesen sein. Sportartikelhersteller haben moderne, sichere Kopftücher in ihr Sortiment aufgenommen.

Wenn in Deutschland über innerfamiliäre Gewalt diskutiert wird, haben viele das Kopftuch vor Augen, das findet auch Gül Keskinler völlig überzogen; seit 2006 ist sie die erste Intergrationsbeauftragte des DFB. „Wir dürfen nicht alle Menschen mit unserer mitteleuropäischen Brille beurteilen." Sie verweist auf eine neue, selbstbewusste Generation von Musliminnen, die sich für ihr Kopftuch entscheiden, als ein Symbol ihrer Identität, nicht als Zeichen von Unterdrückung. „Sie bestimmen, wen sie heiraten, wo sie leben, für wen sie arbeiten." Keskinler, geboren in Istanbul, 1970 nach Deutschland übergesiedelt, hat Integrationsprojekte umgesetzt, sie ist Teilnehmerin der ersten Stunde am Deutschen Integrationsgipfel. Ihre Berufung zählt zu den wichtigsten Signalen des DFB-Präsidenten Theo Zwanziger. Der Verband hat nun eine Repräsentantin, die Komplexität herunterbrechen kann, dafür muss sie keine Vergangenheit als Trainerin oder Funktionärin haben. Eine solche Position haben wenige Konzerne, Unternehmen oder Gewerkschaften geschaffen.

Selbst die Bundesregierung verzichtet nach wie vor auf ein Ministerium für Integration.

Mehmet Matur in Berlin war der erste Migrant, der in ein Verbandspräsidium gewählt worden ist. Nun steuert er sein Auto Richtung Jahnsportpark, im Osten der Hauptstadt gelegen. Türkiyemspor bestreitet ein Heimspiel. Rund 300 Zuschauer sind gekommen, fast ausschließlich Mitglieder der türkischen Gemeinschaft. Der Stadionsprecher wird wenige Worte auf Deutsch sprechen. Was hier im Großen passiert, geschieht im Vereinsheim in Kreuzberg im Kleinen: Aus den Lautsprechern tönt türkische Musik, auf den Bildschirmen laufen Spiele aus der türkischen Liga, am Billardtisch wird Türkisch gesprochen. Es gibt Migrantenvereine in Berlin, da lassen sich unter 400 Nachwuchsspielern deutsche Kicker an zwei Händen abzählen.

Ist das ein Beleg für einen alten Vorwurf, wonach ethnische Vereine sich von der Mehrheit abschotten? Oder ein Beleg dafür, dass sich die Kicker anderswo benachteiligt fühlen? Weil sie mehr leisten müssten aufgrund ihrer Herkunft? „Dass nur Türkisch gesprochen wird, darf nicht sein", sagt Mehmet Matur. „Die Benennung des Vereins nach der alten Heimat, das ist in Ordnung, aber trotzdem muss man sich öffnen." Und warum fiebern die meisten mit den Istanbuler Klubs Galatasaray oder Fenerbahce, nicht aber mit der Berliner Hertha? Matur hat vieles probiert, um Spieler und Funktionäre zu vernetzen. Er hat Versammlungen abgehalten, ein Spieleraustausch-Programm angeregt, Antigewaltkurse organisiert, eine Feier etabliert: das Kennenlernen von Kulturen. „Die Tische werden gemischt", sagt er. „So versuchen wir außerhalb des Sports gemeinsam Aktivitäten zu fördern." Alle erreicht er damit nicht, immer wieder muss er hinterhertelefonieren oder Briefe schreiben.

Matur ist am Abend im Jahnsportpark ein gefragter Mann. Kaum ein anderer Landesverband hat einen Integrationsbeauftragten, trotz des Wandels. „Viele Kinder sind schlecht in der Schule", sagt Matur, „sie fühlen sich durch Fußballs erstmals akzeptiert."

Gegen 22 Uhr tritt er in Prenzlauer Berg den Heimweg nach Tempelhof an, einen südlichen Bezirk. Lange haben die Nachbarn weggeschaut, wenn Mehmet Matur gegrüßt hat, das hat sich geändert. Matur war immer geduldig. Der Tag als Fußballfunktionär hatte für ihn 14 Stunden. Manchmal lässt ihm das Ehrenamt keine Zeit fürs Frühstück mit der Familie. Und auch nicht für das Abendessen.

„Warum sollte ich nur Dönerfleisch essen?"

Halil Altintop ist in Deutschland aufgewachsen und spielt für die türkische Nationalmannschaft. Funktionäre und Politiker bezeichnen ihn als gelungenes Beispiel für Integration. Im Interview spricht er über das Wandeln zwischen Kulturen, zunehmende Islamfeindlichkeit und die Identitätshilfe Fußball.

Das Gespräch ist fast eine Stunde alt, da schaut Halil Altintop zum ersten Mal auf seine Uhr, so tief ist er in Gedanken versunken. Doch gleich muss er zum Training. Altintop, geboren 1982 in Gelsenkirchen, scheint froh darüber zu sein, einmal Fragen beantworten zu dürfen, die nur am Rande mit Fußball zu tun haben. Halil und sein Zwillingsbruder Hamit haben türkische Wurzeln, leben in Deutschland, aber spielen für die türkische Nationalmannschaft. Halil steht seit 2010 bei Eintracht Frankfurt unter Vertrag, zuvor war er für Wattenscheid, Kaiserslautern und Schalke 04 aktiv gewesen. Sachlich und gelassen spricht der Muslim über Themen, die in Deutschland regelmäßig hitzige und kontroverse Debatten auslösen.

Herr Altintop, im Sommer 2010 löste Thilo Sarrazin mit seinem Buch „Deutschland schafft sich ab" eine monatelange Debatte um Integration aus. Darin beschreibt das ehemalige Vorstandsmitglied der Bundesbank negative Konsequenzen, die sich angeblich aus der Zuwanderung von Muslimen ergeben würden. Was halten Sie als Muslim von seinen Thesen?

Ich habe mich damit nicht wirklich beschäftigt, ich wollte das nicht so sehr an mich ranlassen. Wir leben in einer Gesellschaft, in der viele Menschen keine eigene Meinung mehr haben. Da kommt jemand wie Sarrazin, erzählt etwas und kann sich gut darstellen. Viele nehmen ihm das ab und plappern es nach, obwohl sie gar nichts davon verstehen. Alle sagen plötzlich: Der muss einfach recht haben. Ich finde das traurig, denn es sind dieselben Leute, die den Fußball zum Anlass nehmen, um Integration in Deutschland zu loben.

„Deutscher oder Türke? Egal, ich bin der Halil, das muss reichen." Halil Altintop im Dress von Eintracht Frankfurt.

Quelle: picture alliance

Sie sprechen das deutsche Nationalteam an, in dem Spieler mit unterschiedlichen Wurzeln aktiv sind. In der Qualifikation für die EM 2012 hat der türkischstämmige Spieler Mesut Özil das DFB-Team im Oktober 2010 zu einem 3:0 gegen die Türkei geführt.

Alle haben ihn groß gefeiert. Trotzdem ist die Diskussion scheinheilig. In den Zeitungen stand nur: „Özil trifft für Deutschland", „Özil schießt Deutschland nach vorn". Niemand macht sich die Mühe, genauer hinzuschauen, niemand fragt: Wie ist Özil aufgewachsen? Was hat er für einen Glauben? Das erinnert mich an die Schulnoten der „Bild-Zeitung". Glauben Sie, dass man einen Spieler nur danach beurteilen kann, ob er von Journalisten die Note drei oder die Note sechs erhält? Mir ist das zu einfach. Aber die meisten geben sich damit zufrieden.

Islamfeindlichkeit nimmt zu, auch unter gebildeten Menschen und Besserverdienenden. Werden die Sarrazin-Thesen sich in Einstellungen und Meinungen über Muslime festsetzen?

Ich glaube, dass sich das festsetzen wird, denn die Mehrheit interessiert sich nur für das Negative. Sie schauen nicht auf erfolgreiche Türken in der Politik oder in der Wirtschaft. Die Frage ist nur, wie Muslime auf Provokationen reagieren werden, zum Beispiel auf dem Fußballplatz. Mich haben Gegenspieler früher auch provoziert, ich habe oft gehört: Du Ausländer! Du Moslem! Ich habe gedacht: Die wollen sich eben durchsetzen, die wissen sich nicht anders zu helfen, ich habe das nicht persönlich genommen. Aber nicht alle Spieler bleiben so gelassen.

Sie wurden in Gelsenkirchen geboren, sind dort aufgewachsen, aber Sie spielen in der türkischen Nationalmannschaft. Wie sehen Sie sich selbst? Als Deutscher oder als Türke?

Die Frage ist berechtigt, ich habe oft darüber nachgedacht, aber es fällt mir noch immer schwer, Worte zu finden. In manchen Situationen fällt mir auf, dass ich sehr türkisch bin. Das kann an türkischer Musik liegen, an ausgelassenen Feiern oder an Kleinigkeiten, wo ich mich plötzlich sehr wohl fühle. Das ist dann eine spezielle Emotionslage. Auf der anderen Seite ist die deutsche Zielstrebigkeit für mich wichtig, die Hartnäckigkeit, die fleißige Arbeit. Diese Eigenschaften habe ich früh angenommen. Deutscher oder Türke? Egal, ich bin der Halil, das muss reichen.

Verzichten Sie bewusst auf eine Zugehörigkeitsbeschreibung?

Ich glaube, dass man ein Zugehörigkeitsgefühl braucht. Wo fühle ich mich wohl, wo kann ich mich zurücklehnen? Diese Fragen sind mir wichtig. Aber wenn ich jemanden kennenlerne, würde ich nie auf die Idee kommen, ihn zuerst zu fragen: Woher kommst du? Wo wurdest du geboren? Das interessiert mich nicht. Es gibt in Deutschland so viele Kulturen, so viele Einflüsse, die uns von Anfang an in unserer Entwicklung prägen. Warum sollte ich nur Dönerfleisch oder türkische Pizza essen, wenn es überall sehr gute Restaurants aus aller Welt gibt.

Wie hat der Fußball Ihnen geholfen, diese Wahrnehmung zu entwickeln?

Ich habe schon in den Jugendmannschaften mit Deutschen, Italienern, Griechen, Arabern oder Bosniern gespielt, ich habe gesehen, wie sie leben, wie sie zu Hause aufwachsen, was sie essen. Deswegen finde ich es nicht wichtig, jemandem einen Stempel aufzudrücken. Du bist deutsch! Du bist türkisch! Warum muss man sich da so streng festlegen, klüger macht uns das auch nicht.

Lässt der Fußball, in dem Spieler aus aller Welt aufeinandertreffen, Heimatgefühle überhaupt zu?

In Deutschland werde ich von vielen als Ausländer angesehen, in der türkischen Nationalmannschaft aber auch, dort haben mich Medien und Spieler lang als „den Deutschen" bezeichnet, weil ich angeblich so emotionslos bin.

Das ist vielleicht so, weil ich nirgendwo eine Kultur zu hundert Prozent über-nommen habe. Früher, in der türkischen Jugendnationalmannschaft, habe ich mich nicht besonders wohlgefühlt. Es war alles so anders als in Gelsen-kirchen. Der Fußball wird in der Türkei noch höher angesiedelt, fast wie eine Religion, Spieler werden auf Händen getragen. Das war mir am Anfang zu viel, ich habe dann überlegt, ins deutsche Team zu wechseln, ich hatte schon Kontakt zum Trainer Uli Stielike. Bei meinem Bruder Hamit war das anders, er hat sich in den türkischen Auswahlteams sofort rundum wohlgefühlt.

Was hat Sie mit der Zeit umgestimmt?

Erstens wollte ich mit dem Nationalteam nie gegen Hamit spielen. Und ich habe natürlich dazugelernt, ich sehe meine Rolle in der Türkei inzwischen sehr positiv, weil ich die Mischung mag. Wenn der Trainer nicht dabei ist, sprechen die Deutsch-Türken im Nationalteam auch mal deutsch, aber das sehen die anderen Spieler nicht so gern. Wir nehmen es locker. Ich spreche längst akzentfrei türkisch. Ich habe enorm von den Reisen in die Türkei pro-fitiert, kulturell, sprachlich. Dass ich in Deutschland aufgewachsen bin und zugleich in der Türkei spielen darf, ist ein großes Privileg.

Nach dem entscheidenden Qualifikationsspiel für die WM 2006 der Türkei gegen die Schweiz traten Sie und Ihr Bruder sehr besonnen auf, einige Ihrer Kollegen gingen auf gegnerische Spieler los. Haben Sie aus diesem Vorfall Lehren gezogen?

Irgendwie war das eine Bestätigung dafür, dass ich nicht wirklich tür-kisch bin. Dieses Temperament, dieses Hochkochen der Emotionen, habe ich vorher nie erlebt. Ich kannte Raphael Wicky aus der Bundesliga, der hatte sich vor Angst an meinen Arm geklammert. Ich habe versucht, ihn gesund in die Kabine zu bringen. Ich bin auch jemand, der sich im Training leicht reizen lässt oder in der Kabine vorlaut ist, aber nachgetreten habe ich nie. Was ich damals in Istanbul erlebt habe, war total neu und erschreckend. Man darf sich nicht von Emotionen beherrschen lassen.

Hätten Sie genauso überlegt reagiert, wenn Sie in der Türkei aufgewachsen wären?

Ich weiß nicht, ob ich auch so aufbrausend geworden wäre, ich bin ein-fach froh, wie alles gekommen ist. Ich war immer tolerant, hatte nie einen Tunnelblick. Ich hatte schon in der Schule nie ein Problem, selbst mit Schü-lern, die Ausländer nicht mochten. Ich lasse mich nicht provozieren, ich habe

„Dieses Temperament, dieses Hochkochen der Emotionen, habe ich vorher nie erlebt." Nach dem WM-Qualifikationsspiel zwischen der Türkei und der Schweiz kam es zu Übergriffen türkischer Spieler.

mich noch nie in meinem Leben geprügelt, und ich denke, ich habe nichts verpasst. Wie ich damals im Stadion von Istanbul gehandelt habe, würde ich immer wieder handeln.

Wie groß ist der Anteil Ihrer Eltern an dieser Einstellung?

Sehr groß. Meine Mutter ist in einem Dorf bei Malatya aufgewachsen, im Osten der Türkei, ein Gebiet, das wirtschaftlich hinter Istanbul oder Ankara zurückhängt. Mein Vater war auf dem Land tätig, er hat im Sommer auf dem Acker schwer gearbeitet, so dass unsere Familie im Winter beruhigt leben konnte. Meine Eltern haben sich dann vor fast vierzig Jahren entschieden, nach Deutschland zu gehen, sie wollten uns Kindern eine bessere Zukunft ermöglichen. Sie wollten finanziell abgesichert sein, und in Deutschland wurde Arbeitskraft gebraucht. Die Entscheidung, ins Ruhrgebiet zu gehen, fiel auch deshalb, weil Verwandte und Bekannte aus der Türkei sich für diese Region entschieden hatten. So fühlten meine Eltern sich ein wenig sicherer.

Ihr Vater ist gestorben, als Sie zwei Jahre alt waren. Wie beschreiben Sie die Erziehung Ihrer Mutter?

Meine drei Schwestern, mein Bruder Hamit und ich haben seit unserer Kindheit die Augen in alle Richtungen offen gehalten. Wir wollten uns nie abschotten. Auch wenn meine Mutter zum Beispiel türkische Läden bevorzugt, hat sie uns nie so erzogen, dass wir nur zu einem türkischen Bäcker oder einem türkischen Gemüsehändler gehen sollen. Sie hat für uns hart gearbeitet, hat gekocht, gewaschen, geputzt, jahrelang. Hamit und ich haben früh angefangen mit Fußball, schon in der Grundschule, der Sohn unserer Nachbarn hat uns mit in den Verein Schwarz-Weiß Gelsenkirchen genommen. Im engen Umfeld hatten wir viele türkische Freunde, aber im Fußball sind wir immer schnell mit deutschen Jungen ins Gespräch gekommen. Sie sind anders an die Sache herangegangen, sie haben disziplinierter trainiert, zielorientierter, das hat uns beeindruckt.

Hat Ihre Mutter Ihre Wandlung wahrgenommen?

Meine Mutter konnte sich das am Anfang gar nicht vorstellen. Je älter wir wurden, desto wichtiger wurde uns der Fußball. Wenn unsere Familie am Wochenende wegfahren wollte, antworteten wir: Wir haben ein wichtiges Spiel, wir können nicht mitkommen. Unsere Mutter hat das zum Glück akzeptiert. Leider sind einige meiner Landsleute so konservativ, dass sie immer nur in eine Richtung schauen. Einer meiner besten Freunde musste früh im Laden seines Vaters aushelfen, während wir auf der Straße gekickt haben. Er hat es sich nicht so leicht aussuchen dürfen wie wir. Unsere Mutter war, Gott sei Dank, tolerant. Aber nicht um jeden Preis. Unsere Schule war ihr am wichtigsten, dank ihr haben wir Abitur gemacht. Auch wenn ich nicht so gern Hausaufgaben gemacht habe, sie hat immer gesagt, wenn die Zensuren schlecht sind, müssen wir mit Fußball kürzer treten.

Anfang der neunziger Jahre hat es Anschläge auf Asylbewerber gegeben, in Hoyerswerda, Rostock oder Mölln. In Solingen, das 60 Kilometer südlich von Gelsenkirchen liegt, starben im Mai 1993 fünf Menschen mit türkischer Abstammung nach einem Brandanschlag von Neonazis. Wie haben Sie diese Zeit erlebt?

Ich war zehn Jahre alt, trotzdem kann ich mich gut erinnern. Alle haben über Solingen geredet, die Stimmung war aufgeladen, viele haben Türken auf den Straßen schief angeschaut. Ich hatte das Gefühl, dass wir damals an einem Scheideweg standen: Entweder schaffen wir es und werden erfolgreich – oder eben nicht. Zum Glück hatten wir Freunde, die uns stark unterstützt haben.

Hätten Sie auch ohne Fußball einen erfolgreichen Weg einschlagen können?

Es wäre auch ohne Fußball gegangen, einen vernünftigen Weg zu gehen. Unsere Mama hatte ein wenig Angst, dass wir auf die falsche Bahn geraten. Aber der Fußball war eine große Hilfe. Schauen Sie sich Jugendliche an, egal ob deutsch oder türkisch. Viele, die keinen Sport treiben, hängen hinterher. Wir leben in einer Gesellschaft, in der es sehr schwer ist, sich durchzusetzen, so was lernt man im Fußball. Viele Jungs sitzen zu Hause vor dem Computer oder spielen Playstation, sie wissen nicht, wie sie sich sinnvoll beschäftigen sollen. Dann stoßen Jugendliche auf

„Alle haben über Solingen geredet, die Stimmung war aufgeladen." Beim Brandanschlag in Solingen 1993 starben fünf türkische Frauen und Kinder.

falsche Freunde, driften ab. Im Fußball kann man viele Probleme verarbeiten. Man kann Aggressionen abbauen, die sich woanders aufgestaut haben. Man ist ruhiger nach einem harten Training, man geht in sich. Es muss nicht jeder mit Fußball sein Geld verdienen, aber der Fußball hilft.

Ihre Mutter hat Ihnen geholfen – haben auch Sie ihr geholfen, sich in Deutschland zurechtzufinden?

Ich denke schon, meine Mutter spricht nicht perfekt deutsch, sie verdreht einiges. Wir haben ihr zum Beispiel Briefe übersetzt. Unser Zusammenhalt in der Familie ist groß, wir haben uns gegenseitig geholfen. So möchte ich irgendwann auch meine Kinder erziehen. Ich habe eine deutsche Freundin, schon seit einigen Jahren, sie ist evangelisch. Davor hatte ich eine polnische Freundin, streng katholisch, aus einem gebildeten Elternhaus, von beiden habe ich viel gelernt, sie haben meinen Horizont erweitert.

In Deutschland wird immer wieder das Verbot von Kopftuch oder Burka diskutiert. Was halten Sie von solchen Forderungen?

Meine Mutter ist mit Kopftuch groß geworden. Ich habe sie nie darauf angesprochen, für mich war das überflüssig. Ich glaube nicht, dass sich die Mehrheit der Bevölkerung für Kopftücher interessiert. Ich lebe in Frankfurt, und wenn ich dort durchs Bahnhofsviertel fahre, sehe ich Obdachlose, die so gut wie gar nichts tragen. Die versuchen, die nächsten Tage zu überleben. Es gibt schlimmere Probleme, als sich über Kopftücher aufzuregen, aber das sehen einige Oberschlaumeier anders. Die sagen: Passt auf, das geht so nicht! Meine mittlere Schwester hat lange Kopftuch getragen, dann hat sie geheiratet und es abgenommen. Für sie war der richtige Moment gekommen. Sollte ich mal eine Tochter haben und sie würde ein Kopftuch tragen wollen, ich würde sie nicht daran hindern.

Ihre Freundin ist evangelisch, Sie sind muslimisch. Wie würden Sie Ihre Kinder erziehen?

Ich würde meine Kinder so erziehen, wie meine Mutter uns erzogen hat, mit Wert auf Disziplin und Respekt. Und der Fähigkeit, wichtige Entscheidungen selbst treffen zu können. Ich würde ihnen vermitteln, dass sie Fehler machen dürfen und ihre Freiheit haben. Ich würde niemals sagen: Du bist deutsch! Du bist türkisch, verhalte dich auch so! Ich bin zwar Muslim, ich pflege Rituale wie Gebete oder Feiertage, aber die Religion beherrscht nicht mein Leben. Ich faste auch nicht, das ist im Profifußball kaum möglich. Vielleicht werden unsere Kinder noch toleranter und weltoffener.

Wundert es Sie, dass Sie als Vorbild für Integration gelten, obwohl Sie hier geboren wurden?

Wenn ich jemandem Orientierung geben kann, freut mich das. Niemand muss anderen gefallen, man muss sich in der eigenen Haut wohl fühlen. Und man muss mutig sein. Ich hätte mit 19 zu Schalke wechseln und gutes Geld verdienen können, aber die Konkurrenz im Sturm wäre dort groß gewesen. Es war eine sehr schwere Entscheidung, nach Kaiserslautern zu wechseln, weg von der Familie, weg von meinem Bruder, allein auf mich gestellt. Aber der Drang war zu groß. Ich wollte mich in der Bundesliga durchsetzen, unbedingt. Mein Gefühl hat mich nicht getäuscht, nach drei erfolgreichen Jahren in Kaiserslautern konnte ich entscheiden, wohin ich wechseln werde. Das ist mein Tipp für Jugendliche: Wenn sich große berufliche Chancen eröffnen, sollte man sein Umfeld verlassen.

Sehnsucht nach Normalität

Antisemitismus ist im Amateurfußball weit verbreitet. Zuschauer und Spieler leben Entfremdung und sozialen Frust durch unreflektierte Hetzparolen aus. Die Bewegung Makkabi, die offen für alle Religionen ist, pflegt das Erbe des jüdischen Sports und stellt sich mit Bildungsangeboten gegen Ausgrenzung.

Jede Woche blättert Alon Meyer die Spielpläne durch und entscheidet, ob er einen Sicherheitsdienst engagiert oder ob er darauf vertraut, dass alles gut geht, ohne zusätzlichen Schutz. „Wir wollen kein Risiko eingehen", sagt Meyer, Präsident des TuS Makkabi Frankfurt. „Aber Antisemitismus begleitet uns überall." Gerade hat er einen Anruf erhalten. Ein Torwart von Makkabi, 16 Jahre alt, wurde nach einem Spiel verprügelt, auf dem Weg zum Parkplatz, die Angreifer flüchteten. „Hört sich schlimm an? Kommt bei uns leider öfter vor."

Alon Meyer, geboren 1974, sitzt im Makkabi-Büro der Jüdischen Gemeinde im Frankfurter Westend, vor dem Gebäude parken zwei Streifenwagen, daran hat er sich gewöhnt. Seit seiner Kindheit ist er Makkabi verbunden. Als Fußballer hat er die Nachwuchsteams durchlaufen, 1995 trat er dem Vorstand bei. Er hat sich Schmähungen anhören müssen: „Synagogen müssen brennen", „Juden in die Gaskammer", „Makkabi nach Auschwitz". Er wurde bespuckt, angerempelt, zum Teufel gewünscht. Makkabi Frankfurt zählt 1.100 Mitglieder in 19 Sportarten, 400 von ihnen spielen Fußball. Er ist der größte der 37 Makkabi-Vereine in Deutschland, die insgesamt fast 4.500 Mitglieder vereinen. Sie leisten einen wichtigen Beitrag für die Integration der Juden, die zuletzt aus Osteuropa nach Deutschland eingewandert sind.

Der Historiker Wolfgang Benz, lange Leiter des Zentrums für Antisemitismusforschung der Technischen Universität Berlin, schreibt in seinem Buch „Was ist Antisemitismus?": „Judenfeindschaft gilt als das älteste soziale, kulturelle, religiöse, politische Vorurteil der Menschheit; Judenfeindschaft äußert sich, lange bevor Diskriminierung und brachiale Gewalt das Ressentiment öffentlich machen, in ausgrenzenden und stigmatisierenden Stereotypen. Judenfeindschaft hat im Alltag viele Foren. Als Arena, in der Überfremdungsängste, Minderwertigkeitsgefühle, sozialer Frust in aggressiver Weise ausgelebt werden, dient auch das Fußballstadion. Die Fans, die allwöchentlich ausziehen, um ihre Mannschaft zum Sieg zu schreien, haben außer dem Hass auf die andere Mannschaft häufig Fremdenfeindlichkeit und Antisemitismus im Repertoire. Es ist der Antisemitismus, der Juden stigmatisiert, um ihnen die Sündenbockfunktion zuzuweisen. Fans, die sich der rechten Szene zugehörig fühlen, z. B. Rudolf Hess als Idol verehren, aber an Politik generell desinteressiert sind, zeigen alltägliche unreflektierte Judenfeindschaft, die mit bestimmten Feindbildern und Konnotationen operiert."

„Stadionbau statt Mahnmal"

Zu beobachten ist dieses Phänomen im Fußball seit Anfang der achtziger Jahre: Im Umfeld von Hertha BSC Berlin wurde der Fanklub Zyklon B gegründet, in Anlehnung an das Massenvernichtungsgas der Nationalsozialisten. Schmähungen tönten durch die Stadien. Der Schiedsrichter wurde als „Scheiß Jude" beschimpft, oder es wurde per Gesang eine Bahn nach Auschwitz gebaut. Noch immer werden Vereine als „Juden" geschmäht. Fans stilisierten ihre Gegner zum geldgierigen Kapitalisten, während die eigene Mannschaft die Rolle des mutigen Außenseiters annahm. Besonders darunter zu leiden hatte in den neunziger Jahren Tennis Borussia Berlin. Der Verein war 1902 von einer Gruppe um den Juden Alfred Lasser gegründet worden und zählte lange Zeit viele jüdische Mitglieder. Gegnerische Fans bejubelten Ende der achtziger Jahre den Tod des einstigen Klubchefs und Moderators Hans Rosenthal, eines Überlebenden des Holocaust, und dem damaligen TeBe-Trainer Hermann Gerland wurde gedroht: „Dich stecken wir auch noch in den Ofen."

Zu heftigen Schmähungen kam es im September 1996 bei einem Länderspiel zwischen Polen und Deutschland in Zabrze. Das Stadion, ehemals Adolf-Hitler-Kampfbahn, liegt 30 Kilometer von Auschwitz entfernt. Neonazis grölten: „Wir fahren nach Polen, um die Juden zu versohlen." Sie entrollten ein Transparent, darauf stand geschrieben: „Schindler Juden – wir grüßen euch." Der Frankfurter Alon Meyer kann sich daran erinnern. Mitte der neunziger Jahre hatte er als Spieler von Makkabi in der Umkleidekabine ausharren müssen – bis die Polizei eintraf und ihren Mannschaftsbus nach Hause begleitete. Ähnlich erging es im September 2006 seinen Kollegen von Makkabi Berlin. Das Team spielte bei der VSG Altglienicke, Bezirk Treptow-Köpenick, im Osten der Hauptstadt. 15 Neonazis hatten sich unter die 70 Zuschauer gemischt. „Synagogen müssen brennen", tönte es von der Seiten-

Schlupflöcher eines Sports: Cottbuser Fans begrüßen im Dezember 2005 ihren Gegner in Dresden.

linie. Die Spieler von Makkabi beschwerten sich beim Schiedsrichter, erhört wurden sie nicht, sie verließen aus Protest den Rasen. Es folgte ein monatelanger Rechtsstreit.

„Das sind keine Einzelfälle", sagt Alon Meyer. „Die meisten Angriffe werden nicht unter dem Rampenlicht diskutiert. Das bedeutet aber nicht, dass es sie nicht gibt." Laut Verfassungsschutzbericht dient Antisemitismus als Bindeglied zwischen den rechtsextremen Strömungen. Rechte Parteien nutzen diese Stimmung für sich. Die NPD ließ Flugblätter vor dem Berliner Olympiastadion verteilen: „Stadionbau statt Mahnmal", als Zeichen gegen den Bau des Holocaust-Mahnmals. Zur WM 2006, an der auch das iranische Nationalteam teilnahm, fand die Partei freundliche Worte für Irans Präsidenten Mahmud Ahmadinedschad, einen bekennenden Israel-Feind. Im Dezember 2005 zeigten Cottbuser Fans in Dresden ein Transparent mit der Aufschrift „Juden", verbunden mit dem Davidstern, der das Logo des Gegners Dynamo Dresden umrahmte. Damals wie heute gilt, schreiben der Politologe Martin Endemann und der Sozialwissenschaftler Gerd Dembowski im Sammelband „Der Ball ist bunt": „Der Antisemitismus in Deutschland und in Deutschlands Stadien kommt weitestgehend ohne Juden aus. Der Anteil der jüdischen Bevölkerung ist äußert gering, und in den Bundesligen gab es bis 2009 nur eine Handvoll jüdische Profis und Vereinsfunktionäre." Aber: „Ordnet man solche Juden-Rufe in das sonstige gruppenhistorische Auftreten der aktiv beteiligten Fans ein, so muss ihnen bewusst sein, dass allein die Zuschreibung des Wortes Jude als Schimpfwort schon antisemitische Denkmuster und historische Bezüge in tradierter Form voraussetzt." Laut Endemann und Dembowski sind antisemitische Schmähungen wie das U-Bahn-Lied auch heute noch zu hören – nicht unbedingt in den Bundesligastadien, aber in deren Umfeld oder auf Anfahrtswegen.

Es war der Antisemitismus Ende des 19. Jahrhunderts gewesen, von Pogromen und Enteignungen begleitet, der die jüdische Sportbewegung in Europa hatte wachsen lassen. „Über Jahrhunderte waren Juden aus physisch anspruchsvollen Berufen herausgehalten geworden", sagt Robin Streppelhoff, Dozent des Instituts für Sportgeschichte an der Sporthochschule Köln. „Sport wurde als Mittel gesehen, um sich zu wehren, um Stärke zu demonstrieren." Max Nordau, Mitbegründer der Zionistischen Weltorganisation, prägte den Begriff des „Muskeljuden". 1898 wurde in Berlin der Turnverein Bar Kochba gegründet, 1921 entstand in Karlsbad der Makkabi-Weltverband, benannt nach Judas Makkabäus, einem Freiheitskämpfer der frühen jüdischen Geschichte. Überall entstanden jüdische Sportvereine, 1933 waren in Deutschland fast 65.000 Juden in Vereinen aktiv. Im selben Jahr begann ihre Ausgrenzung, der Arierparagraf verpflichtete Vereine, jüdische Mitglieder auszuschließen. Immer mehr Juden suchten Zuflucht bei Makkabi. Die Nazis ließen sie gewähren, sie wollten vor Olympia 1936 in Berlin keine Sanktionen riskieren. 1938 wurden jüdische Vereine aufgelöst.

„Zionismus in kurzen Hosen"

Der Frankfurter Alon Meyer, der auch Vizepräsident von Makkabi Deutschland ist, kennt die Geschichte des jüdischen Sports und versucht, sie an junge Mitglieder weiterzugeben. Es ist ein gewöhnlicher Samstagmorgen, Makkabi organisiert ein Hallenturnier für den Nachwuchs, acht Teams sind angereist, sie gehören zu den besten Deutschlands. Meyer steht am Eingang und schaut nach dem Rechten, Eltern schmieren Brötchen, Nachwuchstrainer stehen am Verkaufsstand, verkaufen Wasser und Cola. „Natürlich geht es uns um Siege", sagt Diplomkaufmann Meyer. „Aber wir wollen bei Makkabi auch jüdische Kultur pflegen." Makkabi ist für ihn ein Symbol für das Aufblühen des jüdischen Lebens nach dem Zweiten Weltkrieg. 1965 wurde der Makkabi-Sportverband in Deutschland wiederbelebt, 1969 nahmen deutsche Juden wieder an der Makkabiade teil, an den Weltspielen des Judentums, die inzwischen alle vier Jahre in Israel veranstaltet werden. Auch Meyer ist später dabei gewesen, als Sportler, Fan, Unterstützer.

Man sollte sich selbst ein Bild machen, um die Bedeutung der Makkabiade für Juden erahnen zu können: Im Juli 2009 finden die 18. Weltspiele statt. Zehn Tage laufen, springen, kämpfen 7.000 jüdische Sportler aus 65 Ländern, darunter 180 aus Deutschland. Während der Eröffnungsfeier im Stadion Ramat Gan richtet Premier Benjamin Netanjahu einen Appell an die Gäste: „Sie sind aus allen Teilen der Welt angereist. Aber zusammen repräsentieren Sie ein Land, den Staat Israel. Ich bitte Sie: Kommen Sie nach Israel, werden Sie ein Teil unserer Gemeinschaft." Die Makkabiade ist auch ein politisches Forum, das die Entwicklung Israels begleitet. „Zionismus in kurzen Hosen", titelt die

Quelle: Makkabi Frankfurt

Warten auf die Polizei: Alon Meyer, Präsident von Makkabi Frankfurt, hat schon als Spieler viele Anfeindungen erlebt.

Zeitung „Jüdische Allgemeine". Seit 1932, einem bewusst gewählten Jahr, ist die Makkabiade eines der wichtigsten Symbole der zionistischen Bewegung. 1.800 Jahre nach dem Aufstand von Makkabäus gegen die Seleukiden fanden in Palästina die ersten Spiele statt. Die Organisatoren wollten ihren Anspruch auf Palästina zum Ausdruck bringen. Drei Jahre später, nach der zweiten Makkabiade, blieben viele Sportler in Israel, aus Angst vor den Nazis. 1950 wurde die Tradition fortgeführt – auch als Fanal gegen Judenfeindschaft.

Ittamar Hermann ist der mächtigste Mann im Kfar Maccabiah, dem Hauptquartier der Spiele in Ramat Gan, einem Vorort Tel Avivs. Der Organisationschef bezeichnet die Makkabiade als Willkommensfeier für entfernte Verwandte: „Wir machen sie mit den Wurzeln unseres Glaubens vertraut." Hermann, Mitte 50, trainiert, graue Haare, Designerhemd, verweist auf Unterkünfte, die nach Sportarten, nicht nach Nationalitäten getrennt sind. Er berichtet von Rabbinern, die Athleten religiöse Werte vermitteln. Doch es gibt auch den Nahostkonflikt, und der macht um den Sport keinen Bogen. 2001 fand die Makkabiade während der zweiten Intifada statt, dem Aufstand der Palästinenser. Wochen vor den Spielen waren vor einer Diskothek in Tel Aviv 21 Menschen bei einem Anschlag ums Leben gekommen. Informationen sickerten durch, wonach die radikale Hamas eine Bombe während der Abschlusszeremonie zünden wollte. Die Makkabiade fand statt, aber statt 5.000 reisten nur 2.000 Athleten an.

Was wäre passiert, wenn die Makkabiade in die Zeit des Gaza-Krieges gefallen wäre? Ende 2008 hatten Israels Streitkräfte den von der Hamas regierten Landstreifen angegriffen. „Diese Frage stellt sich nicht», entgegnet Ittamar Hermann. Die Sicherheitsvorkehrungen sind auch während der Makkabiade 2009 hoch, Nachwuchssportler werden bei Touren durch die historischen Stadtkerne von Bewaffneten begleitet, eine Reisebedingung vieler Eltern. Der Sport ist in der Region nicht von Politik und Besitzansprüchen zu trennen. Mit Pathos begleiten israelische Medien die Makkabiade und erheben das Ereignis zu einem Mythos. Hermann weiß um die Kraft der Bilder, die über die Landesgrenzen wirkt, er will sie nicht mit Worten verstärken. Stattdessen spricht er über Gefahren. Er glaubt, Antisemitismus werde sich gegen den Staat Israel richten, nicht ausschließlich gegen den jüdischen Glauben.

Das müssen israelische Sportler in der Fremde erfahren. Die Tennisspielerin Shahar Peer aus Jerusalem muss Proteste von Palästinensern anhören, einmal verweigerten ihr die Vereinigten Arabischen Emirate die Einreise für ein Turnier in Dubai. In Ankara wurden die Basketballer des israelischen Vereins Bnei Hasharon im Januar 2009 mit Schuhen und Flaschen beworfen. „Tod Israel!", skandierten Zuschauer, „Tod den Juden!" Das Europapokalspiel gegen Turk Telekom wurde nicht angepfiffen. Grund der Auseinandersetzungen: Die militärische Offensive Israels im Gaza-Streifen. Auch die Fußballliga in Israel wurde deshalb zeitweilig ausgesetzt. „Diese Schlagzeilen gehen um die Welt", sagt Ittamar Hermann. Ob die Makkabiade eine Antwort ist? „Wenn Sie es so interpretieren wollen, ist das Ihre Sache. Aber wir müssen der Welt nichts beweisen, die Makkabiade festigt Israel."

Die jüdischen Wurzeln des FC Bayern

Im Sportmuseum im Hauptquartier Kfar Maccabiah ist ein Raum dem Schrecken gewidmet. Drei bronzefarbene Stelen erinnern an die Opfer des Holocausts, des Unabhängigkeitskriegs und an die zwölf Israelis, die während der Olympischen Spiele 1972 in München ermordet wurden. Der Raum öffnet sich in Richtung der Medaillen, Urkunden, Zielfotos. Eine Gruppe junger Mädchen schreitet von Vitrine zu Vitrine, sie bleiben vor der Ahnengalerie stehen, blicken auf vergilbte Fotos. Eine solche Erinnerungskultur für den jüdischen Sport ist in Deutschland selten.

Um das mit einem Beispiel belegen zu können, muss man nach München reisen. Uri Siegel, Jahrgang 1922, hat hinter einem massiven Schreibtisch Platz genommen und streicht über einen Ordner mit alten Fotos. Siegel hat mit Onkel Kurt in der Schule nie geprahlt, aber stolz auf ihn war er schon. „Er war ein stattlicher Mann, sehr populär", sagt Siegel. Onkel Kurt ist seit 1961 tot. Lange kannte kaum jemand seine Geschichte, dabei hat der Münchner Fußball ihm viel zu verdanken. Vielleicht würde der FC Bayern ohne Kurt Landauer heute gar nicht existieren. Fast 20 Jahre ist der Jude Landauer Präsident des FC Bayern gewesen. Unter ihm wurde der Klub 1932 zum ersten Mal Deutscher Meister. Landauer trat 1933 als Präsident des FC Bayern zurück. Am 10. November 1938 wurde er in das Konzentrationslager Dachau verschleppt, vier Wochen war er in Baracke Nummer acht inhaftiert. Landauer konnte dem Lager entkommen und in die Schweiz flüchten. Vier seiner Geschwister wurden ermordet. An diesem Ort, vor Baracke acht, wurde Kurt Landauer zu Ehren Ende Juli 2009 eine Veranstaltung abgehalten, 125 Jahre nach seiner Geburt. Aus dem Vorstand des FC Bayern waren der Vorsitzende Karl-Heinz Rummenigge und seine Kollegen Fritz Scherer und Karl Hopfner erschienen. Auch Uri Siegel war da und berichtete, wie er die Meisterschaft 1932 am Radio verfolgt hatte.

Wer bis zu dieser Veranstaltung auf der Internetseite des FC Bayern in der Suchmaske den Namen des ehemaligen Präsidenten eingab, erhielt keinen einzigen Hinweis. Bei Uli Hoeneß, dem langjährigen Manager und jetzigen Präsidenten, waren es zu jenem Zeitpunkt 1.646 Vermerke, Karl-Heinz Rummenigge kam auf 1.286 Einträge. „Die Bayern glauben, dass ihre Geschichte mit Franz Beckenbauer beginnt", sagt Siegel. 1947 war Landauer nach München zurückgekehrt. Umgehend bewarb er sich bei den amerikanischen Besatzern um die Lizenz, den FC Bayern wieder aufbauen zu dürfen. „Darum hatten sich damals viele bemüht", sagt Uri Siegel. „Aber sie kamen nicht zum Zuge, mein Onkel war glaubwürdiger." Als Kurt Landauer starb, war der Nachruf auf ihn mit einem Kruzifix versehen. Seine jüdischen Wurzeln wurden mit keinem Wort erwähnt. Dass er in den Jahren zwischen 1933 und 1947 nicht Präsident sein konnte, wurde mit „politischen Gründen" erklärt.

Die jüdische Geschichte des FC Bayern ist bis dahin nur für jene sichtbar gewesen, die genau hinschauten. Der Kurt-Landauer-Weg liegt am Stadtrand, zwischen Autobahn, Arena, Kläranlage. Ein Mitarbeiter des Vereins sagt, der FC Bayern solle nicht als Klub mit jüdischen Wurzeln wahrgenommen werden, schließlich sei dessen Marketing global ausgerichtet, dazu zählen die Märkte im Nahen Osten.

Prägend für die Entwicklung des FC Bayern: Kurt Landauer, der langjährige jüdische Vereinspräsident. Unter ihm wurden die Münchner 1932 erstmals Meister.

So müssen die jüdischen Wurzeln an der Basis gepflegt werden, zum Beispiel von Maurice Schreibmann, der seine Arbeitsunterlagen auf einem Café-Tisch in der Nähe des Münchener Hauptbahnhofs ausgebreitet hat. Schreibmann ist Manager des TSV Makkabi München. Durch eine Ausstellung war er vor einigen Jahren auf Landauer aufmerksam geworden, er recherchierte, besorgte sich Literatur und bat 2007 um ein Gespräch mit Uri Siegel. Die Auseinandersetzung mit Landauer war für Maurice Schreibmann eine Auseinandersetzung mit sich selbst. Sein Vater hatte während des Zweiten Weltkrieges 13 Geschwister verloren, auch seine Großeltern wurden ermordet. „Ich habe das lange nicht an mich herangelassen", sagt Schreibmann. Immer wieder hatten die Münchner Attacken erlebt. Sie führten so weit, dass Makkabi eine Versetzung in die Ligen des Münchener Umlandes beantragte. In den Vororten sind Angriffe und Drohungen zurückgegangen.

Maurice Schreibmann und Makkabi pflegen das Erbe Landauers. Sie haben ihr Gelände in der Riemer Straße, im Osten Münchens, nach ihm benannt. Sie haben im Oktober 2009 eine zweite Veranstaltung zum Andenken organisiert, sie planen Turniere, Feste, Konzerte gegen Rassismus. Und sie unterstützen Jugendliche bei einem Filmprojekt über Landauer, Titel: „Kick it like Kurt". Schreibmann sagt: „Wir wollen Kurt Landauer wieder in die Mitte der Münchener Gesellschaft holen." Der FC Bayern kann nicht nur auf Gerd Müllers Tore und Sepp Maiers Paraden stolz sein. Der Verein hatte während des Nationalsozialismus lange seine jüdischen Mitglieder geschützt. Nach

Geschichtspflege im Fanblock: Anhänger des FC Bayern feiern den einstigen Präsidenten Kurt Landauer.

Landauers Demission sollte es zehn Jahre dauern, bis die Führung gleichgeschaltet war. Trotzdem: Die meisten Anekdoten über Landauer sind weitgehend unbekannt, auch diese: 1940 bestritt der FC Bayern ein Spiel in Genf, dem Exil Landauers. Spieler erblickten ihren früheren Präsidenten auf der Tribüne, während der Halbzeit begrüßten sie ihn herzlich. Sie wussten, was sie ihm zu verdanken hatten.

Kicker, Kämpfer und Legenden

Landauer ist nicht der einzige Jude, der eine Basis für den heutigen Fußball in Deutschland legte. Das verdeutlicht seit 2006 unter anderem die Wanderausstellung „Kicker, Kämpfer und Legenden" der Stiftung Neue Synagoge Berlin – Centrum Judaicum: Walther Bensemann hatte 1898 in Paris das erste Länderspiel einer deutschen Auswahl organisiert. Zwei Jahre später wurde er Mitgründer des DFB. 1920 rief er das Fußballmagazin „Kicker" ins Leben. 1933 flüchtete er in die Schweiz, wo er ein Jahr später mittellos starb. Der jüdische Meistertrainer des FC Bayern, Richard Dombi, ging über die Schweiz nach Rotterdam, wo er dem Terror entgehen konnte. In Deutschland sollte er nie wieder arbeiten.

Zur besonderen Symbolfigur wurde Julius Hirsch, einer der erfolgreichsten Spieler des frühen 20. Jahrhunderts. Er nahm an Olympia 1912 in Stockholm teil, sieben Länderspiele bestritt er für Deutschland. Er gewann zwei Meisterschaften, mit der SpVgg Fürth und mit dem Karlsruher FV, für den er

Opfer und Orientierungspunkt: Der jüdische Nationalspieler Julius Hirsch wurde 1943 in Auschwitz ermordet, heute wird in seinem Gedenken ein Preis gegen Rassismus verliehen.

auch als Trainer tätig war. 1933 musste er seinen Verein verlassen. Er hatte Probleme, seinen Lebensunterhalt zu verdienen. Vergeblich suchte er einen Job im Ausland. 1938 verlor er seine Arbeit. Litt unter Depressionen, unternahm einen Selbstmordversuch, wurde behandelt. Nach seiner Entlassung arbeitete er auf einer Müllkippe. Ließ sich von seiner protestantischen Frau scheiden, um sie und seine zwei Kinder vor den Nazis zu schützen. Julius Hirsch, der im Ersten Weltkrieg für Deutschland gekämpft hatte, dessen Bruder gefallen war, wurde 1943 nach Auschwitz deportiert und ermordet.

Seit 2005 vergibt der DFB den Julius-Hirsch-Preis an Personen und Initiativen, die sich gegen Antisemitismus und Rassismus einsetzen. Der Name ist zu einem Orientierungspunkt geworden, das weiß auch Alon Meyer, Präsident des TuS Makkabi Frankfurt. Er will in seinem Verein durch Aufklärung und Bildungsangebote gesellschaftliche Themen diskutieren, manchmal muss er aber auch hart durchgreifen. Als eigene Nachwuchskicker gewalttätig wurden, kündigte er ihnen die Mitgliedschaft. Meyer und Makkabi stehen vor neuen Herausforderungen, sie beobachten eine Wandlung der Judenfeindschaft. Attacken gehen zunehmend von Muslimen aus. „Immer wenn die Lage im Nahen Osten eskaliert, kracht es bei uns auf den Fußballplätzen", sagt Meyer. Zu beobachten war das während des Gaza-Krieges 2008 oder nach der gewaltsamen Stürmung eines internationalen Gaza-Hilfskonvois durch israelische Elitesoldaten im Mai 2010. „Unsere Gegner sehen den Davidstern auf unserem Trikot und meinen, sie spielen gegen Israel." Neonazis verstecken wiederum ihren Judenhass hinter der Kritik an Israel.

Alon Meyer kennt Gesten, Worte, Blicke, die ihm zeigen, dass er eine Sonderrolle hat, dass er nicht willkommen ist. „Wenn wir zu einem Spiel fahren, hören wir: Da kommen die Juden. Wir werden als besonderer Gegner angesehen, weil wir mit einem Davidstern auflaufen. Aber wir sind ein ganz normaler Verein, auch mit vielen nicht jüdischen Mitgliedern." Normalität ist das, was sich Alon Meyer wünscht, Normalität wäre für ihn das Ideal – und damit dann doch etwas Besonderes.

„Wer heute miteinander Sport treibt, wird sich morgen nicht feindselig gegenüberstehen"

Dieter Graumann ist seit November 2010 Präsident des Zentralrats der Juden, der Sport begleitet ihn seit Jahrzehnten. Im Interview spricht er über die Bedeutung der Makkabi-Bewegung, die Herausforderung der jüdischen Gemeinschaft und den Wandel des Antisemitismus.

Es ist kein Routinetermin für Dieter Graumann, dafür ist ihm Sport zu wichtig. Er nimmt sich ausführlich Zeit in seinem Büro im Frankfurter Stadtzentrum, um über die Entwicklung der Makkabi-Bewegung zu sprechen, über ihre Erfolge, aber auch über ihre Bedrohungen. Graumann wurde 1950 in Ramat Gan bei Tel Aviv geboren, mit seinen Eltern kam er im Alter von eineinhalb Jahren nach Frankfurt. Zwei Jahrzehnte war er Mitglied im Vorstand von Makkabi Frankfurt, dem größten Klub der Bewegung hierzulande, zwölf Jahre war er dessen Präsident. Seit dem 28. November 2010 ist Dieter Graumann, der Rechtswissenschaften und Volkswirtschaftslehre studiert hatte, Präsident des Zentralrats der Juden. Er folgte Charlotte Knobloch und ist nun der erste Präsident, der den Holocaust nicht erlebt hat. Graumann will den Zentralrat modernisieren, Sport wird ein wichtiger Teil seiner Arbeit bleiben.

Herr Graumann, wie wichtig ist Makkabi für die jüdische Gemeinschaft?
Es geht darum, jüdische Identität bei jüdischen Jugendlichen zu schaffen, zu festigen, weiterzuentwickeln. Für eine Minderheit wie das Judentum ist das eine Sache von fast überlebenswichtiger Bedeutung. Sport ist nicht das Allerwichtigste, andere Elemente sind wichtiger, wie die Erziehung in Schulen, in den Kindergärten, aber der Sport kann einen großen Beitrag leisten. Er kann Familiarität schaffen, Inspiration, Wärme. Oft werden Freundschaften geschlossen, die ein Leben lang halten, das habe ich oft erlebt.

Die jüdische Gemeinschaft in Deutschland verändert sich. Welche Rolle spielt der Sport?

Unsere Gemeinschaft hat sich enorm gewandelt in den vergangenen 20 Jahren. Viele Menschen aus der ehemaligen Sowjetunion sind nach Deutschland gekommen, die jüdische Gemeinschaft ändert sich. Viele unserer Mitglieder sind erst in den letzten zwanzig Jahren zu uns gekommen. Diese Menschen müssen wir einbinden: eine Minderheit muss eine neue Mehrheit integrieren. Das ist eine kuriose Situation, da kann der Sport viel leisten.

Wie genau?

Indem Kinder miteinander Sport treiben, miteinander Tore schießen, zusammen Sprachkenntnisse und Interessen entwickeln. Das bringt sie zusammen, auf natürliche Weise. Wichtig ist uns zu betonen, dass wir das Zusammenleben von Juden und Nichtjuden nicht predigen, sondern vorleben. In allen Makkabi-Mannschaften in Frankfurt zum Beispiel kicken jüdische und nichtjüdische Kinder und Jugendliche zusammen. Auf dieser Ebene wird Wichtiges vorexerziert. Wer heute miteinander Sport treibt, wird sich morgen nicht fremd und feindselig gegenüberstehen. Im Sport werden Verbindungen geschaffen – sie sind eine Versicherung gegen Vorurteile von morgen.

Wie haben Sie Antisemitismus im Sport erlebt?

Ich erinnere an das Jahr 2000, ein schlimmes Jahr: Wir hatten eine Serie von vielen, vielen Vorfällen in Frankfurt. Jugendlichen wurde Auschwitz an den Hals gewünscht, ihnen wurde zugerufen, man habe sie vergessen zu vergasen. Sie wurden mit Steinen und Flaschen beworfen. Die meisten unserer jüdischen Spieler kommen wie ich aus Holocaust-Familien. Wenn wir solche Anfeindungen hören, dann ist das keine Kleinigkeit. Zum Glück sind die Vorfälle mit der Zeit zurückgegangen.

Wie haben Sie auf die Tiraden reagiert?

Anfang des Jahrtausends waren Fußballverbände kaum bereit, etwas gegen Antisemitismus zu unternehmen. Man musste sie dazu bringen, ja fast dazu drängen, das war äußerst unangenehm. Ich habe viele Briefe an die Verbände geschrieben, ohne Reaktionen. Wir wussten über den DFB, dass er sich auch nach dem Krieg viele Jahre den fragwürdigen Luxus erlaubt hatte, hochrangige Funktionäre zu halten, die in der Nazizeit mehr als belastet waren. Der DFB hat Jahrzehnte gebraucht, um seine Geschichte aufzuarbeiten, jahrelang wurde einfach verdrängt und verharmlost.

Wie haben Sie trotzdem das Interesse des Verbandes geweckt?

Wir sahen keine andere Wahl, wir haben uns an die Presse gewandt. Ein einziger Artikel in der „Frankfurter Rundschau" reichte, um eine Lawine loszutreten. Ganz Deutschland berichtete über Antisemitismus im Fußball, die Tagesschau, der „Spiegel" oder NTV. Plötzlich erhielten wir Termine bei Verbänden, wie durch Zauberhand öffneten sich Türen.

Quelle: Rafael Herlich / Zentralrat der Juden

„Juden werden von Menschen verfolgt, indem sie Israel-Kritik mit Hass vortragen." Dieter Graumann war zwölf Jahre Präsident von Makkabi Frankfurt.

Haben Sie den Funktionären das plötzliche Engagement abgenommen?

In meinem ersten Gespräch sah mich ein hochrangiger Fußballfunktionär fragend an und sagte: „Mit euch gibt es immer bloß Ärger." Diese Aussage werde ich nie vergessen, das war eine Täter-Opfer-Umkehr. Theo Zwanziger, der damals noch Schatzmeister des DFB war, schaltete sich in die Gespräche ein. Er hat sofort so viel Sensibilität für das Thema entwickelt. Er hat damals Hoffnungen geweckt, und er hat diese Hoffnungen sogar noch weit übertroffen.

Wie fördert der Zentralrat die Sportbewegung Makkabi?

Der Zentralrat unterstützt Makkabi moralisch und finanziell, ganz handfest. Alle vier Jahre findet die Makkabiade in Israel statt, das sind die Olympischen Spiele des jüdischen Sports. Makkabi kann das aus eigener Kraft nicht finanzieren, der Zentralrat leistet in entscheidendem Maße Unterstützung. Das tun wir sehr gern, denn das ist ein Stück Investition in unsere Zukunft.

Sie müssen sich nicht mehr rechtfertigen, in Deutschland zu leben, im „Land der Täter"?

Diese Meinung war früher gang und gäbe bei Juden in aller Welt, außerhalb Deutschlands. Wo immer man hinkam, wurde man gefragt: „Wie kannst du nur in Deutschland leben als Jude?" Ich bin regelmäßig in Israel, diese Wahrnehmung hat sich verändert. Heute weiß man, dass es ein neues Deutschland gibt. Deutschland hat sich offensiv mit seiner Vergangenheit auseinan-

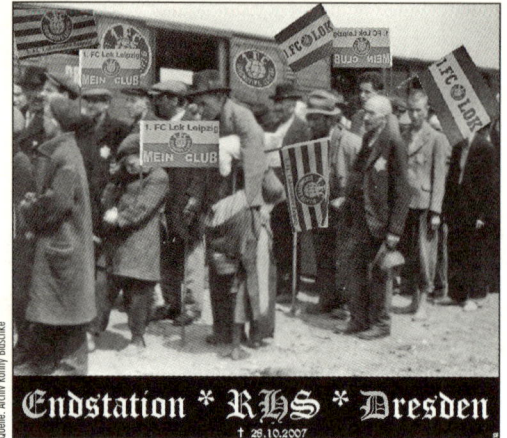

Quelle: Archiv Ronny Blaschke

Endstation * RHS * Dresden

† 28.10.2007

Hass vor dem Derby: Dresdner Fans schicken ihren Gegner Lok Leipzig auf einer Collage ins KZ.

dergesetzt, und in Israel weiß man, dass Deutschland einer der engsten Freunde Israels ist. Das gilt auch für den Fußball. Und vergessen wir nicht, wie viele Israelis mittlerweile nach Deutschland ziehen oder wie groß das Jugendaustauschangebot geworden ist.

Die Makkabiade ist auch ein politisches Forum. Israels Premier Benjamin Netanjahu rief während der Eröffnungsfeier 2009 die Sportler aus aller Welt auf, in Israel einzuwandern. Auf der anderen Seite nutzen Gegner Israels das Sportfest als Angriffsfläche. Immer wieder überschatten Bombendrohungen die Makkabiade. Bildet hier auch der Sport den Wandel des Antisemitismus ab?

Der Antisemitismus mischt sich zunehmend mit dem Antizionismus. Natürlich ist nicht jede Kritik an Israel antisemitisch. Politik wird in Israel leidenschaftlich diskutiert, nirgendwo wird sie so laut kritisiert wie in Israel selbst. Aber manchmal wird der Antizionismus, die Kritik an Israel, auch genutzt, um den alten Antisemitismus zu transportieren. Das ist sozusagen Antisemitismus auf Samtpfoten. Man sagt in diesen Fällen Israel, meint aber Juden. So wird auch Makkabi gelegentlich instrumentalisiert: Juden werden von Menschen verfolgt, indem sie Israel-Kritik mit Hass vortragen. Unter dem Deckmantel von politischer Israel-Kritik werden oft antisemitische Ressentiments deutlich, wie beispielsweise eine Generalhaftung für Juden weltweit, wenn man das politische Vorgehen Israels kritisiert.

Zunehmend auch von Muslimen, auch im Fußball.

Dass Antisemitismus unter jungen Muslimen ausgeprägt ist, sehen wir nicht erst seit gestern. Das ist ein Thema, das tabuisiert wird, das viel zu wenig angegangen wird. Es ist auch nicht schön, darüber zu sprechen. Doch auch wenn es politisch nicht korrekt ist, muss man es ansprechen dürfen. Hier sind die muslimischen Verbände in Deutschland gefordert. Genauso wie sich die jüdische Gemeinschaft stets für die muslimische eingesetzt hat und dies auch

Geschmacklose Reviermarkierung: Fans nutzen das Wort „Juden" als Chiffre für Ausgrenzung und Minderwertigkeit – hier im Stadion des Dresdner SC.

weiterhin tun wird, so muss die muslimische Gemeinschaft auch gegen den Antisemitismus wirken.

Juden haben ihr eigenes großes Sportfest, sie gründen eigene Vereine. Wie begegnen Sie dem Vorwurf, Juden würden sich im Sport abschotten?

Es gibt einen Spagat, den man schaffen muss als Minderheit. Wir sind in der Mehrheitsgesellschaft integriert, viele sind schließlich hier geboren und aufgewachsen, aber wir wollen die jüdische Identität nicht aufgeben. Wir Juden in Deutschland leben in keiner Parallelgesellschaft, wir leben mitten in der Gesellschaft, offen und offensiv, wir mischen uns auch ein, sind ein integraler Bestandteil. Eigene Vereine zu gründen bedeutet aber keineswegs Abschottung oder gar Ghettoisierung. Bei Makkabi sind uns jüdische und nichtjüdische Sportler willkommen, doch der Charakter eines jüdischen Vereins sollte schon erhalten bleiben.

Sport als Medium des Traditionsschutzes?

Richtig, das Judentum existiert nicht von selbst, das Judentum existiert deshalb, weil inzwischen mehr als hundert Generationen von Juden ihre jüdische Identität auf die nächste Generation übertragen haben. Das ist keine Selbstverständlichkeit. Frühere Generationen hatten es schwerer als wir. Aber auch wir haben Probleme: Assimilation, Säkularisierung. Wir müssen mit unseren Mitteln versuchen, Identität zu schaffen und zu festigen. Dafür ist Sport ein gutes Instrument. Ein besseres gibt es fast gar nicht.

Die Angst der Aussätzigen

Sinti und Roma werden seit Jahrhunderten ausgegrenzt, in Ungarn sind sie in Lebensgefahr. Über keine andere Minderheit weiß die Bevölkerung so wenig und glaubt so viel Negatives zu kennen. Auch im Fußball wird Antiziganismus, die rassistische Ablehnung von Roma, weitgehend toleriert – doch langsam wächst Gegenwehr.

Das Haus, in dem ein Teil von Csaba Csorba gestorben ist, liegt am Ende der Straße. Eigentlich ist es ein sandiger Weg mit Furchen und Biegungen, der gesäumt wird von wild wachsendem Gestrüpp. Das Haus hat keinen Garten, keinen Briefkasten, es wirkt verloren, abgeschnitten von der Gemeinde, als dürfe es nicht gefunden werden. Csaba Csorba hat sich damit abgefunden, am Rande zu leben. Am Rande des Dorfes Tatárszentgyörgy – am Rande der ungarischen Gesellschaft. Csorba ist Roma, er gehört der größten Minderheit seines Landes an, viele rufen ihn nur „Cigány", „Zigeuner". Niemand weiß, wie viele Roma in Ungarn leben, Schätzungen reichen von 500.000 bis zu einer Million, fünf bis zehn Prozent der Bevölkerung. Viele verbergen ihre Wurzeln. Diejenigen wie Csaba Csorba, die sich zu den Roma bekennen, fühlen sich wie Aussätzige. „Wir leben in Angst", sagt er. Die Gemeinde Tatárszentgyörgy, 60 Kilometer südlich von Budapest gelegen, ist zu einem Symbolort dieser Angst geworden.

Es ist der 23. Februar 2009, kurz nach Mitternacht, als Csaba Csorba von Explosionen geweckt wird. Das Haus seines Sohnes am Ende der Straße, 20 Meter von seinem entfernt, steht in Flammen. Die Eingangstür des Hauses liegt an der Waldseite, fünf Menschen stürzen heraus. Plötzlich fallen Schüsse. Róbert, 27 Jahre alt, Besitzer und Bauherr des Hauses, taumelt zu Boden, Róbi, sein fünfjähriger Sohn, wird ebenfalls getroffen. Csaba Csorba will sie in Sicherheit bringen, doch seine Anstrengungen sind vergeblich, beide werden die Nacht nicht überleben. Csorba verliert Sohn und Enkel. Die sechs Jahre alte Enkelin kommt mit schweren Verletzungen davon, die Schwiegertochter erleidet einen Schock, das jüngste ihrer drei Kinder in den Armen haltend. Die Täter sind durchs Gebüsch geflüchtet.

Quelle: Radmila Mladenova

Am Rande der Gesellschaft: Der Ungar Csaba Csorba hat bei einem Brandanschlag Sohn und Enkel verloren. Seitdem lebt seine Familie in Angst.

Róbert und Róbi Csorba sind zwei von elf Roma, die seit 2008 in Ungarn ermordet wurden. Mehr als 20 Anschläge sind dokumentiert, hinzukommen hunderte Fälle von Diskriminierung. Jeden Tag. Der Hass auf Roma hat eine neue Dimension erreicht, das spiegelt sich in Studien, nicht nur in Ungarn. Laut einer repräsentativen Umfrage in allen 27 EU-Staaten aus dem Frühjahr 2008 würden sich die mit Abstand meisten Europäer bei dem Gedanken unwohl fühlen, Nachbarn von Roma zu sein. Seit Jahrhunderten kämpfen Roma mit Vorurteilen, die sie als faule und kriminelle Vagabunden beschreiben. Im Grunde seit dem Spätmittelalter, seit sie aus Indien Richtung Westen gezogen sind. Weltweit sollen zwölf Millionen Menschen dieser Ethnie leben. Die Sinti sind in Mitteleuropa die am längsten beheimatete und zahlenmäßig stärkste Untergruppe. Über keine andere Volksgruppe wissen die Mehrheitsgesellschaften so wenig und glauben so viel Negatives zu kennen.

Schlafzimmer ohne Sonnenlicht

Csaba Csorba ist um die 50, doch er sieht aus wie Mitte 60. In sein Gesicht haben sich tiefe Falten gegraben, er hat kaum Zähne, seine Handoberflächen sind rissig, sein graues, ausgedünntes Haar wächst in alle Richtungen. Csorba spricht in gebeugter Haltung, seine Hände hat er hinter dem Rücken gefaltet. Er scheint sich zu schämen, als im Mai 2010 eine Delegation aus Deutschland über sein Grundstück läuft. Männer in dunklen Anzügen stellen Fragen und suchen aufmunternde Worte. Petra Pau ist gekommen, Vizepräsidentin des Deutschen Bundestages, von der Partei Die Linke. Neben ihr stehen Dorothee Janetzke-Wenzel, deutsche Botschafterin in Ungarn; Romani Rose, Vorsitzender des Zentralrats Deutscher Sinti und Roma, und Hermann Korfmacher, Vizepräsident des DFB. Die Delegation will unmittelbar vor dem Freundschaftsspiel der deutschen Nationalmannschaft in Budapest ein Zeichen setzen.

Auch Ágnes Daróczi ist dabei. Die Mittfünfzigerin gehört zu einer kleinen Gruppe von Roma, die es bis in die Elite des Landes geschafft hat. Seit ihrer Jugend engagiert sie sich für die Gleichberechtigung der Roma. Sie legt Sprachkurse, Stipendien, Tutorenprogramme auf, vermittelt Kontakte, Spenden, Praktika, besorgt Kartoffeln, Brot, Brennholz. Eine ihrer Organisationen heißt Phralipe. Bruderschaft. Mit ihrem Einfluss sorgt Ágnes Daróczi dafür, dass Ermittlungen verstärkt werden. Sie deutet auf den schmalen Spalt in der Wand, durch den ein wenig Sonnenlicht ins Schlafzimmer der Familie fällt. Csaba Csorba hat einen Schrank vor das Fenster gestellt, aus Angst, jemand könne einen Brandsatz durch die Scheibe schmeißen. Vor dem Haus ist der Andrang groß. Die Vertreter des DFB haben Trikots, Bälle, Stutzen mitgebracht, zwei Teams können nun eingekleidet werden. Ein kleiner Trost, erst am Nachmittag ist ein Jugendlicher krankenhausreif geschlagen worden, wieder ein Roma-Junge.

Wieder ist es der Fußball, der Öffentlichkeit für ein Thema erzeugt, das verdrängt und verharmlost wird. „Der Antiziganismus, die rassistisch begründete Ablehnung der ‚Zigeuner‘, lebt im Unterschied zum Antisemitismus nicht nur bis heute weiter, er hat sich in den letzten Jahren, seitdem viele Roma aus osteuropäischen Ländern nach Deutschland geflohen sind, sogar noch verstärkt“, schreibt der Germanist Wilhelm Solms, der die 1998 gegründete Gesellschaft für Antiziganismusforschung in Marburg leitet. Es sind Strukturen, die an die Apartheid erinnern, mitten in Europa. Seit der Osterweiterung der EU sind Sinti und Roma zur größten Minderheit des Kontinents geworden. Ihre Lebensbedingungen sind in Rumänien, Tschechien, Polen oder der Slowakei nicht besser als in Ungarn. In Italien hatte Ministerpräsident Silvio Berlusconi Roma registrieren lassen, in Frankreich hat Präsident Nicolas Sarkozy eine Massenabschiebung gefordert. Auch in Deutschland, wo etwa 110.000 von ihnen leben, ist die Integration problematisch. Viele Roma müssen in Flüchtlingsheimen ausharren.

Kämpferin für Kultur: Die Roma-Aktivistin Ágnes Daróczi setzt Sprachkurse und Stipendien auf, vermittelt Kontakte und Spenden.

Quelle: Krasimira Mladenova

Wenn man sich mit Romani Rose, dem Vorsitzenden des Zentralrats Deutscher Sinti und Roma, in Ruhe über Ausgrenzung unterhält, blickt man in müde Augen. „Kulturelle Identität und nationale Zugehörigkeit dürfen kein Gegensatz sein", sagt Rose. 13 Mitglieder seiner aus Ostpreußen stammenden Familie wurden in NS-Vernichtungslagern ermordet. Seit mehr als 30 Jahren ist Rose als Bürgerrechtler aktiv, er hat hunderte Reden gehalten, Briefe geschrieben, und einmal, 1980, ist er auf dem Gelände der KZ-Gedenkstätte Dachau in einen Hungerstreik getreten. Auch mit der Absicht, Aufmerksamkeit auf die Opfer des Holocaust zu lenken. Vermutlich sind mehr als eine halbe Million Sinti und Roma während des Zweiten Weltkrieges getötet worden. Dennoch mussten fast 40 Jahre vergehen, bevor der damalige Bundeskanzler Helmut Schmidt die NS-Verbrechen an Sinti und Roma 1982 als Völkermord aus rassistischen Gründen anerkannte. „Leider ist das Bewusstsein für den Holocaust an unserer Minderheit noch immer nicht so ausgeprägt wie für die Ermordung der Juden", sagt Rose. „Das nehmen wir mit Sorge und Schrecken zur Kenntnis."

Die historische Verantwortung des DFB

Romani Rose fällt es schwer, über den Antiziganismus in deutschen Stadien zu sprechen, der anders als Antisemitismus weitgehend toleriert wird. Seit den siebziger Jahren gehört eine Tirade zum Sprachgebrauch vieler Fans: „Zick Zack Zigeunerpack". 2006 wandte sich Rose an den DFB, lud Theo Zwanziger nach Heidelberg ein, wo 1997 das Dokumentations- und Kulturzentrum des Zentralrats eingeweiht wurde. „Sinti und Roma leben seit Jahrhunderten in Deutschland", sagt Rose. „Sie sind Bürger dieses Staates. Sie sind Arbeiter, Angestellte, Akademiker und Künstler. Sie leben aber auf Grund der Klischees, die man ihnen anheftet, im Positiven wie im Negativen, überwiegend in der Anonymität." Diese Klischees nutzen Fans für die Abwertung ihrer Gegner. Rose, der Mitglied der 2007 gegründeten DFB-Kulturstiftung ist, sagt: „Die meisten plappern etwas nach, ohne historische Hintergründe zu kennen." Auf einer Pressekonferenz leisteten Rose und Zwanziger Aufklärungsarbeit, eine solche Öffentlichkeit genießt der Zentralrat selten. Und der DFB konnte eine weitere Schande seiner Geschichte thematisieren.

Felix Linnemann war 1925 zum vierten Präsidenten des DFB gewählt worden. Unter den Nationalsozialisten wurde er Leiter des Fachamtes Fußball im Deutschen Reichsbund für Leibesübungen. Der Historiker Hubert Dwertmann schilderte 2005 in seiner Studie „Sportler – Funktionäre – Beteiligte am Massenmord: das Beispiel des DFB-Präsidenten Felix Linnemann", wie Linnemann als Regierungs- und Kriminaldirektor in Hannover an der Verfolgung von Sinti und Roma beteiligt war. Ein Papier von 1939 zeigt, wie Linnemann die sogenannte Zigeuner-Erfassung, nach der Sinti und Roma ihren Aufenthaltsort nicht verlassen durften, umsetzte. In einer von ihm gezeichneten Anweisung heißt es: „Werden Zigeuner angetroffen, die ihren Wohnsitz verlassen haben, so sind sie festzunehmen und der Kriminalpolizeidienststelle zur Überführung in ein Konzentrationslager zuzuführen." Diese Anordnung bildeten im März 1943 „die Grundlage für die Deportationen nach Auschwitz", schlussfolgert Dwertmann. Insgesamt seien aus den Gebieten des heutigen Niedersachsen in den ersten beiden Märzwochen mindestens 700 Sinti und Roma nach Auschwitz deportiert worden.

Für Romani Rose ist es auch wegen dieser Geschichte erforderlich, dass Fußballfunktionäre sich in der aktuellen Roma-Debatte zu Wort melden. Vor dem Länderspiel in Budapest im Mai 2010 ist er zu Gast im Dorf Tatárszentgyörgy und spricht mit Opfern eines Mordanschlages. Rund 80 Prozent der ungarischen Roma sind arbeitslos. Jugendliche werden früh in Sonder-

Quelle: Radmila Mladenova

Bürgerrechtler im Dauereinsatz: Romani Rose (rechts) ist im Mai 2010 zu Besuch im ungarischen Dorf Tatárszentgyörgy, links neben ihm Petra Pau von der Partei Die Linke.

schulen abgeschoben, mehr als die Hälfte bleibt ohne Abschluss, weniger als ein Prozent macht Abitur. Roma wie Csaba Csorba, der seinen Sohn und seinen Enkel verloren hat, sind auf Sozialhilfe und Kindergeld angewiesen. Ein Abgeordneter des ungarischen Parlaments fasste ein verbreitetes Klischee in Worte: Roma-Frauen würden ihre schwangeren Körper mit einem Gummihammer malträtieren, in der Hoffnung, behinderte Kinder zu gebären, um sich staatliche Hilfe zu sichern. Dass viele werdende Mütter an Unterernährung, Alkoholsucht oder Depressionen leiden, erwähnte er nicht.

Die Roma-Aktivistin Ágnes Daróczi, die ihr Studium der ungarischen Literatur mit Bravour gemeistert hat, sitzt auf der ausgeblichenen Sitzecke in der Küche von Csaba Csorba. Sein Haus ist in einem traurigen Zustand. Draußen fehlt der Putz an den Wänden, drinnen hängen Tapetenfetzen herunter, als Türen dienen löchrige Gardinen. Der Familie fehlt das Geld für eine Sanierung, und so hat Ágnes Daróczi das Anwesen für ein Pilotprojekt auserkoren. Sie koordiniert eine Sanierung mit freiwilligen Helfern, die durch den Bauorden in Ludwigshafen und den Zentralrat in Heidelberg gefördert wird. Geknüpft wurden die Kontakte während der Vorbereitungen auf das Länderspiel. Es ist eine Aktion mit kleinen Mitteln und großer Wirkung. Viele Initiativen würden am Ziel vorbeiführen, erzählt Vecsei Miklós von den Maltesern in Budapest. Oft werden Fördermittel für den falschen Bedarf ausgeschrieben, wird eine Schule gebaut, wenn ein Kindergarten benötigt wird. „Warum wird eine neue Straße gefördert, wenn die meisten Bewohner keine Autos haben?", fragt Miklós. Manchmal lösen Helfer ungewollt Spannungen aus, weil sich Nachbarn der unterprivilegierten Landbevölkerung gegenüber den Roma im Nachteil sehen. 500 Ortschaften schätzen die Malteser als problematisch ein. Sie wollen das Wissen der Roma nutzbar machen, ihre Kultur, ihre Berufe, ihre Sprache. In keinem Land haben sie Folklore oder Musik so geprägt wie in Ungarn. „Trotzdem gibt es keine Museen oder Forschungsstätten", sagt Ágnes Daróczi. „Auch in den Schulbüchern findet sich wenig."

Persönlichkeit ohne Namen

Wissen vermitteln, Verständnis schaffen – diese Aufgabe hat das Netzwerk Fare übernommen, Football Against Racism in Europe. Im Februar 1999 hatten sich Fangruppen, Verbände und Spielergewerkschaften in Wien getroffen, um eine Strategie gegen Rassismus und Fremdenfeindlichkeit zu entwickeln. Inzwischen hat das Netzwerk, das sich als Nichtregierungsorganisation etablieren will, Partner in vierzig Ländern. Sie fördern Graswurzelprogramme, knüpfen Kontakte unter Aktivisten, erzeugen in einer Aktionswoche jedes Jahr Öffentlichkeit für vernachlässigte Minderheiten. In der Roma-Diskussion recherchierten sie erschreckende Beispiele: So hatten Fans von Dinamo Bukarest 2003 ein Banner mit dem Schriftzug gezeigt: „Eine Million Krähen – Eine Lösung: Antonescu." Krähen ist ein rumänisches Schimpfwort für Roma. Unter dem Diktator Ion Antonescu waren während des Zweiten Weltkrieges mehr als 200000 Roma ermordet worden. Im Sommer 2010 schrieb Fare Förderungsprojekte für Roma aus. 51 Initiativen bewarben sich, vorwiegend aus Osteuropa. Die Fördersumme von 25.000 Euro wurde auf 17 Gruppen verteilt. „Roma haben in ihren Ländern keine Lobby", sagt die Leipzigerin Claudia Krobitzsch, die seit 2010 für Fare in der Zentrale in London tätig ist. „Durch Fußball sollen diese Gruppen in die Mitte der Gesellschaft rücken." Die Ausrichtung der Projekte reichte von interkulturellen Turnieren über Diskussionsrunden in Schulen bis zu Sprachangeboten. Eine seltene Offensive. Auch deshalb bekennt sich kaum ein Profi zu seinen Roma-Wurzeln.

István Pisont erinnert sich nicht an seine ersten Szenen als Profifußballer, an gelungene Schüsse, Pässe, Freistöße. Doch eines wird er nie vergessen: Bei den gegnerischen Fans hatte er keinen Namen – sie nannten ihn nur „Zigeuner". Immer und immer wieder „Zigeuner", laut und verletzend. Pisont war volljährig geworden, als er 1988 für Honved Budapest seine ersten Partien bestritt. Auswärts zitterte er am ganzen Körper, Spieler lachten ihm ins Gesicht. „Die wollten mich fertigmachen", sagt er in einem Restaurant im Süden von Budapest. Pisont war der letzte Profi, der sich in Ungarn zu den Roma bekannte. In mehr als 20 Jahren. Doch István Pisont ist kein Exot.

Ablenkung vom Alltag: Junge Roma kicken auf einem Hinterhof, mehr als die Hälfte der Schüler bleiben in Ungarn ohne Abschluss.

„Viele verbergen ihre Wurzeln, sie wollen sich nicht wie Aussätzige fühlen. Das ist auch im Fußball so." Pisont drängte die Abneigung der Zuschauer mit Fleiß zurück, stieg zum Nationalspieler auf, bestritt 31 Länderspiele. Er kickte erfolgreich im Ausland, in Belgien, Israel, Ende der Neunziger bei Eintracht Frankfurt.

Wenn man an den Stadtrand von Budapest zum ungarischen Fußball-verband fährt, erhält man nicht mehr als Floskeln. „Wir unterstützen alle Minderheiten", sagt Gesa Roka, der Generalsekretär. „Aber wir dürfen keine Minderheit herausheben." Im Hauptquartier der ungarischen Malteser, im Nordosten der Stadt, kann Pater Imre Kozma über solche Aussagen nur lachen: „Der Verband hilft uns überhaupt nicht." Der Priester begleitet die Auswahl der Roma seit 1995 als Seelsorger, hilft ihr bei der Suche nach Sponsoren. 60 Roma gehören zum Kader und treten zu Freundschaftsspielen an. „Wenn es unsere Möglichkeiten zulassen", schränkt Kozma ein. Spiele seines Teams sehen in der Regel so aus: Im Frühjahr 2010 hatte Kozma alle Kontakte spielen lassen. Die gesammelten Spenden reichten nur für die Miete eines Busses. So begab sich die Mannschaft in der Nacht auf den Weg nach Rom. Am Nachmittag besiegte sie die Schweizergarde – gleich danach ging es zurück in die Heimat. Doch auch in einem Fünfsternehotel hätte Pater Kozma kaum Zeit zum Schlafen gehabt. Er nutzt den Fußball als psychologisches Hilfsmittel. Die meisten Spieler haben Probleme, das Team gleicht einem gesellschaftlichen Querschnitt. „Es ist ein tragischer Kreislauf", sagt Kozma. „Unsere Spieler wollen arbeiten, aber kaum jemand gibt ihnen eine Chance."

Ob sich etwas ändert? Im April 2010 erreichte Fidesz, der Ungarische Bürgerbund mit rechtskonservativer Ausrichtung, bei den Parlamentswahlen eine Zweidrittelmehrheit. Drittstärkste Kraft hinter den Sozialisten wurde die rechtsextreme Jobbik. Deren Führer Gábor Vona kündigte einen Kreuzzug gegen die „Cigány" an. Während der konstituierenden Sitzung präsentierte sich Vona in der schwarzen Weste der Ungarischen Garde. Dieser paramilitärisch auftretende Trupp von Rechtsradikalen marschiert mit Vorliebe durch Roma-Wohngegenden. Durch das Dorf Tatárszentgyörgy ist er erstmals im Dezember 2007 gezogen. Die drei Marschkolonnen waren 200 Meter lang.

Csaba Csorba erinnert sich daran, er wirkt resigniert. Er hat seinen Sohn und seinen Enkel sterben sehen. Was könnte ihm Schlimmeres passieren? Von draußen dringt das Surren der Zementmischer in die Küche. Die Bauarbeiten der sieben Freiwilligen gehen voran, sie stammen aus Deutschland, Polen, Bulgarien. Die Delegation aus Deutschland ist wegen seiner Familie gekommen, das hat er noch nicht erlebt. Sie haben sich für ein Denkmal eingesetzt, eine fünf Meter hohe Holzskulptur auf einem der zentralen Plätze des Dorfes, in Erinnerung an Róbert und Róbi. Der Gemeinderat lehnte das Vorhaben erstmal ab. Die Bürgermeisterin sagte, die Bewohner sollen nicht an diese Tragödie erinnert werden. Aber gegen ein Denkmal auf dem Hof von Csaba Csorba habe sie nichts einzuwenden. Ein Denkmal am Ende eines sandigen Weges, am Rande der Gesellschaft. Dahinter ist nur noch Wald.

Abenteurer im Archiv

Vereine haben sich lange gegen eine Aufarbeitung ihrer Rolle im Nationalsozialismus gesträubt. Stattdessen graben Fans in der Geschichte ihrer Klubs, ohne finanzielle Unterstützung, gegen Widerstände. Mit ihren Forschungen fördern sie Maßnahmen gegen den Rechtsextremismus der Gegenwart. Ihr Motto: Enttäuschung ist besser als Täuschung.

Im Stadion des FC St. Pauli ist Komfort ein relativer Begriff. 40 Minuten vor dem Anpfiff gegen Kaiserslautern steht Gregor Backes im Fanblock. Sitzen kommt für ihn nicht in Frage. Er trägt einen braunweißen Schal, es ist so eng, dass er den Atem des Nachbarn im Nacken spürt. Das Flutlicht leuchtet den Nebel aus. Wenn die Hamburger eine Torchance haben, geht ein Raunen durch die Reihen. Ist sie vergeben, klatscht sich Backes mit der Hand auf die Stirn. Doch schon wieder wird der Ball von seiner Mannschaft nach vorn getrieben.

Seit mehr als 20 Jahren verpasst Gregor Backes kein Heimspiel. Früher ist er auch zum Hamburger SV gegangen, dem Rivalen, aber die Stimmung sei ihm zu aggressiv gewesen. Seinen Antrieb hat er auf St. Pauli gefunden. Im Kiez, im Verein. „Im Grunde ist das Leben der Menschen mit dem Verein verbunden", sagt er. „Alles ist kleiner, familiärer, das gefällt mir, ich möchte hier nicht mehr weg." Drei Gehminuten lebt er von der Reeperbahn entfernt, sein Verein gehört zur Nachbarschaft. Deshalb reicht sein Interesse weiter als bis zum nächsten Sieg, er will alles wissen über seinen Klub. Über Wirtschaft, Strukturen, vor allem: über die Geschichte.

Auf dem zweiten Bildungsweg hat Backes Geschichte studiert. In seiner Abschlussarbeit beleuchtete er die Rolle des FC St. Pauli im Nationalsozialismus. Er hatte sich beim Verein beworben, er wollte den Zuschlag, unbedingt. Das Präsidium lud ihn zum Vorstellungsgespräch ein, die Bosse wollten sehen, wer in der Vergangenheit ihres Lebenswerkes stochern würde. Backes musste viele Fragen beantworten, er kam ins Schwitzen. Doch am Ende erhielt er den Auftrag. Nicht als Fan – als Historiker.

Kopfschmerzen im Lesesaal: Gregor Backes,
Fan des FC St. Pauli.

Monatelang wühlte sich Backes durch Berge von Akten, Zeitschriften, Büchern. Mit den Emotionen auf der Tribüne hatte diese Seite des Fanlebens wenig gemein. Backes kam dem FC St. Pauli in aller Stille näher. Manchmal in der Dunkelheit, wenn er stundenlang im Mikrofilmlesesaal der Staatsbibliothek ausharrte, in einem fensterlosen Raum, in der Ecke, mit künstlichem Licht, an riesigen Leseapparaten, die ihm nach einer Stunde Kopfschmerzen bereiteten, wo die Luft stickig war. „Es gibt so viele Unterlagen, nach denen noch niemand gesucht hat", sagt Backes und blickt wie ein neugieriger, ungeduldiger Junge. „Manchmal ist diese Arbeit frustrierend, wenn man drei Tage im Archiv gesucht hat und drei Tage nichts gefunden hat."

Als belastet gelten Vereine für Historiker, die schon vor der Machtübernahme 1933 für die Nazis Position bezogen hatten. Die früh ihre Stadien für Aufmärsche zur Verfügung stellten oder einen hohen Prozentsatz an NSDAP-Mitgliedern aufwiesen. Auf den FC St. Pauli traf vorauseilender Gehorsam nicht zu, stellte Backes fest, es gab aber auch keinen politischen Widerstand oder eine ernsthafte Auseinandersetzung nach dem Krieg. Backes bezeichnet die NS-Zeit der Hamburger als Opportunismus.

Ob sich sein Verhältnis zum Verein geändert hätte, wenn ein Spieleridol Aufseher im KZ gewesen wäre? „Das könnte ich heute nicht mehr ändern." Aber er kann viele Fans über die Brücke Fußball für das Thema Holocaust sensibilisieren. Immer weniger Jugendliche besuchen Gedenkstätten. Die Publikation von Backes ist 2010 zum 100. Geburtstag des Klubs erschienen, ihr Titel: „Mit Deutschem Sportgruß, Heil Hitler". Der Inhalt wurde in Fankreisen diskutiert, auch unter jungen Anhängern. Insbesondere an Wilhelm Koch, der mit Unterbrechung von 1931 bis zu seinem Tod 1969 Klubchef gewesen war, entzündeten sich Debatten. Koch war 1937 der NSDAP beigetreten, laut Backes war er kein glühender Nazi, aber eben doch Parteimitglied. 1970 wurde die Heimstätte St. Paulis nach Koch benannt. Bis Oktober 1997, bis kritische Fans in einer turbulenten Jahreshauptversammlung die Rückbenennung in Millerntor-Stadion durchsetzten.

Der FC St. Pauli unterstützte die Forschungen von Gregor Backes. Das ist eine Ausnahme im Profifußball. Das Interesse liegt woanders: Es geht um Meisterschaft oder Klassenerhalt. Tore oder Paraden. Rendite oder Entschuldung. Ihre Geschichte interessiert die Vereine wenig. Sie schleppen sie mit wie lästigen Ballast oder benutzen sie als Steinbruch für nostalgische Marketingaktionen. Das Geschichtsbewusstsein wird an der Basis gepflegt. Im besten Fall dulden die Klubs die Forschungen ihrer Fans. „Manchmal blockieren sie auch", sagt Backes. In Nürnberg soll ein Student aus dem Vereinsarchiv geworfen worden sein.

Umstrittener Patron: Wilhelm Koch, langjähriger Vereinsvorsitzender des FC St. Pauli, war Mitglied der NSDAP. Nach langen Diskussionen wurde 1999 die nach ihm benannte Spielstätte in „Stadion am Millerntor" umgetauft.

Geschichtsaufarbeitung als Marketing

Dass sie Antworten für die Zukunft in der Historie finden, will ihnen nicht bewusst werden. „Insgesamt neigt der Fußball dazu, seine Geschichte schönzuschreiben und Kritiker als Nestbeschmutzer zu beschimpfen", sagt der Publizist Dietrich Schulze-Marmeling. Verdeutlicht wurde die Verdrängungskultur durch den DFB. Der Verband ließ viele Jahre nach dem Zweiten Weltkrieg verharmlosende Schriften über sich erstellen. Von Autoren wie Carl Koppehel, die ins Naziregime verwickelt waren und Fakten verschwiegen: zum Beispiel dass Felix Linnemann, von 1925 bis 1945 vierter DFB-Präsident, in seinem Beruf als Polizist die Deportation von Sinti und Roma nach Auschwitz einleitete oder dass Reichstrainer Otto Nerz antisemitische Artikel verfasste. Wenn überhaupt, stellten sich Funktionäre als Mitläufer dar. „Beim DFB hat ein merkwürdiger Corpsgeist geherrscht", sagt Schulze-Marmeling. „Man hat gesagt, auch die schwarzen Schafe gehören zu uns. Der Verband ist sehr spät über die Ziellinie gekrochen." Seine Forschungen hat Schulze-Marmeling als Autor und Herausgeber dargelegt, unter anderem 2003 in „Davidstern und Lederball" oder 2008 in „Hakenkreuz und rundes Leder". Es war Theo Zwanziger, der sich für eine Erinnerungskultur stark machte. Der Präsident des DFB gab Anfang dieses Jahrtausends eine Studie in Auftrag, die die

„Die meisten Vereine weigern sich, den Marketing-wert der Geschichte anzuerkennen." Anton Löffel-meier, Fan des TSV 1860 München.

Rolle des DFB im Nationalsozialismus untersuchte. Über drei Jahre finanzierte der Verband die Forschungen von Nils Havemann. Der Mainzer Historiker verdeutlicht in „Fußball unterm Hakenkreuz", wie der DFB im Dritten Reich durch das Regime profitierte.

Gleichgültigkeit gegenüber der Geschichte? Anton Löffelmeier hat sie erlebt. Er sitzt an der Quelle. Seit mehr als 20 Jahren arbeitet er im Münchner Stadtarchiv. Noch länger ist er Fan des TSV 1860. Als Kind ging er ins Grünwalder Stadion, Stehplatz. Inzwischen geht er nicht mehr so oft zum Fußball. Die moderne Arena am Stadtrand, wo auch der FC Bayern spielt, ist ihm zu sehr Wohnzimmer. Doch Löffelmeier muss nicht im Stadion sitzen, um seinen Verein hautnah zu erleben. Vermutlich weiß niemand so viel über den TSV 1860 München wie er.

Anton Löffelmeier schreitet durch die dritte Etage des Stadtarchivs. Unter seinen Füßen knarrt das Parkett. Er stemmt sich gegen die Metallregale, schiebt sie beiseite, das Quietschen scheint er nicht wahrzunehmen. Es riecht nach altem Papier, nach Leder. Löffelmeier kramt Schriften hervor, mit der flachen Hand streicht er über den Buchdeckel, das Rascheln der Seiten ist bis zur Tür zu hören. 1995 begann Löffelmeier mit der Erforschung des Münchner Fußballs. Der Historiker hatte den Nachlass eines Funktionärs aus dem 19. Jahrhundert erhalten. Inzwischen, so schätzt Löffelmeier, hat er wohl fünf Meter an Fußballakten durchgearbeitet. 2009 ist sein Buch über den TSV 1860 im Nationalsozialismus erschienen: „Die Löwen unterm Hakenkreuz".

Anton Löffelmeier musste bei null anfangen. Firmen haben Archivierungspflicht, Fußballvereine nicht. „Die Klubs haben zur Schriftlichkeit ein gespaltenes Verhältnis. Viele führen kaum ein Archiv, von Museen ganz zu schweigen. Sie sind froh, wenn sie ihre tägliche Ablage hinkriegen." Beim TSV 1860 zeigte sich das besonders. Während des Zweiten Weltkrieges wurde viel Material zerstört. Auch um den Restbestand kümmerten sich die Vorstände nicht. Bei einem Wasserschaden und beim Verkauf des Klubheims gingen ebenfalls Akten verloren, den Rest soll der frühere Vereinspräsident

Karl-Heinz Wildmoser weggeworfen haben. Löffelmeier erstellte mit Hilfe des kommunalen Schriftverkehrs ein Gerüst für seine Studie. Er suchte Akten aus dem ehemaligen Amt für Leibesübungen, bei den Bürgermeistern, im Stadtrat. Weniger Unterstützung erhielt er von Zeitzeugen. Er hatte im Vereinsmagazin inseriert, verschickte Briefe an Vereine und Organisationen. Daraufhin rief ein älterer Herr bei ihm zu Hause an. Er beschimpfte seinen Sohn, der ans Telefon gegangen war. Löffelmeier: „Viele Zeitzeugen sind unsicher. Was wird gefragt? Werden sie persönlich involviert, schadet es dem Verein? Da sind emotionale Hürden, die nicht jeder überwindet."

„Wenn verdrängte Ereignisse gespiegelt werden, dann verlieren sie ihre Bedeutung – und zwar ihre zerstörende Bedeutung." Eberhard Schulz, Initiator des Erinnerungstages im deutschen Fußball.

Löffelmeier fand Notizen und Passagen, die einen Schatten auf seinen Verein warfen. Führungskräfte des TSV 1860 waren früh einen Pakt mit den Machthabern eingegangen. Zum Beispiel Sebastian Gleixner. Der Fußballabteilungsleiter engagierte sich in den zwanziger Jahren für die NSDAP im Kampf gegen Gewerkschaften. Er zettelte Saalschlachten an und sorgte dafür, dass Sozialdemokraten und Kommunisten ins Konzentrationslager kamen. Auf dem Vereinsgelände trainierte derweil die SA, die in Emil Ketterer ab 1936 den Vorsitzenden des TSV 1860 stellte. Der Mediziner und frühere Leichtathlet war Befürworter des Euthanasieprogramms. Lange nach dem Krieg wurde er in München als Sportidol verehrt.

Der Studie von Anton Löffelmeier stand der TSV 1860 zunächst skeptisch gegenüber. Wie würden die Sponsoren auf belastende Beweise reagieren? Löffelmeier habe der Stallgeruch gefehlt, hieß es, eine Vergangenheit als Funktionär des TSV. Eine Prämie vom Verein wollte er nicht für seine Recherchen – Unabhängigkeit war ihm wichtig. „Aufarbeitung ist der einzige Weg, um Tradition völlig in Ordnung zu bringen."

Was Recherchen bewegen können, zeigte sich in Gelsenkirchen. Der ehemalige Nationalspieler Fritz Szepan war beim FC Schalke 04 als Idol verehrt worden, er übernahm Mitte der sechziger Jahre dessen Vorsitz. Bis herauskam, dass Szepan 1938 ein Geschäft erwarb, dass Juden enteignet worden war. Der

FC Schalke zog nach der Enthüllung den Antrag zurück, in der Nähe seines Stadions eine Straße nach Szepan zu benennen. Auch Borussia Dortmund, Werder Bremen oder Eintracht Frankfurt haben Recherchen unterstützt, „aber die meisten Vereine weigern sich, den Marketingwert der Geschichte anzuerkennen", wie es Löffelmeier formuliert. „Die Wirtschaft war weitsichtiger." Er spricht eine Debatte um jüdische Zwangsarbeiter und Enteignungen an, die in den neunziger Jahren Empörung ausgelöst hatte. Konzerne wie die Deutsche Bank, BMW oder Siemens öffneten ihre Archive. Die Ergebnisse konnten die Unternehmen in ihre Öffentlichkeitsarbeit einbinden. Sie gaben sich geschichtsbewusst. Der Fußball hinkt diesem Trend hinterher, kritisiert Löffelmeier. „Die Erkenntnis, dass man hier genauso Geld investieren kann wie ins Merchandising, ist den Vereinen nicht bewusst."

Exkursion vor dem Auswärtsspiel

Bald werden es 50.000 wissenschaftliche Publikationen sein, die den Nationalsozialismus zum Thema haben – auf den Sport entfallen wenige. Die Welle der Veröffentlichungen begann in den siebziger Jahren. „Das Dritte Reich ist nach dem Untergang tabuisiert worden", erläutert Daniel Koerfer, Geschichtsprofessor der Freien Universität in Berlin. „Eigentlich wollte niemand darüber reden, weil die meisten Menschen selbst beteiligt waren, entweder als Täter oder als Opfer. Es gab immer ein Element des Konfrontativen." Koerfer hat 2009 ein Buch über Hertha BSC im Nationalsozialismus veröffentlicht: „Hertha unter dem Hakenkreuz". „Je ferner das Dritte Reich uns ist, desto näher soll es uns sein", sagt Koerfer. „Aber das ist nur die halbe Wahrheit, denn eigentlich ist der Kenntnisstand über das Dritte Reich verschwindend gering, viele leben von ihren Vorurteilen." Ein Menschenleben lang haben sich Kirche, Verlage, Universitäten, Banken vor einem Blick zurück gescheut. Es ist unmöglich, diese Jahrzehnte aufzuholen. Bald werden auch die letzten Zeitzeugen sterben.

In vielen Ländern hat der Fußball von seinen Diktaturen profitiert. In Spanien unter Franco, in Chile unter Pinochet, in Argentinien unter Videla. Eine ernsthafte Aufklärung gab es nicht. Die Folgen sind besonders in Italien zu spüren. So sehr der faschistische Führer Mussolini den Fußball schon in den zwanziger Jahren instrumentalisiert hat, so sehr benutzen ihn Rechtsextreme in der Gegenwart. Stadionkurven werden von Neonazis beherrscht. Paolo Di Canio, ehemaliger Spieler von Lazio Rom, zeigte mehrfach den Römischen Gruß, auch als Hitlergruß bekannt. Ernsthaft bestraft wurde er nicht. Italienische Politiker und Funktionäre haben sich nie ausreichend distanziert.

Geschichtsunterricht vor dem Auswärtsspiel: In der KZ-Gedenkstätte Dachau informieren sich junge Fans über den Nationalsozialismus.

In Deutschland ist das anders. Seit 2005 wird Ende Januar in deutschen Stadien der Erinnerungstag veranstaltet. Um den 27. Januar 1945 in Erinnerung zu rufen, jenen Tag, an dem Soldaten der Roten Armee Auschwitz befreiten. Eberhard Schulz, Diakon in München, tätig in der Versöhnungskirche Dachau, war einer der Initiatoren des Erinnerungstages: „Verdrängte Ereignisse aus der Geschichte wirken im Untergrund. Wenn sie nach außen dringen, wenn sie erkannt werden, gespiegelt werden, dann verlieren sie Kraft und Bedeutung – und zwar ihre zerstörende Bedeutung." Schulz begrüßt in der KZ-Gedenkstätte Dachau auch Fangruppen, die ihre Auswärtsreise zum FC Bayern mit einer Geschichtsexkursion verbinden wollen.

Erleichterung in der Pfalz

Markwart Herzog hat gelernt, wie weit die Kraft der Vergangenheit reichen kann. Seit seiner Schulzeit ist er Fan des 1. FC Kaiserslautern. Auch er hält den 2002 verstorbenen Fritz Walter für ein Idol des FCK. Dass die Verehrung der Pfälzer für den Weltmeister von 1954 weiter reicht, erfuhr Herzog vor wenigen Jahren. Der Historiker aus Kaufbeuren erforschte in seiner Freizeit die NS-Vergangenheit des Klubs. Vor allem die älteren Lauterer Anhänger hatten Angst, dass ihr Denkmal Walter posthum stürzen könnte. Für sie war er das gute Gewissen des Sports, bodenständig, loyal. Auch der bekannte Sport-

Quelle: Ronny Blaschke

„Der Fußball erzeugt bei Jugendlichen ein Klima der Aufmerksamkeit." Markwart Herzog, Fan des 1. FC Kaiserslautern.

journalist und gebürtige Kaiserslauterer Rudi Michel hatte die Studie zunächst abgelehnt. Nachdem er Herzog kennengelernt hatte, las er dessen Manuskript gern.

Als das Buch „Der Betze unterm Hakenkreuz" von Herzog 2006 erschien, waren die Pfälzer erleichtert. Fritz Walter war ein Mitläufer gewesen, er hatte seine Briefe nie mit „Heil Hitler" unterzeichnet. Während der Buchvorstellung waren alle Plätze belegt. Die „Süddeutsche Zeitung" überschrieb ihre Rezension mit der Frage: „War Fritz Walter ein Nazi?" Das konnten die Lauterer nicht auf sich sitzen lassen, sie schrieben Leserbriefe, einer von ihn zog einen den Vergleich: „Die da in München fragen ja auch nicht: Geht der Papst in den Puff?"

Acht Jahre hatte Markwart Herzog geforscht, in 20 Archiven und Bibliotheken, wochenlang hatte er in Kaiserslautern für seine Recherchen verbracht, auch in München, Saarbrücken oder Speyer war er unterwegs, sogar in Frankreich. Die Kosten überstiegen das Honorar seines Verlages. Dutzende Gespräche hatte der Direktor der Schwabenakademie Irsee mit Zeitzeugen und Nachfahren geführt. Im Obergeschoss seines Hauses reiht sich ein Ordner an den nächsten. Lange hielt Herzog Kontakt zu Informanten. Auch zu dem Neffen des ehemaligen Lauterer Spielers Albert Conrad. Und das, obwohl Herzog herausgefunden hatte, dass Conrad ein SA-Schläger gewesen war und Schießereien mit Verletzten ausgelöst hatte. Herzog wusste nicht, wie er dem Neffen nach der Entlarvung gegenübertreten sollte. Doch sie haben noch immer ein gutes Verhältnis. Ein Motto begleitet Herzog seit Beginn: „Enttäuschung ist besser als Täuschung."

Für Markwart Herzog war es der Impuls eines leidenschaftlichen Fans, die Forschungen aufzunehmen. Als es um die Veröffentlichung von brisanten Fakten ging, spürte er die Zufriedenheit eines Historikers. Hinter seiner Brille lugen wache Augen hervor. Zu jeder Frage fällt ihm eine Anekdote ein, eine Biografie. In Kaiserslautern gab es wie bei vielen Vereinen Profiteure und Mitläufer. Aber auch tragische Opfer. Zum Beispiel den jüdischen Vereins-

Mitläufer, kein Täter: Fritz Walter (2. v. l.), Mitglied der Soldatenelf Rote Jäger.

arzt Albert Maas, der 1936 in die USA flüchtete. Maas kam in der Neuen Welt nicht zurecht und erhängte sich. Sein Sohn musste mit seiner Mutter hinterher reisen. Zur Beerdigung. „Das ist eine der Geschichten", sagt Herzog, „die mich sehr traurig gemacht haben."

Herzog hat viele Dokumente an Erben früherer Vereinsmitglieder geschickt, er konnte Fragen klären, auf die Familien Jahrzehnte keine Antwort wussten. Herzog half anderen, doch er half auch sich selbst. Sein Vater war Nationalsozialist gewesen, ständig lagen sie im Streit. Dieser Konflikt prägte ihre Beziehung. Vielleicht sind Herzog die Spuren der Geschichte auch daher so wichtig. Mit seinem Buch tritt er als Pädagoge in Erscheinung. Kapitel seines Buches werden in Pfälzer Schulen gelesen und interpretiert, er selbst hat in jüdischen Gemeinden und vor Schülergruppen gesprochen. „Zum Teil erreichen die Lehrer die Jugendlichen mit dem Thema Nationalsozialismus nicht mehr. Aber der Fußball erzeugt ein Klima der Aufmerksamkeit."

Herzog ist einer von wenigen Abenteurern im Archiv. Im Fußball gilt für gewöhnlich die Plattitüde: Nach dem Spiel ist vor dem Spiel. Von Geschichtsunterricht ist selten die Rede. Herzog hatte einmal alle Profiklubs für eine historische Tagung angeschrieben, die Resonanz war enttäuschend. Als im Herbst 2010 „Das Amt und die Vergangenheit" erschien, eine Studie über deutsche Diplomaten im Dritten Reich, kommentierte der Historiker und Publizist Volker Ullrich im Politik-Magazin „Cicero": „Das Werk sollte zur Pflichtlektüre für alle angehenden Diplomaten werden." Eine ähnliche Forderung wäre im Fußball Utopie. So werden die Vereine auch künftig auf die Initiative FF angewiesen sein. Auf die Initiative der forschenden Fans.

„Vereine wollen pflegeleichte Spieler ohne politisches Profil"

Kaum ein Bundesliga-Spieler hat sich gesellschaftlich so engagiert wie Yves Eigenrauch beim FC Schalke 04. Auch nach seiner Karriere steht er als Botschafter für Initiativen zur Verfügung. Im Interview spricht er über die Mündigkeit von Profis, Scheinheiligkeit unter Funktionären und Missstände in der Nachwuchsarbeit.

In der geräumigen Wohnung von Yves Eigenrauch im Zentrum von Wanne-Eickel, im nördlichen Ruhrgebiet, erinnert nichts an seine erfolgreiche Karriere als Fußballprofi. Keine Pokale, keine Urkunden, keine Plakate. Eigenrauch, Jahrgang 1971, hat mit seinem Sport abgeschlossen. Vielleicht fällt es ihm deshalb leicht, mit kritischer Distanz auf die Branche zu blicken. Zwischen 1991 und 2002 hatte er für den FC Schalke 04 in der Bundesliga 229 Spiele bestritten und drei Tore geschossen. 1997 gewann er mit den Gelsenkirchenern den UEFA-Cup, 2001 und 2002 den DFB-Pokal, er war für die Schalker Fans eine Kultfigur. Nach seiner Laufbahn hat sich Eigenrauch unter anderem in der Stadion-Betreibergesellschaft des Vereins und in der Öffentlichkeitsarbeit eines Kinder- und Jugendtheaters engagiert. Noch immer leistet er ehrenamtlich Antirassismus-Arbeit.

Herr Eigenrauch, warum engagieren sich Fußballprofis kaum über ihren sportlichen Alltag hinaus?
Ich verstehe das auch nicht. Ich plädiere fürs Nachdenken, für Natürlichkeit. Aber vielleicht sind einige Spieler durch ihren Alltag abgestumpft. Das muss ich leider unterstellen, wenn man nicht zu Themen Stellung bezieht, die von allgemeinem Interesse sind, und wenn man sieht, dass es einige Missstände gibt. Wir haben die Möglichkeit, ja sogar das Privileg, unsere Öffentlichkeit zu nutzen – die überwältigende Mehrheit der Bevölkerung hat diese Möglichkeit nicht.

Als einer von wenigen Profis haben Sie intensiv Antirassismus-Arbeit betrieben. Wie kam es dazu?

Das begann früh in meiner Laufbahn. Anfang der neunziger Jahre engagierte sich die Schalker Fan-Initiative gegen Rassismus und Fremdenfeindlichkeit. Damals wurden auch auf Schalke schwarze Spieler beschimpft. Fans warfen Bananen und stimmten Urwaldgeräusche an. Die Fan-Initiative – am Anfang war es noch eine kleine Gruppe – hat mich 1992 um Unterstützung gebeten. Ich kann mich gut daran erinnern, wie meine Schalker Mitspieler Jens Lehmann, Andreas Müller und ich im Zentrum von Gelsenkirchen Flugblätter mit Botschaften gegen Rassismus verteilt haben.

Lange saßen Sie im Vorstand des Antirassismus-Projekts „Dem Ball ist egal, wer ihn tritt". Welche Aufgaben haben Sie dort übernommen?

Wir haben den Fokus auf die Arbeit mit Jugendlichen gelegt. Vor der WM 2006 haben wir eine CD herausgebracht und an alle weiterführenden Schulen in Nordrhein-Westfalen geschickt. Auf dieser CD sind wir auf verschiedene Fragen eingegangen. Wie äußert sich Rassismus? Wie äußert sich Antisemitismus? Dazu haben wir Statements von Spielern gesammelt. Später haben wir versucht, mit den Schülern ins Gespräch zu kommen.

Welche Aktionen waren für Sie besonders einprägsam?

Einmal waren wir bei einem Fan-Austausch in Polen. Was wir dort erlebt haben, erlebe ich manchmal auch hier in Deutschland. Wir haben in Posen junge Fans besucht, sie waren vielleicht zwischen 18 und 30 Jahre alt. Die Kräftigen waren die Chefs der Gruppe, die Schmächtigen standen im Hintergrund. Bevor wir zu einem Spiel von Lech Posen gefahren sind, gingen wir zu den Jungs nach Hause. Sie haben in einer rauen Gegend gewohnt. Und ich habe wirklich gemerkt, wie der Fußball ihnen in ihrer Ausweglosigkeit ein wenig Halt gegeben hat. Bei uns ist es oft ähnlich. Jungen Leuten fehlt die Perspektive. Ihre Sprache verroht, sie haben keinen Zugang zu Kultur und Bildung, das ist schon erschreckend.

Sie waren auf Antirassismus-Turnieren in Italien zu Gast, Sie waren Teilnehmer der Aktionswoche von Football Against Rasicm in Europe (Fare), und regelmäßig beziehen Sie Stellung auf Podien. Wie können Sie Verhalten und Einstellung von Fans beeinflussen?

Das ist schwer. Erst einmal wahrscheinlich, indem ich nur ich selbst bleibe und ein vernünftiges Leben vorlebe. Botschafter bin ich nicht mit dem größenwahnsinnigen Antrieb, die Welt zu retten. Ich kann nur einen kleinen Teil beitragen. Wenn von hundert Jugendlichen, zu denen ich sprechen darf, danach zwei oder drei intensiver über ihr Verhalten nachdenken, dann ist das ein Anfang. Doch letztendlich geht es nicht darum, dass Jugendliche auf mich hören. Entscheidend ist, dass Entscheidungsträger in Politik und Wirtschaft den Jugendlichen Perspektiven ermöglichen.

Die Diskussionskultur des Fußballs lässt selten Grautöne zu. Es geht um Sieg oder Niederlage, Meisterschaft oder Abstieg, Schwarz oder Weiß. Lässt dieses Korsett weiterführende Gedanken zu?

Der Fußball ist traditionell, konservativ, fast reaktionär. Damit meine ich, dass alles bewahrt werden soll, was bewahrt werden kann. An den entscheidenden Positionen im Fußball sitzen ehemalige Fußballer – und die sind meist konservativ. Diejenigen Funktionäre, die aus einem anderen Bereich kommen, aus Politik oder Wirtschaft, krempeln ihre Vereine um. Außerdem ist Fußball eine Männerdomäne, wie die Armee oder die Feuerwehr. Da haben Frauen eigentlich nichts zu suchen, da werden Männerwerte hochgehalten.

Sie sehen Konservatismus kategorisch als negativ an?

Ganz und gar nicht. Einige konservative Werte sind im Fußball und darüber hinaus bewahrenswert: Der Zusammenhalt in der Familie. Nicht ständig dem Konsum zu verfallen. Benehmen, Respekt. Demut.

Wie bewerten Sie die Liberalisierung des Fußballs in den vergangenen Jahren?

Es war eine Revolution, dass sich der DFB für bestimmte Themen geöffnet hat. Das fing mit der Aufarbeitung des Dritten Reichs an. Seitdem ist es wieder politisch korrekt, sich auf das Thema Rassismus zu stürzen. Viele Würdenträger geben sich plötzlich ganz offen und liberal. Das ist doch scheinheilig. Vielen nehme ich das nicht ab. Einige Leute drehen sich wie Fähnchen im Winde.

Soll der Fußball trotzdem gesellschaftspolitisch Stellung beziehen?

Nicht, wenn es von Funktionären und Beratern aufgestülpt ist. Ich würde das niemals machen, da hätte ich ein schlechtes Gewissen. Warum soll ich jemanden bitten, zu sagen, Rassismus sei widerlich, wenn er eigentlich anderer Meinung ist, das macht für mich keinen Sinn.

In England werden Spieler vertraglich verpflichtet, sich über den Sport hinaus zu engagieren.

Alles, was festgeschrieben ist, würde zwar den Zweck erfüllen, aber moralisch sehe ich das kritisch. Spieler müssen aus Überzeugung handeln, sonst haben ihre Aussagen keinen Bestand. Glaubwürdigkeit ist alles. Wenn Spieler sich zwei Minuten hinstellen und leere Worte absondern, sind Jugendliche kurz darauf wieder in ihrer eigenen Realität. Wenn die Leute, an die sich die Botschaften richten sollen, es nicht sofort merken, dann merken sie es später. Dauerhaft registrieren sie auf jeden Fall, ob jemand ehrlich und authentisch ist oder nicht. Außerdem sollten sich Kids erst nachrangig an Stars orientieren. In erster Linie sehe

Foto: picture alliance

„Wir haben die Möglichkeit, ja sogar das Privileg, unsere Öffentlichkeit zu nutzen." Yves Eigenrauch war viele Jahre Profispieler bei Schalke 04.

ich Eltern, Verwandte oder Freunde in der Pflicht, um Werte zu vermitteln. Sie haben größeren Einfluss als ich.

Blicken wir zurück in Ihrer Karriere. Wann haben Sie politisches Bewusstsein entwickelt?

Politisch orientiert war ich mit 17 oder 18 überhaupt nicht. Da habe ich meine Jugend unbeschwert genossen. Ich hatte die rosarote Brille auf. Wie soll es anders sein, wenn man als junger Spieler eigene Autogrammkarten erhält und merkt, dass man einen gewissen Bekanntheitsgrad erreicht hat. Doch das hat sich schnell relativiert. Ich hatte am Anfang Probleme beim FC Schalke. Ich wollte schon nach anderthalb Jahren aufhören, weil ich nicht richtig zurechtkam. Ich war weg vom Elternhaus, und ich war nicht der kontaktfreudigste Typ. Ich habe mich komplett in Frage gestellt.

Später verpassten Ihnen Journalisten das Image des Feingeists, des Andersdenkenden. Wie erklären Sie sich das?

Ich habe mich nie als Feingeist gesehen, sondern als normal denkenden Menschen. Journalisten hatten mich beobachtet, wie ich im Mannschaftsbus nicht mit Spielern Karten gespielt, sondern Bertolt Brecht gelesen habe. Das war damals ziemlich untypisch und ist es vermutlich noch heute. Es lag wohl auch an meiner Kleidung. Einmal habe ich ein grünes Hemd, eine gelbe

Krawatte und ein rotes Sakko getragen. Schon war das Vorurteil im Umlauf. Ich habe mich als Außenseiter gefühlt, aber verstanden habe ich das nie. In anderen Bereichen der Gesellschaft wäre ich sicherlich nicht so aufgefallen wie im Fußball. Was ist daran so ungewöhnlich, sich für Politik, Bildende Kunst oder Theater zu interessieren?

Verknüpfen Sie Ihre Haltung mit bestimmen Lebensereignissen?
Vielleicht war der Mauerfall ein Schlüsselereignis. Ich hatte meine Kindheit im Sommer immer in der DDR verbracht. Kurz vor den Toren von Berlin lebte meine Großmutter, in der Nähe der Kleinstadt Nauen. Ich weiß noch, dass wir bei uns immer sehr früh aufgebrochen sind, etwa drei Uhr morgens. Wir waren dann im Morgengrauen an der Grenze bei Helmstedt. Die Grenzkontrollen waren aufwändig. Die Bilder habe ich noch vor Augen: Flutlichtmasten, Nebelschwaden, die Grenzsoldaten mit strenger Miene. Erstmals richtig für Politik interessiert habe ich mich dann vermutlich mit 19 oder 20. Das hatte mit der Bundeswehr zu tun. Zivildienst kam für mich nicht in Frage. Ich war in der Sportfördergruppe bei der Luftwaffe in Essen. Da habe ich einen Eisschnellläufer kennengelernt. Der hat mir viel mit auf den Weg gegeben, und so verfestigte sich nach und nach die eigene Meinung.

Sind kritische Meinungen im Teamsport Fußball erwünscht?
Scheinbar nicht. Aber ich hatte nie Angst vor Konflikten. Anfangs war das oft unangenehm, wenn ich Antworten gab, die nicht als passend angesehen wurden. Ich war und bin relativ wählerisch und mochte nicht jeden Teil des Geschäfts ohne Weiteres mitmachen. Ich wollte mich dieser Gruppendynamik nicht unterwerfen. Trotzdem hat sich ein extremer Druck aufgebaut. Ich sah mich wegen der Sympathien, die Schalke und auch mir entgegengebracht wurden, immer in einer Bringschuld. Dabei sollte doch die Betonung auf Spiel im Vordergrund stehen – nicht auf Leistungssport.

Der Begriff des „mündigen Sportlers" ist in Mode gekommen. Waren Sie einer?
Was auch immer das sein soll – ich denke, ich war einer. Doch unter Mündigkeit verstehe ich nicht nur das Äußern einer Meinung. Ich habe darauf Wert gelegt, selbst einkaufen zu gehen, mein Auto zur Werkstatt zu bringen oder meine Wohnung zu streichen. Damals, in den Neunzigern, war ich schon einer von wenigen, die das so gehandhabt haben. Heute wird den Spielern noch viel mehr abgenommen.

Quelle: Baff-Archiv

Pauschale Ablehnung: Dresdner Fans bedienen sich bei Stereotypen, die tief in der Gesellschaft verankert sind.

Wie sind Sie den Autoritäten des Vereins begegnet?

Wenn ich das Gefühl hatte, dass Trainer oder Manager Blödsinn erzählten, habe ich das auch mal angesprochen. Manager Rudi Assauer war einmal ziemlich sauer und wollte mich sprechen, das war in einem Trainingslager. Da habe ich gesagt: Nein, das mache ich nicht. Der Ton war mir zu harsch, das ging zu weit. Ich wollte nicht herbeigepfiffen werden, auch wenn ich Angestellter bin. Aber das war ein Einzelfall. Bei den Trainern erinnere ich mich an Huub Stevens. Er war relativ empfindlich, wenn man verletzt war, und ich war ab 1997 öfter verletzt. Manche Trainer sind der Meinung, auch mit gewissen Verletzungen trainieren zu können, da war ich anderer Meinung. Und schon gab es Streit.

Wie definieren Sie „Mündigkeit"?

Mündigkeit bedeutet für mich in erster Linie Natürlichkeit. Die meisten Spieler sind im Training heute abgeschottet. So können nur für kurze Zeit Fan-Begegnungen stattfinden. Warum muss man das regulieren? Spieler müssen nicht nur auf, sondern auch neben dem Platz Leistung bringen. Dazu gehört, wie man sich in der Öffentlichkeit äußert. Was man sagt, wie man es sagt. Wichtig ist, dass Spieler überhaupt etwas sagen dürfen und nicht ständig der Pressesprecher dazwischenfunkt. Die meisten Spieler haben zu meiner Zeit nie aufgemuckt. Oft haben sie sich einfach nicht getraut.

Erzieht das System Spieler zur Unmündigkeit?

Die Entwicklung setzt früher ein, nicht erst im Fokus der Bundesliga. Manchmal haben Nachwuchsspieler mit 14 oder 15 Jahren schon eigene Berater. Wie kann eine vernünftige, kindliche Entwicklung stattfinden, wenn man nur Schule und Fußball kennt. Und vielleicht zwei oder drei Freunde – wobei Freunde im Fußballinternat nicht immer wirkliche Freunde sind. Insgesamt ist das eine Spirale. Ich glaube, im Lizenzspielerbereich setzt sich die Entwicklung aus dem Jugendfußball fort.

Hatten Sie einen Berater?

Nein. Manche Kollegen haben darüber gelacht, dass ich ohne Berater in Vertragsverhandlungen gegangen bin. Aber ich habe diese Herangehensweise als normal empfunden. Ich bin mit meinen Gehaltsvorstellungen in die Verhandlungen gegangen. Dass ich irgendwo 2.000 Mark verloren habe, mag sein. Heute braucht man doch noch weniger einen Berater. Heute verdient ein durchschnittlicher Bundesligaspieler vielleicht 50.000 Euro im Monat. Ob ich nun 50.000 oder 52.000 Euro im Monat habe – wen interessiert das? So viel brauche ich niemals zum Leben.

Was schlagen Sie vor?

Grundsätzlich halte ich es für eine Katastrophe, dass schon der Jugendfußball dermaßen professionalisiert wird, das gehört verboten. Die Jungs sollten ihre Kindheit in Ruhe genießen dürfen. Man muss die Jugendarbeit überdenken. Jeder Trainer und Betreuer muss Verantwortung tragen, um Eigenständigkeit zu fördern. In einer Beziehung sind Streitigkeiten oder Meinungsverschiedenheiten doch auch nichts Schlimmes. Warum sollten sie das im Fußball sein? Klare Positionen gehören zu einer gesunden Streitkultur. Wenn junge Fußballer das nicht lernen, weil ihnen alles abgenommen wird, dann ist der Zug irgendwann abgefahren. Mit 28 oder 30 Jahren ist das Lernen der englischen Sprache ja auch schwerer als mit 12 oder 14.

Der deutsche Nationalspieler Philipp Lahm hatte 2009 die sportliche Führung seines Vereins, des FC Bayern München, in einem Interview mit der „Süddeutschen Zeitung" kritisiert. Es folgte mediale Hysterie. Kann Meinungsfreiheit im Fußball karriereschädigend sein?

Das kommt auf den Einzelfall an, aber ich bin nicht Fußballer geworden, um es allen recht zu machen. Die Vereine wollen heute pflegeleichte Spieler, aber keine Spieler mit politischem Profil. Ich habe das damals nicht mal als kritisch gesehen. Es gibt Auswüchse, die mir missfallen, das darf man doch sagen dürfen. Wenn ich mir damit kein Gehör verschaffen kann, muss ich mir anderswo Gehör verschaffen. Ich verstehe die Aufregung nicht, ob in der Nationalmannschaft, in München, Hamburg oder Schalke. Die Absichten von Lahm

Quelle: Agentur Witters

„Spieler müssen aus Überzeugung handeln, sonst haben ihre Aussagen keinen Bestand.
Glaubwürdigkeit ist alles." Yves Eigenrauch sieht plakative Botschaften wie
vor dem WM-Viertelfinale 2006 zwischen Deutschland und Argentinien kritisch.

waren positiv, er wollte eine Debatte entfachen. Wenn ein Spieler etwas zu sagen
hat, dann sagt er es eben. Mir kann doch keiner erzählen, dass so etwas eine
Mannschaft verunsichert. Leider fehlt vielen Vereinen die Lockerheit.

Haben Trainer oder Funktionäre Ihre Aufmerksamkeit früher auch auf andere
Themen gelenkt? Auf Bildung jenseits der Seitenlinien?

Nicht dass ich wüsste. Es gab Ausflüge, das schon, gemeinsames Kart-
Fahren oder Bowling. Oder wir saßen in Gelsenkirchen gemeinsam in einem
Restaurant, doch das war alles. Ich konnte aber mit Freunden ins Theater
gehen, das musste nicht zwangsläufig mit der Mannschaft sein. Ich muss niemanden zwingen, etwas interessant zu finden. Genauso wie ich es schlecht
gefunden hätte, wenn sie mich zum Autorennen hätten überreden wollen.

Sie haben sich andere Spielwiesen gesucht.

Ich durfte für die „taz" eine Zeit lang eine Kolumne verfassen, von 1999 bis
2001. Da konnte ich dem Vorurteil über mich entgegenwirken: Ich bin kein
Rebell, sondern ein frei denkender Mensch. Die Themen durfte ich selbst
wählen. Das begann bei Devotionalien, ging weiter über irgendeine Fahrt am
Stadion vorbei, bis zu Konzerten und der RAF. Ich habe immer viel Zeitung
gelesen, „FAZ", „Süddeutsche", „taz", „Spiegel" oder „Stern", manchmal auch
„Lettre International", was sehr heftiges Futter ist. Der Sportteil war dabei nie
das Wichtigste. Dass wir uns in der Mannschaft mal über einen Zeitungsartikel oder ein Buch unterhalten hätten, oder über eine Fernsehsendung oder
einen Film? Daran kann ich mich nicht erinnern. Ganz im Gegenteil. Das
wurde von oben eher verhindert.

Wie meinen Sie das?

1997 stand ich für das Länderspiel Deutschland gegen Nigeria im Kader des DFB. Damals wurde die Spielansetzung heftig kritisiert, wegen der heiklen Situation in Nigeria, was Menschenrechte betraf. In einer großen Runde wurde uns Spielern mitgeteilt, wir sollten uns doch bitteschön mit Äußerungen zurückhalten. Ich habe gedacht: Habt ihr sie noch alle? In Nigeria ging es um Todesstrafe und die Verfolgung von Oppositionellen. Und dann ein Freundschaftsspiel mit der Botschaft „Fußball hat damit nichts zu tun"? Das passte nicht. Warum muss man Fußball als unpolitische, rosarote Insel verstehen. Ich bin der Meinung, dass man die Macht des Sports nutzen sollte, um auf Missbrauch gegen Menschenrechte hinzuweisen.

Trotz oder gerade wegen dieser Distanz zum Politischen dominiert Fußball regelmäßig die öffentliche Wahrnehmung. Können Sie das nachvollziehen?

Für viele Menschen bietet der Fußball einen Halt, er hat eine Ersatzfunktion. Aber für mich war Fußball nie das Wichtigste. Wenn wir zum Beispiel mit Schalke zum Derby nach Dortmund gefahren sind, hing über der B1 immer ein Banner, darauf stand geschrieben: „Tod und Hass dem S04". Wenn ich dann die Fans auf der Tribüne gesehen habe, wie sie mit verzerrten Gesichtern ihre Vereine angefeuert haben, dann war das auch ein bisschen erschreckend. Einer fängt an, alle machen mit – diese Gruppendynamik ist nicht meine Welt.

Haben Sie noch regelmäßigen Kontakt zu Spielern?

Nein.

Hätten Sie heute überhaupt noch Spaß als Fußballprofi?

Schwer zu sagen. Vermutlich hätte ich anfangs wieder eine rosarote Brille auf. Dann würde ich nach und nach einige Bereiche hinterfragen. Zum Beispiel das Sponsoring. Ich habe grundsätzlich kein Problem mit Sponsoring, aber als Verein hat man die Pflicht, Klarheit zu schaffen, welche Berichterstattung über ein Unternehmen stimmt und welche nicht, da darf man nichts beschönigen.

Den Publikumsliebling Yves Eigenrauch würde es heute nicht mehr geben?

Vermutlich nicht. Der ganze Hype um das Spiel wäre mir zu groß. Bestimmt würde ich nach einem halben Jahr sagen: Vielen Dank, ohne mich!

Die Horizont-Öffner

Seit drei Jahrzehnten entwerfen Sozialarbeiter für junge Fans kreative Erlebniswelten, um rechtsextreme Einstellungen gar nicht erst entstehen zu lassen. Ihre pädagogischen Projekte bewegen sich am Existenzminimum, weil Kommunen und Landesregierungen oft ihre Unterstützung verweigern.

Als der Entlastungszug aus Rostock kurz nach zwölf im Potsdamer Hauptbahnhof einfährt, ist der Arbeitstag von Nico Stroech bereits vier Stunden alt. Er hat zugehört und diskutiert, beobachtet und geschlichtet. Nun steht Stroech am Bahnsteig eins und ist umgeben von mehr als tausend Rostocker Fußballfans. Sie klatschen im Rhythmus, ihre Gesänge erzeugen unter dem tief hängenden Bahnhofsdach einen donnernden Hall: „Hurra, hurra, die Rostocker sind da!" Am Ende einer schmalen Rolltreppe stoßen die Fans im Gebäude auf eine dichte Wand aus Polizisten. Kräftige Männer in dunkelblauen Schutzwesten mit Helmen und Schlagstöcken. Beamte tragen Kameras und filmen das Geschehen. Die Polizisten sollen die in Blau und Weiß gekleideten Anhänger zum Karl-Liebknecht-Stadion begleiten. Dort tritt ihr Lieblingsverein, der FC Hansa, im September 2010 in der Dritten Liga gegen den SV Babelsberg an. Ein sogenanntes Risikospiel.

Nico Stroech ist aus beruflichen Gründen nach Potsdam gefahren. Seit dem 1. November 2007 leitet er das Fanprojekt in Rostock. Auf dem Weg zum Stadion fällt der Sport- und Erziehungswissenschaftler in der Masse nicht auf. Stroech ist Anfang 30. Trägt ein blaues T-Shirt, Jeans und Sportschuhe, ein sportlicher Typ. Er möchte Sozialarbeit als Teil des Rostocker Fußballs etablieren. Nicht für den Verein, nicht für die Fußballverbände. Sondern für die Jugendlichen, die den Verein umgeben. Dafür nutzt er die Anziehungskraft des Fußballs. Teil seiner Arbeit ist die Prävention gegen Rassismus und Fremdenfeindlichkeit, gegen Gewalt und Homophobie. Dass bedeutet nicht, dass er den ganzen Tag politische Diskussionen anstoßen muss. Er möchte ein kreatives, abwechslungsreiches Umfeld schaffen, in dem rechte Einstellungsmuster gar nicht erst entstehen können. „Theoretisch könnte es jede Sportart oder jeder kulturelle Hintergrund sein", sagt Nico Stroech. „Wir betreuen viele Jugendliche, die sich fernab jeglicher Jugendhilfe bewegen. Der Fußball ist unser Medium, um an Jugendliche heranzukommen."

Nico Stroech leistet in Babelsberg Beziehungsarbeit, um Vertrauen zu gewinnen. Er vermittelt zwischen Beamten und Fans. Anhänger fühlen sich in Sippenhaft genommen, sie glauben, nur noch drangsaliert und bestraft zu werden. Stroech ist als Diplomat unterwegs, will Klischees entlarven. „Einige Fans weisen eine große Staatsferne auf", sagt er. Viele Fans, nicht nur in Rostock, haben die Einstellung: Es bringt sowieso nichts, ich kann machen, was ich will, alle wollen mir nur ans Leder, die Polizei, der Verein, alle. Sozialarbeiter wie Nico Stroech verdeutlichen Möglichkeiten, Spielräume. Sie steuern die Wahrnehmung auf staatliche Organe. Sie differenzieren, wo andere schnelle, schlichte Lösungen suchen. Sie schaffen Transparenz, wo sich andere zurückziehen. „Wir zeigen den Jugendlichen, wie sie sich in einem demokratischen Rechtsstaat zurechtfinden können. Ohne sich ihrer Ohnmacht hinzugeben, ohne sich ihrer Wut und Hilflosigkeit hinzugeben." So beeinflussen Sozialarbeiter die politische Meinungsbildung der Fans. Oft in ihrer Pubertät, in der aus verschwommenen Bildern feste Einstellungen werden können.

Der lange Weg zum Fanprojekt

Die Geschichte der präventiven Fanarbeit ist eine Geschichte von Rechtfertigung und Überlebenskampf. Leicht hatten es die Sozialarbeiter nie. Eine Gruppe von Wissenschaftlern hatte 1981 den Anfang gemacht. Sie wollten nicht die Hooligans zähmen, sondern die Strömungen in den Fankurven untersuchen. Dennoch setzte das Fanprojekt in Bremen Standards. In den folgenden Jahren verschärfte sich die Gewalt. Vor dem Pokalspiel des Hamburger SV gegen Werder Bremen am 16. Oktober 1982 geriet der 16-jährige Werder-Fan Adrian Maleika in einen Hinterhalt. Er wurde von einem Stein eines Hamburger Hooligans getroffen, am Tag darauf starb er an den Folgen eines Schädelbasisbruchs und von Gehirnblutungen. Als Reaktion wurde in Hamburg ein sozialpräventives Fanprojekt gegründet.

Wöchentlich kam es zu Auseinandersetzungen. Im März 1991 randalierten hunderte Dresdner Fans beim Europapokalspiel gegen Roter Stern Belgrad. Vor laufenden Fernsehkameras fuhren Wasserwerfer ins Rudolf-Harbig-Stadion, die Partie musste abgebrochen werden. Der Vorfall löste eine hysterische Sicherheitsdebatte aus. Infolgedessen stellte die Ständige Konferenz der Innenminister in ihrer Sitzung im Mai 1991 fest, „dass ein gemein-

Botschafter auf Reisen: Die Mitarbeiter der KOS informieren deutsche Fans während der EM 2004.

sames Handeln aller Beteiligten erforderlich ist, um die Sicherheit bei Sportveranstaltungen zu verbessern". Diese Erkenntnis hätte man ein Jahrzehnt zuvor gewinnen müssen.

Unter der Führung von Nordrhein-Westfalen, dem Bundesland mit den meisten Profiklubs, wurde eine Arbeitsgruppe gebildet. Das Ergebnis war das im Dezember 1992 in Düsseldorf veröffentlichte „Nationale Konzept Sport und Sicherheit", das NKSS. In diesem Konzept wurden Sicherheitsrichtlinien festgeschrieben. Über bauliche Maßnahmen in den Arenen, Stadionverbote, Ordnerdienste – und vereinsunabhängige Fanprojekte. Am 3. August 1993, nach einer zehrenden Debatte über die Finanzierung, nahm die Koordinationsstelle Fanprojekte in Frankfurt ihre Arbeit auf. Die KOS wird aktuell zu zwei Dritteln vom Bundesministerium für Familie, Senioren, Frauen und Jugend und zu einem Drittel vom DFB finanziert, sie ist der Deutschen Sportjugend angegliedert.

Mit dem NKSS änderte sich die Fanarbeit grundlegend. Die Finanzierung der Fanprojekte sollte eine Drittellösung ermöglichen, jeweils unter Beteiligung von DFB/DFL, Kommune und Land. Zudem wurden im NKSS Details festgehalten: „Fanprojekte sollten über eine angemessene bürotechnische Ausstattung verfügen", hieß es. Auch von Sachmitteln wie einem Kleinbus, Luftmatratzen und Schlafsäcken war die Rede. „Wir sind das einzige Land der Welt, das sich so etwas leistet", verkündete Wilhelm Hennes, der damalige Sicherheitchef des DFB. Recht hatte er. Doch seiner Euphorie folgte bald Ernüchterung. Bis heute konnte das „Nationale Konzept Sport und Sicherheit" nicht in die Tat umgesetzt werden.

Michael Gabriel kennt die Rahmenbedingungen. Seit 1996 ist er in der KOS tätig, seit 2006 als Leiter. Er wirft einen Blick auf die Liste der Projekte. Nach seiner Einschätzung seien von den inzwischen 48 Projekten (Stand März 2011) nur vier wunschgemäß ausgestattet, mit einem Jahresetat von 180.000 Euro. Insgesamt werden rund sechs Millionen Euro jährlich für die Sozialarbeit aufgewendet. Laut dem Sachbericht der KOS (Stand Mai 2010) beteiligen sich mittlerweile alle Bundesländer an der Drittelfinanzierung. Ihre Leistung liegt jährlich bei 1,7 Millionen, doch für den Standard des NKSS wären 2,8 Millionen erforderlich. Den größten Beitrag mit 491.000 Euro für elf Projekte leistet Nordrhein-Westfalen. Gemessen am Gesamtaufwand steuern die Kommunen den größten Beitrag bei: mehr als 2,1 Millionen. Bochum, Cottbus, Düsseldorf, Hannover, Karlsruhe, München, Wolfsburg und Wuppertal beteiligen sich mit mehr als einem Drittel an ihren Fanprojekten. Die DFL in den oberen beiden Ligen und der DFB darunter richten sich mit ihrem Drittel stets nach der öffentlichen Hand.

Arbeiten am Existenzminimum

Die große Mehrheit der Fanprojekte bewegt sich am Existenzminimum, die laut NKSS geforderten drei Fachkräfte plus Verwaltungskraft sind ein Wunsch geblieben, im Schnitt sind weniger als zwei Hauptamtliche in den Projekten angestellt. Allein in der Ersten und Zweiten Liga fehlen laut Sachbericht der KOS 23 Personalstellen. „Es wäre naiv, darüber enttäuscht zu sein", sagt Michael Gabriel, die Jugendarbeit in Deutschland habe im Allgemeinen mit Finanzierungsproblemen zu kämpfen. „Jedes Fanprojekt ist unterfinanziert. Wenn man die Kosten der Polizei an den Spieltagen ins Verhältnis zu den Kosten der sozialen Arbeit setzt, die langfristig und nachhaltig wirkt, dann sehen wir eine riesige Diskrepanz." Rund 100 Millionen haben Polizeieinsätze im Fußball laut Innenministerkonferenz in der Saison 2009/10 gekostet, von dieser Summe ließe sich Fanarbeit fast 17 Jahre lang finanzieren. Gabriel: „Diese Diskrepanz ist ein gesellschaftlicher Skandal. Aber leider wird sich daran nichts ändern."

Der DFB und die DFL haben ihr Drittel immer pünktlich bezahlt, zu Beginn der Saison 2008/09 haben sie ihre Höchstfördersumme für ein Projekt auf 60.000 Euro erhöht, unabhängig von der Liga-Zugehörigkeit. Damit fließen insgesamt zwei Millionen von den Fußballverbänden, doch es könnten 880.000 Euro mehr sein, wenn Kommunen und Länder sich an der Höchstgrenze von DFB und DFL orientieren und ebenfalls 60.000 Euro zahlen würden. Die Länder Baden-Württemberg, Schleswig-Holstein, Thüringen und Sachsen haben sich lange gegen die Drittelfinanzierung gestellt, oft scheiterte die Sozialarbeit auch an den Kommunen.

„Wir leisten keine Arbeit für den Fußball, sondern für die Jugendlichen. Wir begleiten sie in die bürgerliche Gesellschaft." Michael Gabriel, seit 2006 Leiter der KOS.

„Vielen Politikern ist die Bedeutung von Fanarbeit nicht bewusst", sagt Gabriel. „Wir leisten keine Arbeit für den Fußball, sondern für die Jugendlichen. Wir begleiten sie in die bürgerliche Gesellschaft. Das ist ein wichtiger Beitrag für das demokratische Gemeinwesen." Die Fanprojekte sind oft die größten Jugendhäuser der Stadt, basieren auf dem Kinder- und Jugendhilfegesetz, nicht auf der Satzung des DFB, deswegen ist ihnen Unabhängigkeit wichtig. Helmut Spahn, Sicherheitsbeauftragter des DFB, sagt: „Auf keinem anderen Feld der Jugendförderung und Sozialarbeit haben die Kommunen Partner, die für jeden eingestellten Euro zwei Euro dazuschießen." Dennoch wurden Mittel aus öffentlicher Hand oft verweigert. Zum Beispiel in Rostock. „Dort wurde 15 Jahre gedacht, man könne auf ein Fanprojekt verzichten", kommentiert Gabriel. „15 Jahre war die Fanszene sich selbst überlassen und hat sich negativ entwickelt. Als das Wasser bis zum Hals stand, wurde ein Fanprojekt eingerichtet. Das soll jetzt über Nacht die Lösung bringen, das ist unmöglich. Das Fanprojekt kann Teil der Lösung sein. Es ist eine Kompensation, weil andere Institutionen versagt haben, zum Beispiel die Polizei."

Später Start in Rostock

Das Fanprojekt Rostock liegt in der Wismarschen Straße, im erweiterten Zentrum der Hansestadt. Träger ist die Arbeiterwohlfahrt. Der Jahresetat liegt bei 180.000 Euro, er wird zu je einem Drittel getragen von der Stadt Rostock, dem Land Mecklenburg-Vorpommern und dem DFB. Das Projekt ist gut erreichbar mit Bus und Bahn, zum Stadion ist es nicht weit. Die Entwicklung des Projekts aber hinkt den meisten Standorten Deutschlands um ein Jahrzehnt hinterher. Mindestens. In Bremen, Hamburg oder Dortmund arbeiten Pädagogen seit mehr als zwei Jahrzehnten mit Fußballfans. In Rostock haben sich Kommune und Landesregierung lange wegen der Finanzierung gestritten. Nico Stroech, Leiter des Rostocker Fanprojekts, hat seit 2007 beachtliche Strukturen geschaffen. Er konnte ein Netzwerk mit Politik und Polizei knüpfen, er hat eine Immobilie gefunden und, was das Wichtigste für ihn ist: Er suchte Kontakte in die Fanszene. „Einfach die Tür aufschließen und warten, dass einem die Bude eingerannt wird, das funktioniert nicht. Das funktioniert nur, wenn man ein konkretes Beziehungsverhältnis hat." Also begann Stroech mit Vier-Augen-Gesprächen, Einzelfallhilfe. An einen seiner ersten Gesprächspartner erinnert er sich genau: „Er hatte den Kontakt gesucht und sich über mich erkundigt. Ich habe mich dann über seinen Hintergrund informiert. Dann zeichnete sich ein Bild im Kopf ab, ich dachte: Mein Gott, was ist das für ein Typ, zwei Meter groß, zwei Meter breit. Doch dann kam ein netter, höflicher Mann herein, mit dem man sich offen unterhalten konnte. Das war ein ziemliches Aha-Erlebnis." Bis heute ist er Stroech im Fanprojekt treu geblieben.

Stroech wird im Fanprojekt von zwei pädagogischen Kräften unterstützt, Susanne Binsch und Martin Brochier. Gemeinsam betreuen sie einen großen Stamm an Jugendlichen, Altersspanne: zwischen 13 und Mitte 20. Auf 250 Quadratmetern können sich die Fans in der Wismarschen Straße entfalten. Sie haben die Einrichtung gestaltet, Wände gestrichen, Möbel bereitgestellt. In den Regalen stapeln sich Fußballbücher, an der Fensterfront stehen zwei Kickertische, daneben eine kleine Bar. Beliebt sind Großbildfernseher und Spielkonsole. Das Büro von Nico Stroech liegt im Untergeschoss. Er setzt den Jugendlichen Grenzen im Projekt – ohne autoritär zu wirken. Alkohol und Zigaretten sind verboten. Hinter seinem Schreibtisch hängen Pläne und Zeitungsartikel, im Schrank liegen Ordner und Fachliteratur. Über Psychologie, Gruppenverhalten, Justiz. Manche Fans leisten im Projekt ihre Sozialstunden ab. Andere haben kaum Kontakt zu ihren Eltern, leiden unter ihren Arbeitgebern, haben Probleme in ihren Beziehungen. Stroech und sein Team wollen Verständnis schaffen, Antworten geben, Diskussionskultur stärken. Sie gehen Briefe von Behörden durch, Akten, Strafbefehle. Mit dem Ziel: Weniger Sorgen führen zu weniger Frust. Weniger Frust führt zu weniger Konflikten. Weniger Konflikte führen zu einer Bereitschaft, Argumente abzuwägen und komplexen Lösungen zu trauen. Die Basis für Prävention im weiteren Sinne, gegen Gewalt, gegen Rechtsextremismus.

Hetze auf Auswärtsreise: Immer wieder sorgen deutsche Fans für Schlagzeilen, hier während eines Länderspiels in Florenz 2006. Deutsche Fanbetreuer sind im Ausland machtlos.

Quelle: Imago

Toleranzförderung in Leverkusen

Die BayArena in Leverkusen, September 2010. In der VIP-Lounge des Stadions werden letzte Vorbereitungen getroffen. Techniker justieren Scheinwerfer und bauen Stuhlreihen auf. Langsam füllt sich der Saal mit Zuschauern. Stefan Thomé steht mit verschränkten Armen am Rand und beobachtet die Kulisse. Seit 1996 Jahren leitet er das Fanprojekt in Leverkusen. Thomé ist ein sportlicher Typ mit markanten Gesichtszügen. Vor seinem Studium zum Sozialpädagogen hatte er als Maschinenschlosser gearbeitet. Seit seiner Kindheit ist er Fußballfan, er durfte sein Hobby zum Beruf machen. Doch das Fanprojekt ist für ihn mehr als Fußball. Zu den Angeboten des Projekts gehört Hallenfußball für eine Mädchen- und eine Jungengruppe. Mit beiden Teams unternimmt Thomé Ausflüge, die nichts mit Fußball zu tun haben. Mit den Mädchen war er 2009 im Horizont-Theater in Köln, aufgeführt wurde das Stück „Eiskind", Thema: Bulimie. „Immer mehr Mädchen und Frauen kommen in die Stadien und himmeln die Spieler an", sagt Thomé. „Da können auch wir als Fanprojekt über Magersucht informieren. Ich habe mir gedacht: Warum nicht einfach ins Stadion holen?"

Fanprojektarbeit erfordert Flexibilität – so wird Stefan Thomé zum Theaterintendanten. Rund 50 Zuschauer verfolgen die Inszenierung in der Bay Arena. Es ist die vierte und letzte Veranstaltung, die ersten drei Vorführungen waren ausverkauft. Im Mittelpunkt des Monologstückes steht die junge Schauspielerin Ivana Langmajer. Sie verkörpert die 18 Jahre alte Kathrin, die vor dem Abitur geplagt wird von Angst und Panikattacken. Kathrin rutscht immer tiefer – bis an den Abgrund zur Magersucht. In den ersten Reihen sitzen junge Mädchen, Fans von Bayer Leverkusen, zwischen 13 und 16 Jahre alt. Einige werden von ihren Eltern begleitet, von ihren Großeltern. Vielleicht werden die Mädchen öfter im Fanprojekt vorbeischauen. So wie 150 andere Jugendliche aus Leverkusen und Umgebung.

Stefan Thomé bemüht sich um eine Erweiterung seiner Zielgruppe. Er ist regelmäßig in Schulen. Er ist ausgebildeter Anti-Gewalt-Trainer, hat Diskussionen zu Rassismus organisiert. Fußball ist für ihn ein Fundament, auf dem sich viele Themen diskutieren lassen. Auch über Bulimie. „Erstmal ist natürlich das Stadion von Interesse, Jungen und Mädchen laufen zum Trainingsplatz und schauen: Ist Michael Ballack da? Ist René Adler da? Ist Simon Rolfes da? Das Theaterstück ist für sie erstmal zweitrangig. Aber wenn sie im Publikum die Thematik auf sich wirken lassen, dann sind sie wirklich bei der Sache." Deshalb hat Thomé Experten für eine Diskussion eingeladen, um den Inhalt nach dem Stück zu vertiefen.

Was diese Veranstaltung mit Prävention gegen Diskriminierungen zu tun hat? Thomé bietet Aufklärung zu einem gesellschaftlich relevanten Thema. Die Inszenierung fördert bei Jugendlichen Interesse und Neugier, daraus kann Verantwortungsbewusstsein wachsen, auch der Wunsch nach Teilhabe am öffentlichen Leben. Bestenfalls entwickeln die Mädchen und Jungen am Beispiel der unter Bulimie leidenden Protagonistin einen Zugang, um sich in benachteiligte Gruppen hineinzuversetzen, daraus resultiert ein klareres Verständnis von Toleranz und Empathie. So werden von Fanprojekten bundesweit Turniere, Diskussionen, Lesungen, Ausstellungen oder Reisen geplant, oberstes Ziel: das Öffnen der Horizonte. Dokumentiert ist dieses Wirken in der KOS-Broschüre: „Unsere Kurve – kein Platz für Rassismus. Die Arbeit der Fanprojekte gegen Rassismus".

Vorbild für Polen

Es ist unmöglich, die Fanprojekte bundesweit nach den gleichen Maßstäben zu beurteilen. Standorte wie Leverkusen, die seit mehr als 15 Jahren existieren, haben einen stärkeren Einfluss als Rostock. Auch die politischen und sozialkulturellen Hintergründe in den Regionen sind von Bedeutung. Die Sozialarbeiter in Sachsen, wo der Wiedereinzug der NPD in den Landtag 2009 ein beachtliches nationales und rechtsextremes Stammwählerpotenzial erkennen ließ, müssen sich mit anderen Meinungen auseinandersetzen als die Sozialarbeiter in Hamburg oder Bayern. Einige der Projekte betreiben, wie sie es nennen, Akzeptierende Sozialarbeit. Also Integration statt Ausgrenzung – auch von Jugendlichen mit einem diffusen rechten Weltbild. Die Pädagogen müssen Nähe suchen und zugleich Distanz wahren. „Es ist klar, dass Jugendarbeit nicht für Menschen mit einer verfestigten rechtsextremen, neonazistischen Ideologie ausgelegt ist", sagt Michael Gabriel, Chef der Koordinationsstelle Fanprojekte. „Dieses Problem kann nicht pädagogisch, sondern nur politisch gelöst werden. Deswegen müssen die Sozialarbeiter entscheiden, wo es sinnvoll ist, Ressourcen zu investieren."

Die Entwicklung einer Fanszene ist von wenigen Sozialpädagogen abhängig. Ihre Arbeit wird Einfluss auf die Entwicklung der aus Italien stammenden Ultra-Bewegung haben, die sich der Unterstützung der Vereine verschrieben hat, lautstark und farbenfroh. Der Berliner Politologe Jonas Gabler, der zwei Bücher über Ultras verfasst hat, hält eine politische Radikalisierung der Ultras für unwahrscheinlich, aber auch nicht für ausgeschlossen. „Bekennend rechte Gruppen sind in Deutschland die Ausnahme", sagt Gabler. „Zwei Dutzend Ultra-Gruppen sind bekennend antirassistisch." Sollten Repressionen der Polizei zunehmen, könne sich bei Fans die oft vorhandene Skepsis gegenüber dem Staat verstärken. Gabler: „Autonome Nationalisten könnten sich dieses Einstellungen zunutze machen."

Die Zustände in Italien oder Spanien sind problematischer, in Polen soll vor der EM 2012 Fanarbeit entstehen, nach deutschem Vorbild. Selbst mit klammen Kassen haben Sozialarbeiter hierzulande dazu beigetragen, dass Rassismus, Fremdenfeindlichkeit und Gewalt zurückgegangen sind. Trotzdem verfolgen Finanzierungsprobleme die Pädagogen wie ein dunkler Schatten. So bald ein Partner sich von der Drittellösung verabschiedet, droht dem Projekt die Schließung. In der Ersten Liga müssen, Stand Mai 2010, Freiburg, Hoffenheim, Mönchengladbach und Stuttgart auf sozialpädagogische Fanarbeit verzichten. In der Zweiten Liga werden zwölf von 18 Standorten abgedeckt, in der dritten Liga neun von 20. In den Regionalligen sind neun Fanprojekte in Betrieb, in den Oberligen drei. Fanprojekte zählen zu den sogenannten freiwilligen Leistungen der Kommunen. Hilfe ist erwünscht, und so stellte in Erfurt der Bremer Fußballprofi Clemens Fritz eine Anschubfinanzierung in Aussicht, um den Fans aus seiner Geburtsstadt zu helfen.

Der Erfolg des Fußballs wird an Toren gemessen, über die alle sprechen. Aber wie misst man den Erfolg von Sozialarbeit? Vermutlich daran, dass die breite Masse eben nicht über sie spricht. Weil Sozialarbeit im Hintergrund wirkt, aber trotzdem großen Einfluss hat. Auf die Fankurve – und damit auch auf das Spiel.

„Sozialarbeit sollte sich niemals in eine Allmachtsfantasie flüchten"

Der Erziehungswissenschaftler Thomas Schneider begleitet die pädagogische Arbeit mit Fans seit fast 30 Jahren, seit 2006 ist er für die Deutsche Fußball-Liga tätig. Im Interview spricht er über Anforderungen, Chancen und Gefahren in der Prävention gegen Rechtsextremismus.

Kaum jemand hat die Sozialarbeit mit Fußballfans so geprägt wie Thomas Schneider. Der Hesse, Jahrgang 1959, hatte in Hamburg selbst mit Skinheads gearbeitet. Er war an den Vorbereitungen für das „Nationale Konzept Sport und Sicherheit" (NKSS) Anfang der neunziger Jahre ebenso beteiligt wie am Aufbau der Koordinationsstelle Fanprojekte (KOS) in Frankfurt. Über viele Jahre organisierte Schneider Fortbildungen für Pädagogen und Sozialarbeiter. Seit dem 1. August 2006 ist er Koordinator Fanangelegenheiten der Deutschen Fußball-Liga.

Herr Schneider, Sie haben Sozialarbeit mit Fußballfans seit den Anfängen begleitet. Wie wurden Sie im Fußball zu Beginn wahrgenommen?
Wir wurden für Exoten gehalten, für naive Weltverbesserer. Ich erinnere mich an eine Manager-Tagung des DFB Anfang der achtziger Jahre: Rudi Assauer, Uli Hoeneß und Günter Netzer waren da. Bei uns Sozialarbeitern herrschte eine gewisse Befangenheit gegenüber diesen Heroen vor. Einer der großen Manager brachte es auf den Kernsatz, wir seien arbeitslose Sportlehrer und arbeitslose Akademiker, die sich auf Kosten des Fußballs einen Job verschaffen würden.

Wann kamen Sie mit Rechtsextremismus im Fußball erstmals in Berührung?
Ich hatte in Marburg Erziehungswissenschaften studiert. Meine Abschlussarbeit befasste sich mit rechtsradikalen Fans. Ich suchte Kontakt zu Skinheads im Umfeld von Eintracht Frankfurt. Ich bin in der Stadiongaststätte mit Kassettenrekorder und Notizblock auf die Jungs zugegangen,

die am gefährlichsten aussahen. Der Begriff Skinhead war gerade aus England herübergekommen. Und siehe da, sie waren sofort bereit, Interviews zu geben. Von dort an bin ich auch zu Auswärtsspielen gefahren, ich kam immer mehr mit Fanprojekten in Berührung.

Ende der achtziger Jahre begannen Sie bei „Offside" in Hamburg, dem damals einzigen Projekt, das mit Skinheads im Fußball arbeitete. Wie sah Ihre Arbeit aus?

Ich wollte nicht länger forschen, ich wollte mich einmischen, ich wollte mich mit Jugendlichen auseinandersetzen, die vielleicht einen ungeraden Lebensweg hinter sich hatten. Ich habe eine Theaterproduktion mit jungen Skinheads

„Sozialarbeiter müssen sich auf Regeln einer Gruppe einlassen, die sie schwer beeinflussen können": Der Fan-Experte Thomas Schneider von der DFL.

betreut. Wir sind zusammen ins Theater zu den Schauspielern gefahren, die das Lebensgefühl der Skins möglichst authentisch darstellen sollten. Wir haben nächtelang mit den Schauspielern diskutiert, die Jungs waren nach den Vorstellungen auch bei den Zuschauerdiskussionen dabei. Sie haben auf diesem Weg andere Erfahrungen gesammelt. Mir ging es immer darum, dass meine Gruppen Erfahrungen sammeln, die über ihre Vorurteile hinausgehen. Sie sollten nachdenken, reflektieren und nicht wieder in Rassismus oder Nationalismus verfallen. Durch alternative Erfahrungen können Fans ihre Klischees aufbrechen. Belehrungen von oben herab hätten weit weniger Wirkung gehabt.

Haben Sie die Gruppenarbeit über die Einzelfallhilfe gestellt?

Wir haben auch die klassischen Instrumentarien von sozialer Arbeit geleistet, Einzelfallhilfe. Dazu gehörten Entschuldungsprogramme oder die Erinnerung, pünktlich Strafen oder Miete zu bezahlen, wir haben auch bei Bewerbungen geholfen. Doch die Einzelfallhilfe bedeutet auch, dass gegenüber dem Sozialarbeiter Grenzen fallen, die Fassade des tollen Hechts wird eingerissen. Da habe ich gemerkt, dass mich viele täuschen wollten. Ich habe eher die Gruppenarbeit gepflegt, gemeinsame Diskussionen, Fußballturniere, Ausflüge, Theaterproduktionen, das Schaffen von positiven Lebenswelten. Dafür braucht es fähige Moderatoren.

Welche Rolle kommt dem Sozialarbeiter genau zu?

Sozialarbeiter müssen sich auf Regeln einer Fangruppe einlassen, die sie schwer beeinflussen und schon gar nicht selbst setzen können. Ich hatte früher im Jugendhaus gearbeitet, da wurde ich als eine Art Hausmeister wahrgenommen, das war eine schlechte Rolle. Im Jugendhaus war die Umgebung mit vier Wänden klar definiert, ich konnte kaum eine Beteiligung der Jugendlichen an Strukturen und Umgebung fördern. Was mir blieb, war das Überwachen der Korridore und das Schließen der Tür. Bei Auswärtsspielen mit Fans war die Lage anders. Da musste ich alles antizipieren, was die Jugendlichen antizipiert haben.

Wie haben Sie Vertrauen gewonnen?

Vertrauen ist ein mühsames Geschäft, eine Währung, die langsam entsteht. Sozialarbeiter werden von Jugendlichen getestet, so wie jeder Lehrer von Schülern auf sein Nervenkostüm abgeklopft wird. Wir hatten am 100. Geburtstag von Adolf Hitler 1989 in Hamburg ein Nachholspiel gegen Mönchengladbach. In der Westkurve waren viele organisierte Neonazis, die parteipolitisch tätig waren. Die etablierten Fans, darunter Kutten und Hooligans, waren zu dieser Zeit eine zersplitterte Gruppe, alle haben sich über die Nazis aufgeregt. Auch bei mir. Diese Glatzen würden das Image des HSV kaputt machen, hieß es. Ich habe dann gefragt: Warum erzählt ihr mir das? Weil es folgenlos ist, wenn ihr das einem Sozialarbeiter erzählt? So haben sich die Fans von mir nicht aufgefordert, aber doch ermuntert gefühlt.

Wozu haben sie sich ermuntert gefühlt?

In der Halbzeit wurden die Neonazis von anderen Gruppen aus dem Stadion gedrängt, die Polizei musste einschreiten und sie hinausbegleiten. Fakt ist, dass wir immer ein Klima erzeugen wollten, in dem eine Hegemonie von rechtem, faschistischem Gedankengut nicht möglich war. Jeder, der an dieser Nahtstelle sitzt, muss persönlich entscheiden, wie weit er gehen kann und wie viel er sich zutraut. Ich habe Straßenarbeiter kennengelernt, die mit jungen Neonazis arbeiten wollten. Denen wurde zum Teil aufgelauert, sie wurden zusammengeschlagen.

Spielen diese Anforderungen in der Ausbildung eine Rolle?

Dafür wird niemand an der Hochschule ausgebildet, keiner hat eine Nahkampfausbildung. Und sie müssen sich später in extrem gewaltbereite Milieus begeben. Ich habe Ausbildung im Osten organisiert, mit jungen Leuten, die

Steinwurf mit Schockwirkung: Am 17. Oktober 1982 kommt der Bremer Fan Adrian Maleika in Hamburg zu Tode.

ohne pädagogische Grundausbildung auf die Leute losgelassen wurden, da kamen schlimme Erfahrungen heraus. Wir dürfen nicht naiv sein, sondern müssen genau hinschauen, ab wann sich Sozialarbeit zurücknehmen oder ganz zurückziehen muss. Sozialarbeit sollte sich niemals in eine Allmachtsfantasie flüchten.

Wurden Sie persönlich bedroht?

1991 in Hamburg, Neonazis drohten mir: Schneider, wir kriegen dich, du bist ein Bullenspitzel, „Stasi-Schneider" wurde zum Begriff. Hin und wieder wurde ich von Leuten angemacht, die ich gar nicht kannte. Die Bedrohung war damals massiv, es hieß immer, man würde mir im Dunkeln auflauern. Ich hatte bereits über Kündigung nachgedacht. Man wollte mich verunsichern, das waren Lautsprecher, aber der Alkohol und der Gegner waren dann im entscheidenden Moment zum Glück wichtiger als ich. Damals sollte ich mich auch um einen der Anführer der Szene kümmern. Ich hatte seine Gerichtsakte gelesen. Da ging es um heftige Körperverletzung, die Betreuung habe ich abgelehnt.

Dürfen sich Sozialarbeiter auf politische Diskussionen einlassen?

Wir sollten nicht jede Diskussion führen. Wenn Jugendliche nach Druckbetankung 1,8 Promille haben, hat das keinen Sinn. Auch wenn unser Drang, einer Aussage zu widersprechen, groß ist, es geht dann links rein und rechts wieder raus. Sozialarbeiter müssen die Gruppenpsychologie genau beobachten. Wenn es um Rechtsextremismus geht, sind Sozialarbeiter rhetorisch oft die Herausforderer, das ist wie ein Wettbewerb. Wir hatten es im Jugendhaus einmal geschafft, eine rechtsextreme Gruppe mit Worten zu knacken. Dann fingen einige Jugendliche, die wir verloren zu haben glaubten, plötzlich an zu lachen. Der parteipolitisch geschulte Anführer, der bis eben auch ihr Anführer gewesen war, ist mit hochrotem Kopf gegangen. Und wir hatten die Sympathien zurückgewonnen. Der Verführer war ausgekontert worden, er hat sich nie wieder blicken lassen, und wir haben die Gruppe zurückgewonnen. Aber solche Erfolge sind selten planbar. In einer diffusen räumlichen Situation wie im Stadion, wo keine Grenzen gesetzt werden können, ist das verdammt schwer, fast unmöglich.

Bis zu welchem Alter ist bei rechtsextremen Jugendlichen eine Intervention überhaupt möglich?

Fans, die zwischen 14 und 18 sind, befinden sich noch in der Selbstfindung, sie können kein geschlossenes Weltbild haben. Aber ich erinnere mich auch daran, dass ich Jugendliche für zu erwachsen gehalten habe. Selbst 23 Jahre alte Skinheads waren von ihrer Lebenserfahrung nicht wirklich 23. Ihre Erfahrungen bezogen sich auf Gruppengewalt und das Brechen von Normen, ihre individuellen Erfahrungen haben damit nicht Schritt halten können. Aber es gab auch Standorte, wo Kollegen mit einer manifesten harten Szene zu tun hatten. Wenn man es nicht schafft, diese Gruppen in eine Balance zu bringen, mit einem sozialen, rücksichtsvollen Verhalten, dann ist man als Sozialarbeiter überfordert. Insofern muss man genau beobachten, ob Intervention möglich ist.

Wie wichtig ist Rhetorik?

Rhetorik ist in der Sozialarbeit essenziell. Doch auch hier muss man abwägen. Wenn Sozialarbeiter der Zielgruppe das Gefühl geben, ihr intellektuell überlegen zu sein, macht sich Hilflosigkeit breit. Die Jugendlichen fühlen sich bloßgestellt, dadurch sinkt ihre Hemmschwelle zur Gewalt. Stattdessen müssen die Jugendlichen merken, dass ein wirkliches Interesse an ihnen besteht, dann entsteht der Rest von allein. Unverbindlichkeit wäre das Schlimmste, sie könnte die ganze Sozialarbeit zunichte machen. Hohe Identifikation, ausgiebige Recherchen und Fortbildungen sind wichtig.

Klima des Misstrauens – ein Ausblick

Am 19. Januar 2010 wurde die Internetseite des Projekts „Am Ball bleiben" zum letzten Mal aktualisiert. Drei Jahre lang hatte die Initiative ein Netzwerk gegen Rechtsextremismus im Sport geknüpft. Sie hatte Fortbildungen für Funktionäre organisiert, Broschüren herausgegeben, für lokale Partner geworben. „Am Ball bleiben" beschäftigte einen festen und wenige freie Mitarbeiter, es kostete 100.000 Euro im Jahr, wurde zur Hälfte getragen vom Familienministerium und dem DFB. Die Finanzierung der einzigen bundesweiten Anlaufstelle gegen Rechtsextremismus im Sport wurde nicht verlängert. Trotz beachtlicher Aufbauarbeit.

Genau ein Jahr später setzte sich in der Berliner Auferstehungskirche eine Runde zusammen, vor einem Dutzend Kameras. Zur ihr gehörten der Bundesinnenminister, die Bundesfamilienministerin, die Vorsitzende der Sportministerkonferenz sowie die Präsidenten des DFB und des Deutschen Olympischen Sportbundes, die beiden ranghöchsten Sportfunktionäre des Landes. Nie ist der Einsatz gegen Rechtsextremismus im Sport prominenter diskutiert worden. Die Runde verabschiedete ein gemeinsames Konzept und versprach eine bessere Koordination. „Wir wollen die Reichweite des Sports nutzen, dass Jugendliche nicht anfällig werden für Rechtsextremismus", sagte zum Beispiel Thomas de Maizière, der damalige Innenminister.

Ähnliche Worte waren während einer Anhörung zum gleichen Thema im Sportausschuss des Bundestages im November 2008 ebenso zu hören gewesen wie in einer Sitzung im Bundestag im Mai 2009. Immer wieder hatte es Symposien gegeben, Runde Tische, Arbeitskreise, Konferenzen, sogar eine Task Force. Viel Aufregung, wenig Nachhaltigkeit? Immer wieder wurde in leidenschaftlichen Appellen mehr Engagement gegen Rechtsextremismus angekündigt. Nun, im Januar 2011, erwähnte niemand die Abwicklung des bewährten Projekts „Am Ball bleiben". Die prominenten Gesprächsteilnehmer wollten den Eindruck eines Aufbruchs vermitteln – nicht eines Neustarts. Gefühlt ist es der zehnte Neustart in zehn Jahren.

Eine solche Veranstaltung ist besser als keine Veranstaltung, jede Diskussion hält die Gefahr Rechtsextremismus weiter im Bewusstsein. Zumindest bei den 150 Gästen in der Berliner Auferstehungskirche. Was aber kam von den Inhalten bei Jugendfußballteams, Turnvereinen, Betriebskegelgruppen an? Vielleicht haben einige von der Diskussion in den Abendnachrichten gehört, in einer zusammengeschnittenen Fassung. Sie haben in kurzen, zugespitzten Zitaten erfahren, dass sich vermeintlich wichtige Menschen um ein wichtiges Thema kümmern. Danach konnten sie beruhigt ins Bett gehen. Oder etwa nicht?

Am Beispiel dieser Tagung offenbart sich ein Missverhältnis: Die mahnenden Worte des Innenministers und des DFB-Präsidenten Theo Zwanziger sind wichtig, aber auf die praktische Arbeit an der Basis dürften sie wenig Einfluss haben. In Vorbereitung auf die Debatte in der Auferstehungskirche hatten lediglich acht von 26 Sportverbänden Auskunft über regionale Strukturen des Rechtsextremismus gegeben. Bis März 2011 wurden nur in vier der 21 DFB-Landesverbände Beauftragte ernannt, die sich um Gegenstrategien kümmern sollen. Doch gerade auf kommunaler Ebene wird ein politisches Klima geprägt. Denn gerade auf kommunaler Ebene sind Rechtsextreme besonders aktiv.

Das wird in Leipzig deutlich. Dort wird der antirassistische Verein Roter Stern regelmäßig angefeindet, im Oktober 2009 wurden seine Fans und Spieler in der sächsischen Kleinstadt Brandis von 50 Hooligans und Neonazis überfallen. Im April 2010 wurde ein Spiel des Roten Stern in Mügeln abgebrochen, weil Mügelner Zuschauer antisemitische Schmähungen brüllten. Der Vorstand des Klubs geht in die Offensive, organisiert Lesungen, Ausstellungen, Konzerte, verweigert Rechtsextremen den Zugang zum eigenen Sportplatz. Auch in der Berliner Auferstehungskirche waren Mitglieder des Roten Stern, viel Neues erfuhren sie nicht. „Solche Veranstaltungen sind gut für warme Worte", sagt Monika Lazar. „Viel wichtiger ist, was sich aus diesen Worten entwickelt."

Lazar hat selbst für den Roten Stern gespielt, seit 2005 ist sie Sprecherin der Bundestagsfraktion der Grünen gegen Rechtsextremismus. Am Beispiel Roter Stern beschreibt sie, dass die Kommunikation zwischen Politik, Verband und Verein nicht so harmonisch ist, wie es die Runde in Berlin im großen Ganzen vermitteln wollte. So höre sie in Leipzig und Umgebung immer wieder die Meinung, direkt oder unterschwellig, der Rote Stern habe die Angriffe gegen ihn mitzuverantworten. Weil der Klub durch Antirassismus provozieren und den Fußball politisieren würde. Und weil er sich durch solche Botschaften verdächtig mache, dem linksextremen Spektrum nahezustehen. Monika

„Viele Sportfunktionäre wollen sich nicht von Politikern helfen lassen. Der Fußball will seine Probleme selbst lösen. Aber das wird nicht funktionieren." Monika Lazar, seit 2005 Sprecherin der Bundestagsfraktion der Grünen gegen Rechtsextremismus.

Lazar hält das für absurd. Hin und wieder hilft sie dem Roten Stern bei Förderanträgen, sie schreibt Empfehlungsschreiben, knüpft Kontakte – wenn man sie lässt. Auch Klaus Reichenbach hat sie mehrfach angeschrieben, den Präsidenten des Sächsischen Fußballverbandes, der Anfang der neunziger Jahre für die CDU im Bundestag saß. Eine Antwort, sagt Lazar, habe sie von Reichenbach nicht erhalten.

Gefährliche Gleichsetzung

Sieht so eine Partnerschaft aus? „Viele Sportfunktionäre wollen sich nicht von Politikern helfen lassen", sagt Lazar, „der Fußball will seine Probleme selbst lösen. Aber das wird nicht funktionieren." Nicht nur in Leipzig sprechen sich Funktionäre pauschal gegen jede Form des Extremismus aus. Sie wählen die einfachste Antwort auf eine komplexe Frage, sie setzen Linksextremismus und Rechtsextremismus gleich – erzeugen dadurch eine gefährliche Wahrnehmung. Bislang wurde keine kommunistische oder anarchistische Unterwanderung eines Vereins dokumentiert, um Stimmung gegen die parlamentarische Demokratie zu machen oder um gewaltsam gegen Andersdenkende vorzugehen. Die Verwendung eines pauschalen Extremismus-Begriffes zeigt, dass sich viele Funktionäre noch immer nicht eingehend mit Rechtsextremismus beschäftigt haben. Sie offenbaren, dass die kritischen und maßvollen Worte von Theo Zwanziger nicht tief genug an die Basis dringen. In Sachsen sitzt die NPD seit 2004 im Landtag, sie ist dort in allen Kreistagen vertreten. Ihre Präsenz löst immer weniger Empörung aus. Ist sie auf dem Weg, als gewöhnlich angesehen zu werden? Ist ein Teil der Bevölkerung ermüdet von der unverzichtbaren Mobilisierung gegen Rechts? Und bekommen das diejenigen zu spüren, die noch hellwach sind?

Was sich in Leipzig im Kleinen abspielt, findet in Berlin im Großen statt. Seit Ende 2010 wurde Bundesfamilienministerin Kristina Schröder für ihren Vorschlag einer Extremismusklausel kritisiert, danach sollten staatlich geförderte Projekte gegen Rechtsextremismus ein Bekenntnis zur freiheitlich-demokratischen Grundordnung abgeben – als stünden diese Projekte zwangsläufig dem linksextremen Spektrum nahe. Wissenschaftler, Pädagogen, Kirchenmitglieder protestierten mit einem offenen Brief an die Regierung, weil der „Zwang", eine Demokratieerklärung zu unterschreiben, ein „gesellschaftliches Klima des Misstrauens" schaffe. Demokratie sei „kein reines Glaubensbekenntnis", sondern lebe „von kontroversen Haltungen und Debatten".

Wie gut kann es um Präventionspolitik bestellt sein, wenn sich eine Regierung monatelang an einem bürokratischen Vorgang aufhält? Wenn sie Initiativen abschreckt, sich mit geringen Etats gegen gewaltbereite Neonazis zu stellen? Oft in abgelegenen Dörfern, wo Rechtsextreme das Gemeinwesen bestimmen. „Der Sport könnte in diesem Engagement eine enorme Kraft entwickeln", sagt Monika Lazar, die wie kaum ein anderes Mitglied des Bundestages die Debatte vorantreibt. „Doch die Erfolge sind überschaubar geblieben. Ein Grund ist die Skepsis der lokalen Sportverbände, die auf die Grenzen des Ehrenamtes verweisen."

Argumente statt Verbote

Im Profifußball haben die sozialpädagogischen Fanprojekte ein beachtliches Niveau erreicht. Vereine professionalisieren ihre Fan-Betreuung und erweitern ihre Satzung um Passagen gegen Rechtsextremismus. Im Amateurfußball ist eine Vereinheitlichung der Prävention bislang gescheitert, jeder Landes- oder Kreisverband werkelt vor sich hin. Auch eine bundesweite Anlaufstelle wie „Am Ball bleiben" hätte angesichts der 6,7 Millionen DFB-Mitglieder keine Kontrolle bewerkstelligen können, aber das Projekt hätte einen dauerhaften Informationsaustausch etablieren können. „Es ist kein Zufall, dass die Maßnahmen oft aktionistisch und unkoordiniert wirken", sagt der Politologe Gerd Wagner, der „Am Ball bleiben" betreut hatte. So wurde eine Initiative begraben, bevor ihre Wirkung messbar werden konnte. Öffentlich begründet wurde das nicht.

Die plakativen Botschaften des DFB sind wichtig, aber sie reichen nicht aus. Der Kern der Prävention sind kommunale und regionale Bildungsangebote, das hat das Bündnis aktiver Fußballfans bewiesen, dessen Wanderausstellung „Tatort Stadion" seit Anfang des Jahrtausends an mehr als hundert Standorten Aufklärung gegen Rechtsextremismus betrieben hat. Das hat die Leipziger Gruppe „Bunte Kurve" bewiesen, die regelmäßig auf Veranstaltungen für Toleranz wirbt. Und das hat der Rote Stern Leipzig bewiesen. Sie alle plädieren für inhaltliche Auseinandersetzungen. Der Fußball ist auf lokaler Ebene auf Partnerschaften angewiesen, mit Politik, Kultur, Wirtschaft. Daher sind Gesprächsbereitschaft und Koordination in den DFB-Landesverbänden so wichtig.

Verbote der NPD oder von Kameradschaften würden zwar Strukturen zerschlagen, die rechtsextremen Einstellungsmuster aber würden bleiben oder verhärtet werden. „Wir müssen die Demokratie attraktiver gestalten", sagt Monika Lazar. „Wir alle können durch Argumente dafür sorgen, dass die NPD Wähler verliert." Mehr als 30 Millionen Euro geben Familienministerium und Innenministerium für Programme gegen Rechtsextremismus aus. Lazar beobachtet Veränderungen in der Förderung: „Größere Projekte wie Landessportbünde erhalten den Zuschlag. Wichtiger ist jedoch, die kleinen, ehrenamtlichen Initiativen zu stützen." Der Rote Stern hatte bei der Bundesregierung eine Förderung beantragt – vergeblich. Auch die prominente Runde in der Berliner Auferstehungskirche sicherte dem Sport im Januar 2011 keine weiteren Mittel zu. Man sollte die Zeile „Am Ball bleiben" nicht wörtlich nehmen.

Solidarität mit dem Roten Stern: Leipziger demonstrieren im April 2010.

Literatur

Agentur für soziale Perspektiven e. V. (Hrsg.) (2011): Versteckspiel. Lifestyle, Symbole und Codes von neonazistischen und extrem rechten Gruppen, Berlin.

Antifa Gruppe 5: Mandi. Comic gegen den Extremismusbegriff, Ausgabe 5, 2010.

Antifa R4: NPD-Funktionär trainiert Jugendfußballmannschaft, in: Antifa-r4. blogspot.com/, 19. April 2008.

Backes, Gregor (2010): „Mit Deutschem Sportgruss, Heil Hitler". Der FC St. Pauli im Nationalsozialismus, Hamburg.

Benz, Wolfgang (2004): Was ist Antisemitismus?, München.

Blaschke, Ronny (2007): Im Schatten des Spiels. Rassismus und Randale im Fußball, Göttingen.

Blecking, Diethelm / Dembowski, Gerd (Hrsg.) (2010): Der Ball ist bunt. Fußball, Migration und die Vielfalt der Identitäten in Deutschland, Frankfurt am Main.

Böhm, Enrico: Reizwort „Böhm", in: Homepage Blue Caps Leipzig, 2010.

Bundesministerium des Innern (2011): Foul von Rechtsaußen – Sport und Politik verein(t) für Toleranz, Respekt und Menschenwürde, Bonn.

Bündnis für Demokratie und Toleranz/Am Ball bleiben/Koordinationsstelle Fanprojekte (2008): 11 Fragen nach 90 Minuten. Was tun gegen Rassismus und Diskriminierung im Fußball?, Berlin/Frankfurt am Main.

Chronik. LE (2009): Leipziger Zustände. Dokumentation rassistischer, faschistischer und diskriminierender Ereignisse in und um Leipzig, Leipzig.

Decker, Oliver / Brähler, Elmar u. a. (2008): Ein Blick in die Mitte. Zur Entstehung rechtsextremer und demokratischer Einstellungen in Deutschland, Berlin.

Dembowski, Gerd / Scheidle, Jürgen (Hrsg.) (2002): Tatort Stadion. Rassismus, Antisemitismus und Sexismus im Stadion, Köln.

Deutsche Sportjugend (2009): Vereine und Verbände stark machen – zum Umgang mit Rechtsextremismus im und um den Sport, Frankfurt am Main.

Dobbert, Steffen / Christoph Ruf: Nazis vergiften den Fußball. Rechtsradikale übernehmen immer mehr deutsche Klubs, in: Rund. Das Fußballmagazin, Februar 2007.

Dobbert, Steffen: Gemeinnützige Nazis, in: Zeit Online, 3. Februar 2009.

Dornbuch, Christian / Raabe, Jan (2006): RechtsRock. Bestandsaufnahme und Gegenstrategien, Münster.

Endemann, Martin / Dembowski, Gerd (2010): Die wollen doch nur spielen. Fußballfanszenen und Fußballvereine als Andockpunkte für neonazistische Einflussnahme im ländlichen Raum, in: Stadt – Land – Rechts. Brauner Alltag in der deutschen Provinz, Berlin.

Fabich, Ulrike / Bednarsky, Adam (2008): Fußball und Diskriminierung. Eine qualitative Studie am Beispiel Leipziger Fußballfans, Saarbrücken.

Fritsch, Oliver/Schwier, Jürgen (2003): Fußball, Fans und das Internet, Baltmannsweiler.

Fußball, Rassismus und extreme Rechte, in: Lotta. Antifaschistische Zeitung aus NRW, Rheinland-Pfalz und Hessen, Nr. 39, 2010.

Fußball verbindet. Die RechtsRock-Band Kategorie C – Hungrige Wölfe auf „unpolitischem" Karrieresprung, in: Antifaschistisches Infoblatt, Nr. 3, 2008.

Gabler, Jonas (2009): Ultrakulturen und Rechtsextremismus. Fußballfans in Deutschland und Italien, Köln.

Gabler, Jonas (2010): Die Ultras. Fußballfans und Fußballkulturen in Deutschland, Köln.

Gropp, Martin: Chapeau. Attacke gegen rechts, in: Frankfurter Allgemeine, 28. August 2010.

Haase darf weiter pfeifen, in: Lüdenscheider Nachrichten, 20. März 2010.

Havemann, Nils (2005): Fußball unterm Hakenkreuz. Der DFB zwischen Sport, Politik und Kommerz, Frankfurt am Main.

Heitmeyer, Wilhelm (Hrsg.) (2010): Deutsche Zustände. Folge 9, Berlin.

Herzog, Markwart (2006): Der Betze unterm Hakenkreuz. Der 1. FC Kaiserslautern in der Zeit des Nationalsozialismus, Göttingen.

Hooligan, in: Die Klolektüre, Ausgabe 2, 1998.

Jansen, Frank: Danke, NPD, in: Der Tagesspiegel, 18. Dezember 2010.

Kamin, Hugo: Bekannter Neonazi als Schiedsrichter tätig, in: Indymedia, 23. Juli 2009.

Kersten, Harald: Außer Kontrolle. Wie ein Bürgermeister der Linkspartei in Thüringen durchdreht, in: Zuerst! Deutsches Nachrichtenmagazin, Dezember-Ausgabe 2010.

Koerfer, Daniel (2009): Hertha unter dem Hakenkreuz. Ein Berliner Fußball-club im Dritten Reich, Göttingen.

Koordinationsstelle Fanprojekte (2010): Fanprojekte 2010. Zum Stand der sozialen Arbeit mit Fußballfans, Frankfurt am Main.

Koordinationsstelle Fanprojekte (2010): Unsere Kurve – kein Platz für Ras-sismus. Die Arbeit der Fanprojekte gegen Rassismus, Frankfurt am Main.

Krauß, Martin: Zionismus in kurzen Hosen, in: Jüdische Allgemeine, 9. Juli 2009.

Kreisky, Eva / Spitaler, Georg (Hrsg.) (2006): Arena der Männlichkeit, Frank-furt am Main.

Kutteroff, Albrecht / Behrens, Peter (Hrsg): Jugend, Information, (Multi-) Media. Basisstudie zum Medienumgang 12- bis 19-Jähriger in Deutsch-land, Stuttgart.

Laube, René: Sport frei! Nationales Fußballturnier Rheinland 2010 erfolg-reich durchgeführt!, in: NPD-Homepage Düren, 14. Juli 2010.

Löffelmeier, Anton (2009): Die Löwen unterm Hakenkreuz. Der TSV Mün-chen von 1860 im Nationalsozialismus, Göttingen.

Lübke, Volker: „Politik gehört nicht auf den Platz", in: Westfälische Rund-schau, 17. Oktober 2009.

Nationaler, Trier: in: Altermedia, 28. August 2007.

Nationales Konzept Sport und Sicherheit (1992), Düsseldorf.

Palandt, Ralf (2008): Braune Comics?! Bilder vom rechten Rand der Gesell-schaft, in: Comic! Jahrbuch 2009: Comic – Cartoon – Trickfilm, Stuttgart.

Peiffer, Lorenz / Schulze-Marmeling, Dietrich (2008): Hakenkreuz und rundes Leder. Fußball im Nationalsozialismus, Göttingen.

Pilz, Gunter A. / Wölki, Franciska (2003): Fußballfans im Internet – eine Untersuchung der Webseiten von Fußballanhängern der 1. bis 3. Liga im Hinblick auf Rassismus, Sexismus, Pornografie und Gewaltverherr-lichung, Hannover.

Pilz, Gunter A. u. a. (2006): Wandlungen des Zuschauerverhaltens im Profi-fußball, Bonn.

Pilz, Gunter A. u. a. (2009): Rechtsextremismus im Sport in Deutschland und im internationalen Vergleich, Köln.

Pollack, Detlef u. a. (2010): Wahrnehmung und Akzeptanz religiöser Vielfalt. Bevölkerungsumfrage des Exzellenzclusters Religion und Politik, Münster.

Pradel, Timo: Totalitäre Machenschaften: Linksextreme Hatz auf NPD-Rats-herrn, in: NPD-Homepage Lüdenscheid, 13. März 2010.

Rau, Sven: Leserbrief zu Die Rostocker Polizei als Zensurbehörde der Antifa?, in: MVregio, 8. Juni 2009.

Recherchegruppe „Investigate Thor Steinar" (2008): Investigate Thor Steinar. Die kritische Auseinandersetzung mit einer umstrittenen Marke, Berlin.

Rechtsrockkonzert in Lambrechtshagen bei Rostock verboten, in: Altermedia, 1. Juni 2009.

Ribler, Angelika / Pulter, Astrid (2010): Konfliktmanagement im Fußball, Frankfurt am Main.

Ruf, Christoph (2008): Ist doch ein geiler Verein. Reisen in die deutsche Fußballprovinz, Göttingen.

Ruf, Christoph / Sundermeyer, Olaf (2009): In der NPD. Reisen in die National Befreite Zone, München.

Ruf, Christoph / Sundermeyer, Olaf: „Kommt doch raus, ihr Juden!" Die Rückkehr der Neonazis in die Stadien, in: Stern, 4. November 2010.

Sarrazin, Thilo (2010): Deutschland schafft sich ab. Wie wir unser Land aufs Spiel setzen, München.

Schimmer, Arne: Apfel mit dem Flaggschiff D beim Leipziger Lokalderby, in: NPD-Homepage, 23. August 2009.

Schinken, Stefan: „Haben schon einmal weggeschaut", in: Revierkick, Nr. 44, 2009.

Schulze-Marmeling, Dietrich (2003): Davidstern und Lederball: Die Geschichte der Juden im deutschen und internationalen Fußball, Göttingen.

Stahl, Silvester (2009): Selbstorganisation von Migranten im deutschen Vereinssport, Köln.

Staud, Toralf (2006): Moderne Nazis. Die neuen Rechten und der Aufstieg der NPD, Köln.

Stiftung Neue Synagoge Berlin – Centrum Judaicum (2006): Kicker, Kämpfer und Legenden. Juden im deutschen Fußball, Berlin.

Sundermeyer, Olaf: Der Moment vor dem Gewaltausbruch. Die NPD auf dem Weg in die Mitte der Gesellschaft, in: Frankfurter Allgemeine, 1. September 2007.

Ullrich, Volker: Hitlers braune Diplomaten, in: Cicero, November 2010.

Ulrich, Bernd: Wo Rauch ist, da ist auch Feuer, in: Die Zeit, 2. September 2010.

Weisfeld, Michael: Wachleute, Türsteher, Neonazis. Die private Sicherheitsbranche in Deutschland, in: Deutschlandfunk, 20. April 2010.

Wolf, Joachim: „Ich weiß nicht, was Nazis sein sollen, getroffen habe ich noch keinen" – Rechtsextreme Argumentationsmuster im Internet, in: Netz gegen Nazis, 13. Oktober 2010.

Wolf, Matthias: Spielt mit uns, in: Berliner Zeitung, 8. Oktober 2010.

Aktive Gruppen im Internet

Agentur für soziale Perspektiven:
Lifestyle, Symbole und Codes von rechtsextremen Gruppen
http://www.dasversteckspiel.de/

Deutsche Akademie für Fußballkultur:
Auflistung von Programmen und Projekten im Fußball, auch gegen Rassismus
http://www.fussball-kultur.org/

Amadeo Antonio Stiftung:
Initiativen für Zivilgesellschaft und demokratische Kultur
http://www.amadeu-antonio-stiftung.de/

Am Ball bleiben:
Archiv der 2010 eingestellten Anlaufstelle gegen Rechtsextremismus im Sport
http://www.amballbleiben.org/

Antifaschistisches Pressearchiv:
Archiv, Netzwerk und Bildungszentrum gegen Rechtsextremismus
http://www.apabiz.de/

Bundesarbeitsgemeinschaft der Fanprojekte:
Fachlicher Zusammenschluss der sozialpräventiven Fanprojekte in Deutschland
http://www.bag-fanprojekte.de/

Bündnis aktiver Fußballfans:
Kritisches Netzwerk von über 200 Einzelmitgliedern und Faninstitutionen
http://aktive-fans.de/

Bündnis für Demokratie und Toleranz:
Vom Bund geförderter Ansprechpartner für Stärkung der Demokratie
http://www.buendnis-toleranz.de/

Bunte Kurve:
Leipziger Fans des FC Sachsen und der BSG Chemie gegen Rechtsextremismus
http://www.bunte-kurve.de/

Chronik Leipzig:
Dokumentation rechtsextremer Aktivitäten in Leipzig und Umgebung
http://www.chronikle.org/

Endstation Rechts:
Informationskampagne der Jusos in Mecklenburg-Vorpommern gegen Rechtsextremismus
http://www.endstation-rechts.de/

Exit Deutschland:
Aufklärung und Ausstiegshilfe für Rechtsextreme
http://www.exit-deutschland.de/

Football Against Racism In Europe:
Europäisches Netzwerk von Initiativen gegen Rassismus und Diskriminierung
http://www.farenet.org/

Flutlicht:
Verein zur Förderung von Toleranz und Vielfalt im Fußball
http://www.flutlicht.org/

Frauen im Fußball:
Zusammenschluss und Aufklärungsprojekt – auch gegen Sexismus
http://www.f-in.org/

Fußballvereine gegen Rechts:
Netzwerk von Klubs gegen Rassismus und Antisemitismus
http://www.fussballvereine-gegen-rechts.de/

IVF in Leipzig:
Initiative für mehr gesellschaftliche Verantwortung im Breitensport Fußball
http://www.fussball-und-diskriminierung.de/

Koordinationsstelle Fanprojekte:
Dachverband der sozialpädagogischen Fanprojekte in Deutschland
http://kos-fanprojekte.de/

Löwen-Fans gegen Rechts:
Aktionsbündnis von Anhängern des TSV 1860 München
http://www.loewen-fans-gegen-rechts.com/

Netz gegen Nazis:
Umfangreiches Informationsportal gegen Rechtsextremismus
http://www.netz-gegen-nazis.de/

NPD-Blog:
Kritische Dokumentation über NPD und menschenfeindliche Einstellungen
http://www.npd-blog.info/

Schalker Fan-Initiative
Gelsenkirchener Aktionsbündnis gegen Rassismus
http://fanini.blogsport.de/

Tatort Stadion:
Wanderausstellung zur Aufklärung über rechtsextreme Erscheinungsformen
im Fußball
http://www.tatort-stadion.de/

Der Autor

Ronny Blaschke, geboren 1981 in Rostock, studierte Sport- und Politikwissenschaften an der Universität Rostock. Er lebt in Berlin und arbeitet als freier Autor für „Die Zeit", „Süddeutsche Zeitung", „Berliner Zeitung" und für das Deutschlandradio. Blaschke berichtet über die gesellschaftspolitischen Hintergründe des Sports. Sein Buch „Im Schatten des Spiels" (2007) wurde von der Deutschen Akademie für Fußball-Kultur als Fußballbuch des  Jahres ausgezeichnet. Sein zweites Werk, „Versteckspieler – Die Geschichte des schwulen Fußballers Marcus Urban" (2009), löste eine intensive Debatte über Homophobie im Sport aus. Blaschke wurde für seine Arbeit mehrfach ausgezeichnet, das „Medium-Magazin" kürte ihn 2009 zum Sportjournalisten des Jahres.

Internet: http://ronnyblaschke.de/

Fußball ist mehr als ein Spiel

Ronny Blaschke
Im Schatten des Spiels
Rassismus & Randale
im Fußball
240 S., Paperback, Fotos
ISBN 978-3-89533-555-6
€ 16,90

„Die Art, wie der Autor das heikle
Thema umsetzt, fasziniert. Er bringt
Täter zu offenen Beichten und zeigt,
wie Opfer Erlebtes kompensieren."
(11 Freunde)

„Fußballbuch des Jahres" 2007

Tibor Meingast
Der Zeuge von Lens
128 S., Paperback
ISBN 978-3-89533-773-4
€ 9,90

Nach der Bluttat von Lens gerät ein
Zeuge in Gewissensnot: Nur er kennt
den Täter, doch der ist sein Klient …

„Ein bemerkenswertes Buch."
(11 Freunde)

Ronny Blaschke
Versteckspieler
Die Geschichte des schwulen Fußballers
Marcus Urban
144 S., Paperback
ISBN 978-3-89533-611-9
€ 9,90

„Eindrucksvoll." (Deutschlandfunk)

Lorenz Peiffer / Dietrich
Schulze-Marmeling (Hg.)
Hakenkreuz und rundes Leder
Fußball im Nationalsozialismus
608 S., gebunden, Fotos
ISBN 978-3-89533-598-3
€ 39,90

Namhafte Sporthistoriker legen ein
beeindruckendes Standardwerk vor.

VERLAG DIE WERKSTATT
www.werkstatt-verlag.de